Hans Josef Horchem
Die verlorene Revolution

Hans Josef Horchem

Die verlorene Revolution

Terrorismus in Deutschland

BUSSE SEEWALD HERFORD

CIP-Titelaufnahme der Deutschen Bibliothek

Horchem, Hans Josef:
Die verlorene Revolution : Terrorismus in Deutschland /
Hans Josef Horchem. –
Herford : Busse Seewald, 1988
ISBN 3-512-00834-8

ISBN 3-512-00834-8

Inhalt

I. Die Anfänge

1. Ursprünge und Wurzeln

Der deutsche Terrorismus kommt aus der studentischen Protestbewegung. Das ist von den deutschen Terroristen der ersten Generation, die sich selbst »Rote Armee Fraktion« (RAF) nannten, selbst bezeugt worden. Der studentische Protest in der Bundesrepublik war Teil einer weltweiten Bewegung, die ihren Anfang hatte in den Unruhen an den amerikanischen Universitäten, vor allem in Berkeley. Begleitet wurde diese Entwicklung durch eine intensive Beschäftigung der Studenten mit dem Marxismus. Die Renaissance des Marxismus wurde erleichtert durch eine zeitgeschichtliche Diskussion, die den Begriff des Totalitarismus durch den Begriff Faschismus ersetzte.

a) Die Zeitwende
Der Studentenprotest der sechziger Jahre artikulierte sich fast ausschließlich in den westlichen Industrieländern. Hier war der Übergang in das postindustrielle Zeitalter, in die neue Epoche der Kybernetik, zuerst spürbar. Nur hier konnten das Unbehagen und die Unsicherheiten, die mit einem solchen Wechsel verbunden sind, in Wort, Schrift und Demonstration ausgedrückt werden.

Die Entwicklung der Wissenschaften und der Technologie bis zu diesem Zeitpunkt hatte außerordentliche materielle Fortschritte gebracht. Sie veränderte die Industriegesellschaft, die in sich ein höchst kompliziertes Gebilde ist, das unter statistischen, soziologischen, psychologischen, medizinischen und anderen Aspekten beschrieben werden kann, ohne daß damit eine Darstellung des Ganzen, der Gesetzmäßigkeiten und der Unvorhersehbarkeiten, gelingen kann.

Jahrzehntelanger Fortschrittsglaube hatte dem Zweifel Platz gemacht, daß alle ökonomischen Probleme lösbar sein könnten.

Die Grenzen des Wachstums waren deutlich geworden, und die Furcht vor wirtschaftlichen und politischen Krisen wuchs. Die Regreßphänomene, die untrennbar mit dem Fortschritt verbunden sind, begannen, in das allgemeine Bewußtsein zu treten. Sie nährten den Verdacht, daß der materielle Fortschritt einer auf Wissenschaft und Technologie gegründeten modernen Welt nicht jene »Lebensqualität« hervorbringen werde, in der jeder nach seinen Bedürfnissen leben könnte. Dieser Verdacht drang in den Zeitgeist ein und zerstörte dogmatische Gewißheiten.

Die wissenschaftliche und technische Entwicklung führte zu einem Wertezerfall, den der Physiker Max Born 1968 mit den Worten zu beschreiben versuchte: »Ich bin von dem Gedanken bedrückt, daß dieser Bruch in der menschlichen Zivilisation, der durch die Entwicklung der naturwissenschaftlichen Methode verursacht wurde, nicht wiedergutzumachen ist, da die Naturwissenschaft so sehr gegen die geschichtliche Entwicklung der Tradition ist, daß sie durch unsere Zivilisation nicht absorbiert werden kann. Die politischen und militärischen Schrecken sowie der vollständige Zusammenbruch der Ethik, deren Zeuge ich während meines Lebens gewesen bin, sind hier kein Symptom einer vorübergehenden sozialen Schwäche, sondern die notwendige Folge des naturwissenschaftlichen Aufstiegs.«

b) Studentenunruhen
Ein solcher Zeitenwechsel ist eine Herausforderung. Vor allem die Jugend ergreift in Zeiten des Wandels die Ideologie der Veränderungen. Die meisten Studentenunruhen der letzten 150 Jahre versuchten, gesellschaftspolitische Spannungen zu überwinden oder wollten in eine neue bessere Zeit »mit mehr Gerechtigkeit« hineinführen. Alle traten mit einer hohen Ethik für Altruismus und für soziale Reformen an. Sie führten in den politischen Prozeß jedoch Methoden und Mittel ein, die sowohl ihre Bewegung als auch die angeblichen Ziele zerstörten.

Die Protestbewegungen der Jugend waren damals und sind heute getragen von Söhnen und Töchtern aus Familien der Mittelschichten. Die jungen Intellektuellen versuchen zunächst, Mängel in der Gesellschaft, der sie angehören, mit dem Elan der Jugend zu ändern. Sie sehen die Mängel in der Regel nicht in der Situation ihrer eigenen Schicht, sondern in den Existenzbedingungen anderer »unterdrückter Klassen«. Schon dies motiviert einen verschärften Generationskonflikt.

Die Führer und der größte Teil der Anhänger der Narodniki, einer Bewegung »Zurück zum Volk«, die in den siebziger Jahren des vorigen Jahrhunderts die Lage der Bauern in Rußland verbessern wollte und dabei zum Terror überging, setzte sich aus Söhnen des niederen russischen Adels zusammen. Ihre Familien zeichneten sich durch eine außergewöhnliche Permissivität aus. Die Schärfe des Generationskonflikts im damaligen Rußland resultierte aus einer wachsenden De-Autorisierung in den Familien. Es waren nicht die Stärke und die Strenge der Väter, welche die Söhne zu Revolutionären machte; es waren vielmehr ihre Fehler und ihre Nachgiebigkeit. Iwan Turgenjew hat dieses in beklemmender Deutlichkeit in seinem Roman »Väter und Söhne« geschildert.

Auch in der westlichen Welt erhielt der Generationskonflikt einen besonderen Akzent durch die Apathie breiter Schichten der Bevölkerung, die weder in der Lage waren, die Gründe für einen Prozeß politischer Veränderungen in der Gesellschaft zu begreifen noch ihm zu begegnen. In solchen Situationen glaubt die studentische Jugend, die Initiative für politische Aktionen müsse von einer intellektuellen Elite ausgehen. Sie formuliert die Kampfziele und bedient sich latent vorhandener Ideologien.

Antrieb und Begrenzung der Studentenbewegungen zeigen sich auch in ihrem Intellektualismus. Intellektuelle neigen dazu, überall in der Welt die gleichen Ideen zu verfolgen. Sie haben die gleiche kulturelle Basis, und sie bilden eine internationale Gemeinschaft in einem weit größeren Sinne, als es die internationale Arbeiterklasse je sein könnte. Der Intellektuelle – seine Existenz – ist das, was er liest. Die Welt der Bücher mit ihren moralischen Imperativen ist für ihn in der Regel mehr Wirklichkeit als die Praxis des politischen Lebens.

Ein weiterer Antrieb für das Engagement junger Leute, sich für die Sache von Minderheiten und für das Schicksal anderer einzusetzen, liegt in der häufig sichtbaren Schwerfälligkeit staatlicher

Verwaltungen, brennende politische, ökonomische und soziale Probleme der Zeit schnell zu meistern. In der Jugend, die ohnehin mehr als erwachsene Menschen in Schwarz-Weiß-Kategorien denkt und absolute Lösungen kompromißlos zu erreichen trachtet, erwecken demokratische Entscheidungsprozesse häufig den Eindruck, daß die Führungsschichten der westlichen Welt verkrustet seien.

Die Bemühungen junger »Eliten«, Bündnispartner in den »unterdrückten Schichten« zu finden, für die sie zu streiten vorgeben, gehen meistens fehl. Dieses Dilemma zeigte sich schon bei den russischen populistischen Studenten des 19. Jahrhunderts. Die Revolution, die von den Studenten für die »Unterdrückten« erkämpft werden sollte, fand keine Resonanz. Die Studenten wurden von den Arbeitern und Bauern nicht verstanden, zum Teil sogar zurückgewiesen. Die Erkenntnis, daß gerade diejenigen, deren Los sie zu verbessern hoffen, sich ihrer Umarmung versagen, führt radikale Jugendbewegungen häufig zum Terror. Im Terrorismus, als Waffe einer kleinen Elite gesehen, glauben sie, die Möglichkeit der Synthese zwischen den Nöten der »Unterdrückten« und ihren eigenen Zielen zu finden. Als die russischen Studenten in der revolutionären Propaganda der Narodniki-Bewegung bei den Bauern keine Resonanz fanden, wurde ihre Bewegung elitistisch. Sie gingen zu individuellen terroristischen Aktionen über und glaubten, daß ihre Attentate die »Unterdrückten« zu einer Solidarisierung mit der Revolution führen werde.

In dieser Phase wird für junge Fanatiker jedes Mittel zur Erreichung ihrer Ziele als gerechtfertigt angesehen. Insofern sind radikale Bewegungen der Jugend und der Studenten von der Ethik einer elitären Amoralität bestimmt.

Einem derart explosiven Denken steht häufig eine permissive Gesellschaft gegenüber. Bis zu den ersten Bombenanschlägen der RAF fanden es zahlreiche Intellektuelle modisch, über die Möglichkeiten der Gewalt und der Veränderung der Gesellschaft durch Gewalt zu diskutieren. In den Vereinigten Staaten veranstalteten wohlhabende Kreise »Fund-raising-dinner«, bei denen Geld für die Black Panther gesammelt und Mitglieder dieser terroristischen Organisation als Schoßkinder Gesellschaft vorgezeigt wurden.

c) Das amerikanische Syndrom

Die amerikanische Entwicklung beeinflußte die Studentenbewegungen in Westeuropa, vor allem in Italien, in Frankreich und in der Bundesrepublik. Mit einem Zeitvorlauf von etwa zwei Jahren artikulierten amerikanische Studenten ihr Unbehagen gegenüber einer technisierten Welt, bevor ihre Ideen und Aktivitäten in Westeuropa Resonanz fanden. Hermann Hesses »Steppenwolf« galt in der amerikanischen Jugend lange Zeit als eine Art Bibel und als Wiederspiegelung ihres eigenen Selbstverständnisses. Im »Steppenwolf« heißt es: »Jede Zeit, jede Kultur, jede Sitte und Tradition hat ihren Stil, hat ihre ihr zukommenden Zartheiten und Härten, Schönheiten und Grausamkeiten, hält gewisse Leiden für selbstverständlich, nimmt gewisse Übel geduldig hin. Zum wirklichen Leiden, zur Hölle wird das menschliche Leben nur da, wo zwei Zeiten, zwei Kulturen und Religionen einander überschneiden. Ein Mensch der Antike, der im Mittelalter hätte leben müssen, wäre daran jämmerlich erstickt, ebenso wie ein Wilder inmitten unserer Zivilisation ersticken müßte. Es gibt nun Zeiten, wo eine ganze Generation so zwischen zwei Zeiten, zwischen zwei Lebensstile hineingerät, daß ihr jede Selbstverständlichkeit, jede Sitte, jede Geborgenheit und Unschuld verloren geht.«

Die Bürgerrechtskampagnen der amerikanischen Neger und die Protestbewegung der weißen Studenten, die 1960 in den amerikanischen College-Städten begannen, waren von Studenten getragen, die aus »well-to-do-families« stammten. Ihre Familien waren materiell saturiert, zum Teil sogar übersättigt. Sie empfanden jedoch Unbehagen darüber, dies nicht in ausreichendem Maße durch das Gefühl innerer Sicherheit ausgleichen zu können. Das übertrug sich auf ihre Kinder. Ihren Söhnen, Opfer einer säkularisierten Zeit, wurde ein fester religiöser Glaube, der nachvollzogen werden konnte, oder eine verständliche Lebensphilosophie nicht mitgegeben. Vom Elternhaus in die Universitäten entlassen, stürzten sich diese Kinder mit Verve auf die Kritik des Bestehenden, ohne Humor und ohne selbst Kritik ertragen zu können. Dieses Engagement wurde verstärkt durch eine biologische Frühreife, der auf der anderen Seite eine künstliche Verlängerung des Kindesalters gegenüberstand, das die Heranwachsenden bis weit in ihr drittes Lebensjahrzehnt von den formenden Zwängen persönlicher Verantwortung frei hielt. In den Vereinigten Staaten wurde es akzentuiert durch den Vietnamkrieg und die Ungerechtigkeiten des amerikanischen Wehrerfassungssystems.

Obwohl Herbert Marcuses Rechtfertigung der Gewaltanwendung durch unterdrückte Minderheiten nur kurze Zeit die Aufmerksamkeit der studentischen Protestbewegung fand, vermittelte sie doch das Pathos der internationalen Solidarisierung mit revolutionären Bewegungen in aller Welt. Sein Postulat der Abhängigkeiten vom »Konsum-Terror« der Überflußgesellschaft wurde von den Studenten verbreitet. Seine Theorie der Verweigerung rechtfertigte die gründliche Veränderung des eigenen Lebens und trug mit dazu bei, daß sich junge Menschen der Ordnung der Gesellschaft entzogen.

In den Vereinigten Staaten entstanden damals zwei Subkulturen, die besondere Verhaltensweisen und eine eigene Sprache entwickelten: die Bewegung der Beatniks und Hippies und die Bewegung der amerikanischen »Neuen Linken«. Die Beat- und Hippie-Generation suchte sich einen eigenen Freiraum innerhalb der Möglichkeiten des Systems zu schaffen, war aber nicht daran interessiert, Gefolgsleute zu gewinnen oder eine Massenbewegung aufzubauen. Die »Neue Linke« unterstrich die moralische Kritik der Beat-Generation, fügte dieser Kritik aber die Gewalt und ihren Aktivismus hinzu. Der Beatnik zog sich in den Zen-Buddhismus zurück, in die Ideologie der Trennung von den anderen. Die »Neue Linke« ging über zur Aggression, zur »direkten Demokratie« und zum jungen Marx.

Aus der Protestbewegung der weißen Studenten entstand schließlich die Organisation der gewalttätigen Weathermen. Die in der gleichen Zeit entstandene Bürgerrechtsbewegung der amerikanischen Neger führte zur militanten Black-Power-Bewegung und schließlich zu den terroristischen Black Panther. Zu einer politischen Verbindung beider Organisationen kam es nicht, weil die Führer der Black-Power-Bewegung keine Verwendung hatten für – wenn auch noch so stark sympathisierende – weiße Studenten.

Unabhängig von den Weathermen hatte sich die Protestbewegung der amerikanischen Jugend vor allem im amerikanischen SDS organisiert, der Bewegung »Students for a Democratic Society«. Ihre Mitglieder artikulierten sehr früh schon ihre »Alienation«, ihre Entfremdung in einer »transitional society«. Als sensibleres Abbild ihrer Eltern, Lehrer und politischen Führer empfanden sie stärker als diese Bewegungen und Ängste einer historischen Zäsur, in der Amerika als erste Industrienation den Schritt in das »kybernetische Zeitalter« tat. Sie beschäftigten sich mit fast einseitiger Intensität mit dem Marxismus. Der französische Kritiker Raymond Aron schrieb dazu: »Wenn Marx heute so stark ist, wie er jemals war, so liegt das an seinen Fragen, nicht an seinen Antworten.«

Der frühe Marx stellte viele der gleichen Fragen über die Natur der Gesellschaft, die auch heute die jungen Leute in der ganzen Welt beschäftigen. Wie sie lebte er während einer turbulenten Übergangszeit – vom agrarischen zum industriellen Zeitalter –, und er fürchtete, was die neuen Maschinen dem menschlichen Geist antun könnten. Das Thema des jungen Marx war die »Entfremdung« des Menschen. Nicht so sehr die ökonomischen Prozesse der Industriegesellschaft sind es, die den Menschen »ausbeuten«, so sagte er, sondern die Tatsache, daß sie ihn vom Wesen seiner Menschlichkeit entfremden. Sie verwandeln ihn in ein weiteres »Werkzeug« der Technologie, die ihn jetzt beherrscht. In den Augen von Marx war das historische Streben des Menschen stets dasjenige nach größerer Freiheit. Die Zwänge der Technologie verhindern, daß er eine bessere und freiere Gesellschaft schaffen kann.

Obwohl in den Theorien der amerikanischen studentischen Linken dementsprechend marxistisch-kommunistische Stereotypen vorherrschten, konnten sich ihre Organisationen nicht zu einer straffen und auf Dauer einflußreichen Bewegung ausbauen. Das lag sowohl an der Rolle, in der die Studenten die Sowjetunion sahen, nämlich als eine in Osteuropa dominierende imperialistische Großmacht, als auch an dem anarchischen, gegen jegliche organisatorische Disziplin eingestellten Geist, der die studentischen Organisationen der »Neuen Linken« in Amerika bestimmte. Die kommunistische Partei der USA als zielgerichtete und besser organisierte Kraft war zahlenmäßig zu schwach, um als Auffangbecken dienen zu können.

Die amerikanische Protestbewegung hatte keine Dauer. Sie war eine »Mutation« der Jugend, die abklingt, wenn das dritte Lebensjahrzehnt überschritten ist und familiäre Bindungen und Verantwortungen eingetreten sind. Darüber hinaus wurde die Welle des Protestes gebrochen durch den Rückzug der amerikanischen Streitkräfte aus Vietnam. Die Gewaltaktionen der Weathermen und von sektiererischen Gruppen wie der »Simbionese Liberation Army« (SLA) blieben ein Problem auf Zeit.

d) Die Entwicklung in der Bundesrepublik Deutschland

Aus der durch die wissenschaftlich-technische Entwicklung geförderten Autoritätskrise in der ganzen Welt entstanden auch in Westeuropa Protestbewegungen. Sie akzentuierten sich in Schüben. Die einzelnen Stufen gaben den Bewegungen unterschiedliche Gesichter, je nachdem, welche politische, soziale und ökonomische Situation die Proteste in den einzelnen Ländern vorfanden. In der Bundesrepublik Deutschland war die Protestbewegung verbunden mit dem Ende der Nachkriegszeit, mit dem Abschluß der Aufbauphase. Die Generation, die nach dem Krieg geboren wurde, war erwachsen geworden. Sie realisierte eine deutliche Schwäche der bis dahin führenden Partei, der CDU. Das ökonomische Wachstum in der Bundesrepublik hatte darüber hinaus sowohl soziale als auch politische Strukturen gesprengt. Die Diskussion um die Frage nach Wert und Sinn aller öffentlichen und privaten Institutionen wurde in alle Gruppen der Gesellschaft getragen. Presse, Rundfunk, Fernsehen, allgemeine Publizistik beteiligten sich an der Diskussion, die auch heute noch nicht beendet ist.

In dieser Phase des Zweifels und der persönlichen Krise suchten zahlreiche junge Menschen nach neuen Wertvorstellungen. Von den Erwachsenen vielfach alleine gelassen, gewannen sie auch in der Bundesrepublik neue Überzeugungen durch eine Beschäftigung mit dem Marxismus. Die Studenten lasen Lefebvre über Marx, Fromm über Marx, Lukács über Marx, Gramsci über Marx,

Althusser über Marx, Gorz über Marx und sogar Marx über Marx. Sie drängten sich in Universitätsvorlesungen über marxistische Philosophie, politische Wissenschaften, Soziologie und Wirtschaftswissenschaften. An einigen Universitäten wie in Bremen und an der Freien Universität in Berlin beherrschten marxistisch orientierte Studien den Lehrplan. Gegenüber einer aus diesen Theorien herausgefilterten idealisierten Version einer Welt, in der es keine Ungerechtigkeiten mehr geben sollte, mußte das derzeitige »kapitalistische System« naturgemäß verlieren.

»Was bieten wir als Gegengewicht an?« fragte damals der Kölner Soziologe Erwin Scheuch, »Pragmatismus und Technokratie. Sie können innerhalb des Rahmens einer Ideologie faszinierend sein, aber in einem ideologischen Vakuum sind sie trockenes Zeug.« Ernest Mandel, der belgische Trotzkist, stimmte damit überein: »Die Westeuropäer fühlen, daß es fundamentale Fehler in der gegenwärtigen Gesellschaft gibt. Die Jugend Westeuropas hat den Marxismus wiederentdeckt als eine Philosophie der Rebellion und nicht als eine Staatsreligion.« Der Marxismus schien die Sicherheit zu geben, der richtigen politischen Linie zu folgen, nach einer Welt, die Opfer verlangt. Die damalige junge Generation wollte opfern. Sie wollte sich zugehörig fühlen, und im Marxismus gibt es ein sehr definitives Gefüge der Zugehörigkeit.

Die Zuwendung zum Marxismus wurde erleichtert durch die von der Sowjetunion promovierte Auflösung des Begriffs des Totalitarismus und seinen Ersatz durch den Begriff des Faschismus. Diese Entwicklung war nicht nur ein Streit um Worte. Sie hatte vielmehr eine außergewöhnliche politisch-psychologische Bedeutung. Sie führte zu einer völligen Verschiebung der bis dahin anerkannten Maßstäbe und Werte und lief letztlich auf die Notwendigkeit hinaus, das »System« zu verändern.

Bis in die zweite Hälfte der sechziger Jahre bestand bei den sozialwissenschaftlichen Fakultäten in der Bundesrepublik ein weitgehender Konsens über die Theorien des Totalitarismus. Danach versuchte sich die damalige junge Generation nachgewachsener Wissenschaftler an vermeintlich alternativen Modellen. Das Totalitarismus-Konzept wurde als angebliches Ergebnis des Kalten Krieges aufgegeben. Die sowjetische Propaganda, nicht mehr vom »Nationalsozialismus« zu reden, sondern nur noch vom »deutschen Faschismus«, wurde nachgebetet. Die Verdrängung des antitotalitären durch das antifaschistische Verständnis der Demokratie ermöglichte es auch liberalen Politikern und Publizisten, zu marxistisch-kommunistischen Sprachregelungen überzuwechseln. Die Übernahme des Faschismus-Begriffs verwischte die Unterschiede zwischen totalitärer und demokratischer Politik. Für eine wachsende Zahl der Studierenden gab es schließlich nur noch eine einzige Alternative: die zwischen Faschismus und Marxismus.

Die Gegensätze zwischen Demokratie und Diktatur wurden heruntergespielt auf eine Diskussion um Herrschaftstheorien, nach denen der Staat nur ein Instrument von Gruppen und Klassen war und insofern »strukturelle Gewalt« verkörperte, gegen die unabhängig von demokratischen Spielregeln »Gegengewalt« gerechtfertigt war.

Mit der Aufgabe des Begriffs des Totalitarismus konnten auch die Herrschafts- und Unterdrückungsmechanismen in den kommunistischen Staaten ignoriert werden, sobald sich diese Staaten als antifaschistisch bezeichneten. Der Wegfall des Kriteriums der Diktatur und des Totalitären löste die grundsätzlichen Gegenpositionen in Staatsstruktur und Machtkontrolle zwischen demokratischen und totalitären Systemen auf. Die Barriere zwischen dem freiheitlichen und dem totalitären Demokratieverständnis wurde zerstört. Die Faschismus-Theorie war zu einem Instrument sowjetischer Propaganda und Politik gegen die westlichen Demokratien geworden. Sie erleichterte es vor allem jüngeren Menschen, den Marxismus als »demokratische« Alternative zur freiheitlichen demokratischen Grundordnung zu akzeptieren.

Begleitet wurde diese Entwicklung durch die Möglichkeiten der Kommunikation, die die Massenmedien bewirkten. Die Fernsehdemonstrationen studentischer Proteste in den USA entzündeten ähnliche Manifestationen in Westeuropa, vor allem in Italien, in Frankreich und in Deutschland. Schon vorher hatten enge wissenschaftliche Verbindungen zwischen den Universitäten der amerikanischen Ostküste, den kalifornischen Hochschulen und den deutschen Universitäten bestanden, vor allem mit Berlin. Aus diesen Komponenten trat in der Bundesrepublik die Bewegung der »Neuen Linken« als eine Bewegung des antiautoritären Protestes in die breite Öffentlichkeit. Kerngruppen formulierten den Protest, Studenten erprobten und entwickelten die Protestformen. Das Reservoir für die Demonstrationen bildeten die Bereiche der Hochschule, die sich mit Politik, Soziologie und Psychologie beschäftigten, das heißt, die Fakultäten, in denen Kritik an der Gesellschaft gelehrt wurde.

Schon vor den öffentlich sichtbaren Protestaktionen hatten sich Kerngruppen an zwei Universitätsstädten herausgebildet: in Berlin und in Frankfurt. In Berlin fand sich mit dem Otto-Suhr-Institut die größte Ausbildungsstätte für Politologen an einer Universität. Die Stadt selbst hatte einerseits jahrelang ein Frontstadtklima kultiviert und auf der anderen Seite durch ihre besonderen Präferenzen (Befreiung vom Wehrdienst) militante Studenten angezogen. Das führte zu einem Stau, der nach dem Bau der Mauer die Suche nach radikalen politischen Theorien, die einen Weg in die Zukunft weisen könnten, begünstigte. In Frankfurt kamen die Studenten über die »Kritische Theorie« zu einem neuen Studium des Marxismus und damit zur Praxis der Analyse und der Aktion.

Die Große Koalition, in die sich die CDU 1966 flüchtete und die die SPD aufnahm, verschärfte das Engagement. Sie wurde von der Jugend als Verrat an der Demokratie angesehen. Die Protestbewegung sammelte sich danach in der Kampagne gegen die Notstandsgesetze. In diese Phase gehören auch noch die Osteraktionen von 1968, die sich vorwiegend gegen den Springer-Verlag richteten. Nach dem Attentat auf Rudi Dutschke leiteten sie eine Diskussion über die Gewalt ein. Eine Rechtfertigungstheorie unterschied zwischen Gewalt gegen Sachen und Gewalt gegen Personen. Die erste wurde gerechtfertigt als ein Mittel im Kampf von Minderheiten gegen Repression und gegen die Institutionen, die Repression verbürgten. Schon zu diesem Zeitpunkt war aber die dialektische Qualität solcher Rechtfertigungstheorien deutlich. Sie schloß Gewalt gegen Personen für die Zukunft nicht aus. Für den Bereich der Hochschulen, in dem sich 1968 die Revolte von Berlin auf Universitäten in Westdeutschland ausgebreitet hatte, wurde ein Argument der Rechtfertigung auch von Vertretern des »Establishments« benutzt: Ohne die Revolte der Studenten wäre die Hochschulreform gar nicht in Gang gekommen.

Problematisch bis heute blieb die »schauspielerische« Selbstbespiegelung der Studenten im Vorbild revolutionärer Gruppen, die in der Dritten Welt ihren Kampf gegen ausbeuterische kleine Oberschichten mit den Mitteln der Gewalt führen. Revolutionäre Gewalt gegen Diktatur und »Terror von oben« in der Dritten Welt diente den protestierenden Jugendlichen als Beispiel und Rechtfertigung ihrer eigenen Gewalt gegen eine demokratische Gesellschaft. Nur die Möglichkeiten der Kommunikation unserer Tage erklären es, daß sich psychologische Konflikte aus einer realen Wirklichkeit in eine gespielte Wirklichkeit übertragen lassen.

Ohne diese schauspielerische Übertragung von Konflikten wäre die erste politisch motivierte Gewalthandlung nicht zu erklären, die unter dem Vietnam-Motiv als Fanal aufrütteln sollte. Es ist bezeichnend, daß nicht ein vitaler Konflikt in der Gesellschaft der Bundesrepublik einen Gewaltanschlag von symbolischer Bedeutung auslöste.

Die Brandstiftung in einem Kaufhaus in Frankfurt/Main am 2. April 1968, wenige Tage vor dem Attentat auf Rudi Dutschke, brachte die wichtigsten Mitglieder der späteren Baader-Meinhof-Bande in Kontakt. Andreas Baader und Gudrun Ensslin gehörten zu den Tätern, Rechtsanwalt Horst Mahler war Baaders Verteidiger, Ulrike Meinhof rechtfertigte die Tat publizistisch als Kolumnistin der Zeitschrift »konkret«.

Zur Inkubationszeit politisch motivierter Gewalttaten gehörte auch die besondere Entwicklung in Berlin. Dort sammelten sich im Sommer 1979 im »Zentralrat der umherschweifenden Haschrebellen« Anarchisten, die aus der Studentenbewegung hervorgegangen waren. Sie wollten »Freiräume für ungestörten Rauschgiftgenuß« erobern.

Diese Haschrebellen rühmten sich am 29. November 1969 bei einem »Teach-in« an der Berliner Universität eines Anschlags auf den Richter Hansen. Sie bedauerten in einem Flugblatt die ungenügende Wirkung des benutzten Sprengsatzes.

Die Sprengstoff- und Brandanschläge in Berlin, die von den

Haschrebellen durchgeführt wurden, liefen in mehrere Phasen ab: Im November 1969 wurden Anschläge auf Beamte der Justiz verübt; im Dezember 1969 und im Januar 1970 wurden Brandanschläge auf das Amerikahaus, auf einen amerikanischen Club, auf ein Büro der israelischen Fluggesellschaft El-Al, auf das Kaufhaus des Westens und auf einen Juristenball durchgeführt; im März 1970 griffen die Haschrebellen Schulen, Verwaltungsgebäude und Geschäftshäuser mit Molotowcocktails an. Den Höhepunkt dieser Phase bildeten Gewaltdemonstrationen am 18. März 1970, bei denen in der Berliner City Schaufensterscheiben zertrümmert und einzelne Geschäfte in Band gesetzt wurden. Diese Manifestationen dienten der Solidarisierung mit Horst Mahler, dem damals die Zulassung als Rechtsanwalt entzogen werden sollte.

Die Täter traten als geschlossener Block und maskiert auf. Sie wurden innerhalb der »Außerparlamentarischen Opposition« (APO) Anarchisten genannt. Es handelte sich bei diesem Personenkreis allerdings nicht um eine straffe Organisationsgruppe, sondern um einen lockeren Zusammenschluß kleinerer Einzelgruppen, die ihre Anschläge ohne vorherige Abstimmung getrennt voneinander durchführten. Diese Anarchisten waren zum Teil Personen, die sich als Revolutionäre fühlten und bereit waren, sich als Terroristen zu betätigen, sowie Personen, die zu anarchistischen Handlungen übergingen, ohne mit ihnen überhaupt politische Ziele zu verbinden. Stimmung und Selbstverständnis dieses Personenkreises artikulierten sich in der Zeitschrift »Agit-883«. Die spätere RAF ist mit diesem Personenkreis nicht identisch, wenn auch einzelne später hinzugekommene Aktionisten der RAF diesem Umfeld im weiteren Sinne angehört hatten. Die Aktionen der RAF wären jedoch ohne diese Entwicklung schwerlich denkbar gewesen.

In München hatten sich – teilweise in Verbindung mit den Berliner Anarchisten – ähnliche Entwicklungen ergeben. Es ist daher kein Zufall, daß zur Kerngruppe der RAF in der Folgezeit auch Mitglieder aus diesem Münchener Kreis stießen.

Im August 1968 waren die Truppen des Warschauer Paktes in die Tschechoslowakei einmarschiert. Im Herbst 1968 scheiterte die Kampagne gegen die Notstandsgesetze, die der protestierenden Jugend Motivation und Zusammengehörigkeitsgefühl vermittelt hatte. Die Notstandsgesetze wurden durch den Deutschen Bundestag mit überwältigender Mehrheit angenommen. Die Protestbewegung zerfiel danach in Basisgruppen, die sich der Schulung in der marxistischen Theorie zuwandten und der Diskussion über die gesellschaftliche Analyse der Bundesrepublik und der erstrebten revolutionären Organisation. Im Frühjahr 1971 trat die Rote Armee Fraktion (RAF) aus dieser Übergangsphase hervor. Sie war ausgerüstet mit dem Konzept des bewaffneten Kampfes.

2. Motivation und Strategie

a) Der Frankfurter Kaufhausbrand-Prozeß

Den vier Brandstiftern des Frankfurter Kaufhauses wurde am 13. Oktober 1968 der Prozeß gemacht. Jetzt ging es nicht mehr um Agitation allein, das heißt die Aufforderung zur menschengefährdenden Brandstiftung, sondern um die vollendete Tat. Sie sollte ein Fanal sein, um »Massen« für den revolutionären Kampf zu mobilisieren.

Beispiel für diese Tat war wohl die Aktion von politischen Desperados in Brüssel, die dort am 22. Mai 1967 das Kaufhaus »A l'Innovation« in Flammen aufgehen ließen. Dabei fanden 251 Menschen einen grauenvollen Tod. Dies blieb nicht ohne Wirkung auf die Bundesrepublik. Schon zwei Tage später veröffentlichte die Berliner »Kommune I« vier Flugblätter, in denen sie die »neuen Demonstrationsformen in Brüssel« begrüßte. In einem der Pamphlete hieß es: »Ein brennendes Kaufhaus mit brennenden Menschen vermittelte zum erstenmal in einer europäischen Großstadt jenes knisternde Vietnam-Gefühl (dabei sein und mitzubrennen), das wir in Berlin bislang noch missen müssen. Wann brennen die Berliner Kaufhäuser? Wenn es irgendwo brennt in der nächsten Zeit, wenn irgendwo eine Kaserne in die Luft geht, wenn irgendwo in einem Stadion die Tribüne einstürzt, seid bitte nicht überrascht. Genausowenig wie beim Überschreiten der Demarkationslinie durch die Amis, der Bombardierung des Stadtzentrums von Hanoi, dem Einmarsch der Marine nach China. Brüssel hat uns die einzige Antwort darauf gegeben: Burn, ware house, burn!«

Fritz Teufel und Rainer Langhans, führende Mitglieder der »Kommune I«, wurden später wegen der Aufforderung zu menschengefährdender Brandstiftung angeklagt und schließlich freigesprochen.

Andreas Baader verteidigte sich in Frankfurt mit dem Hinweis auf Herbert Marcuse, besonders auf seinen Essay »Repressive Toleranz«. Dort heißt es: »Aber ich glaube, daß es für unterdrückte und überwältigte Minderheiten ein ›Naturrecht‹ auf Widerstand gibt, außergesetzlich Mittel anzuwenden, sobald die Gesetze sich als unzulänglich herausgestellt haben . . . Wenn sie Gewalt anwenden, beginnen sie keine neue Kette von Gewalttaten, sondern zerbrechen sie etabliert. Da man sie schlagen wird, kennen sie das Risiko, und wenn sie gewillt sind, das auf sich zu nehmen, hat kein Dritter und am allerwenigsten der Erzieher oder Intellektuelle das Recht, ihnen Haltung zu predigen.«

Das groteske Mißverhältnis zwischen einer Situation, für die solche Formulierungen zutreffen mögen, und der Situation in der Bundesrepublik hat Marcuse selbst in seinem 1969 erschienenen Essay »Versuch über die Befreiung« dargelegt. Dort stellte er fest:

- Dem neue Radikalismus fehlt eine Klassenbasis.
- Die Lage verleiht allen Bemühungen, die Aussichten eines grundlegenden Wandels im »kooperativen Kapitalismus« einzuschätzen, ja auch nur zu diskutieren, einen »abstrakten, akademischen und unwirklichen Zug«.
- Kritische Theorie und politische Praxis können sich nicht an einem Begriff von der Revolution orientieren, der ins 19. oder frühe 20. Jahrhundert gehört.
- Die Konzeption einer »Machtübernahme« im Verlaufe einer Massenerhebung, geführt von einer revolutionären Partei als Avantgarde einer revolutionären Klasse, trifft für die fortgeschrittenen Industrieländer nicht mehr zu, weil dort die Massen selbst Kräfte des Konservativismus und der Stabilisierung sind.

Diese Kritik des marxistischen Philosophen, der die Entwicklung der deutschen Protestbewegung wesentlich beeinflußt hatte, nahm die spätere Schrumpfung des Sympathiesantenfeldes und die Isolierung der RAF vorweg.

Neben Andreas Baader und Gudrun Ensslin hatten sich Thorwald Proll und Horst Söhnlein an der Brandstiftung in Frankfurt beteiligt. Thorwald Proll, geboren 1941, ist der Sohn eines erfolgreichen Architekten aus Kassel. Vor Gericht wurde er als Gelegenheitsarbeiter bezeichnet. Ein Jahr vor seinem Abitur hatten sich seine Eltern scheiden lassen. Er versuchte, in Berlin Kunstgeschichte zu studieren, brach das Studium aber ab. Er bezeichnete sich selbst als »Mitglied des Lumpenproletariats«. Die Beteiligung an den damals in Berlin üblichen Vietnam-Demonstrationen gehörte zu seinem täglichen Leben. Andreas Baader lernte er in Berlin kennen.

Die Berufsangabe von Horst Söhnlein, der 1953 geboren wurde, lautete Schauspieler. Er hatte im Jahre 1961 in München ein »Actions Theater« gegründet. Dieses Unternehmen hatte keinen Erfolg. In seinem Theater hatte er Thorwald Proll, Gudrun Ensslin und Andreas Baader als Zuschauer kennengelernt.

Gudrun Ensslin, die 1940 geboren wurde, war das vierte von sieben Kindern einer Stuttgarter Pfaffersfamilie. Ihr Vater beobachtete die »spätkapitalistische Entwicklung« in der Bundesrepublik mit kritischen Augen. Gudrun Ensslin wurde dazu erzogen, ihre Umgebung und sich selbst kritisch zu erforschen. Sie beschäftigte sich als Heranwachsende mit dem Ost-West-Konflikt, mit Fragen des Kapitalismus und mit den Problemen der Dritten Welt. Ihre damaligen Freunde hielten sie für eine höchst emotionale junge Frau. Sie wollte Lehrerin werden. Nach dem Abitur immatrikulierte sie sich zunächst an der Universität Tübingen. Ihre Fächer waren Philosophie, Germanistik und Anglistik. Später ging sie zur Pädagogischen Hochschule nach Schwäbisch-Gmünd. Nach ihrem ersten Staatsexamen gab sie ihr Ziel, Lehrerin zu werden, auf. Ihre praktische Befähigung zum Lehrberuf war infrage gestellt worden. Im Jahre 1965 verlobte sie sich mit Bernward Vesper, einem Sohn des Nazi-Schriftstellers Will Vesper. Beide zogen nach Berlin. Bernward Vesper wurde Herausgeber der »Voltaire-Flugschriften«, die nach kurzer Zeit eingingen.

Gudrun Ensslin immatrikulierte sich an der Freien Universität für die Fächer Deutsch und Englisch. Beide wurden Mitglieder der SPD und beteiligten sich intensiv im Wahlkampf 1965, in dem Willy Brandt zum zweitenmal vergeblich versuchte, Kanzler zu werden. Als die SPD im Jahre 1966 eine Große Koalition mit der CDU einging, verließen Gudrun Ensslin und Bernward Vesper voller Empörung die Partei. Gudrun Ensslin schloß sich dem SDS an. Im Jahre 1967 gebar Gudrun Ensslin einen Sohn. Inzwischen war es aber schon zu einer Entfremdung zwischen ihr und Bernward Vesper gekommen. Vesper blieb Theoretiker und versuchte sich in verschiedenen Roman-Essays. Von den Depressionen, die ihm aus der Vergangenheit seines Vaters erwachsen waren, konnte er sich offensichtlich nie befreien. Im Mai 1971 nahm er sich in der psychiatrischen Abteilung einer Klinik in Hamburg das Leben. Gudrun Ensslin hatte 1967 schon Andreas Baader kennengelernt. Beide zogen zusammen. Die explosive Dynamik dieser Verbindung schildern Salewski/Lanz in ihrem Buch »Die neue Gewalt«: »Was die beiden gemeinsam haben, läßt sich kurz aufzählen: den unbestimmten Haß auf ein System, das sie faschistisch nennen, die Versuche, ihre Gefühle zu artikulieren – und die Niederlagen, die sie dabei immer wieder erleiden. Schließlich ist irgendwann bei beiden ihr hohes Aktivitätspotential umgeschlagen in pure Gewalt.«

Andreas Baader, der im Jahre 1943 geboren wurde, ist der Sohn eines bayerischen Beamten, der im Kriege gefallen ist. Seine Mutter arbeitete in München als Sekretärin. Andreas Baader wurde von ihr, von einer Tante und von seiner Großmutter aufgezogen. Wegen Schwierigkeiten in der Schule steckte ihn seine Mutter mit 13 Jahren in ein Internat, aus dem er mehrfach entfloh. Später schickte seine Mutter ihn auf eine private Kunstakademie. Er machte kein Abitur und verließ auch die Kunstakademie ohne Abschluß. In Berlin wollte er seine »künstlerische Ausbildung« fortsetzen. Er war vorübergehend am Bau tätig. Kurze Zeit später arbeitete er bei der BZ als Volontär. Deshalb bezeichnete er sich im Frankfurter Prozeß als Journalist. Jillian Becker schildert ihn in ihrem Buch über »Hitlers Kinder« als einen Angeber, der immer Chef der Bande sein wollte und diesen

Anspruch notfalls mit Gewalt zu verteidigen suchte. Er habe auf Frauen ungemein anziehend gewirkt. Er sei vernarrt gewesen in schnelle Autos, mit denen er seinem Traum von einem gefährlichen Leben nachjagen konnte.

Sowohl für Gudrun Ensslin als auch für Andreas Baader war der Tod von Benno Ohnesorg, der anläßlich des Berliner Schah-Besuchs am 2. Juni 1967 von dem Polizisten Kurras erschossen wurde, das Schlüsselerlebnis, das ihren künftigen politischen Weg bestimmen sollte. Andreas Baader ging in den Republikanischen Club von Horst Mahler und besuchte häufiger die »Kommune I«. In diesem Umfeld lernte er Gudrun Ensslin kennen.

Am 31. Oktober 1968 wurden Andreas Baader, Gudrun Ensslin, Thorwald Proll und Horst Söhnlein vom Landgericht Frankfurt wegen versuchter menschengefährdender Brandstiftung zu je drei Jahren Zuchthaus verurteilt. Nach neun Monaten wurden sie vom weiteren Vollzug der Untersuchungshaft verschont. Im März 1970 ergingen jedoch erneut Vollstreckungsbefehle, weil die Verurteilten nach Rechtskraft des Urteils am 10. November 1969 einer Ladung zum Strafantritt nicht nachkamen. Söhnlein stellte sich am 23. März 1970 in München, Proll am 19. November 1970 in Berlin.

Andreas Baader und Gudrun Ensslin waren nach Paris ausgewichen. Sie fanden Unterschlupf in einer Wohnung des Journalisten Régis Debray, der in Südamerika mit Che Guevara zusammengearbeitet hatte und in Kolumbien zu einer langjährigen Haftstrafe verurteilt worden war. Er wurde später auf Druck der französischen Regierung freigelassen.

Thorwald Proll war zunächst ebenfalls mit nach Paris gekommen, begleitet von seiner Schwester Astrid Proll.

Die Gruppe, die zunächst auf großem Fuß gelebt hatte, verlor bald das Geld, um sich weiter diesen Lebensstil leisten zu können. Es gab Streitigkeiten. Astrid Proll wollte in den Nahen Osten, um bei den palästinensischen Guerillas ein revolutionären Leben zu führen. Thorwald Proll litt unter Heimweh und wollte schon damals aus dem »bewaffneten Kampf« aussteigen.

Andreas Baader und Gudrun Ensslin fuhren zunächst nach Italien. In Neapel wurde ihnen ihr Fahrzeug, ein großer Mercedes, gestohlen. Baader stahl daraufhin einen Alfa Romeo, mit dem beide in die Bundesrepublik zurückkehrten. Bei einem Besuch bei den Eltern Gudrun Ensslins versuchte der Vater Ensslin, seine Tochter dazu zu überreden, sich zu stellen und ihre Strafe abzusitzen. Gudrun Ensslin lehnte ab und fuhr mit Andreas Baader nach Berlin. In Berlin geriet er in eine Verkehrskontrolle. Der Polizei fiel allerdings erst später, als Baader schon weitergefahren war, auf, wen sie kontrolliert hatte. Am 4. April 1970 wollte die Gruppe, der sich inzwischen unter anderem Horst Mahler angeschlossen hatte, in mehreren Autos aus einem Versteck Waffen holen. Der Hinweis auf die Waffen war von dem Bandenmitglied Peter Urbach, einem Fabrikarbeiter, gekommen, der später als V-Mann des Verfassungsschutzes bekannt wurde. Die Wagen wurden auf ihrer Fahrt zu einem Waffenversteck von der Polizei angehalten und kontrolliert. Baader wurde verhaftet, Mahler und Urbach konnten in dem zweiten Auto weiterfahren.

Schon bei dieser Festnahme ergaben sich Aspekte, die sich auf die spätere Entwicklung der Bande auswirkten. Der Wagen Baaders war auf den Namen von Astrid Proll zugelassen. In dem Fahrzeug saßen außer Baader die Studentin Renate Wolf und der Kunstmaler Peter Homann. Baader legitimierte sich mit einem durch Lichtbildaustausch verfälschten Personalausweis und Führerschein des Berliner Schriftstellers Peter Chotjewitz.

In dem Fahrzeug befanden sich Lichtpausen sowie Leinenpapier zur Herstellung von Kraftfahrzeugschein- und Führerscheinfälschungen. Als Vorlagen hatten – wie sich später herausstellte – Dokumente von Horst Mahler, seiner Ehefrau Ruth, von Ulrike Meinhof und von Astrid Proll gedient.

Andreas Baader wurde in die Haftanstalt Tegel eingewiesen. Die anderen Mitglieder der Gruppe erarbeiteten sofort einen Plan zu seiner Befreiung. Horst Mahler stellte den Antrag, seinem Mandanten, der angeblich in der Haft an einem Buch über die Organisation randstädtischer Jugendlicher arbeitete, Unterlagen dazu im Deutschen Zentralinstitut für Soziale Fragen in Berlin-Dahlem zugänglich zu machen. Um die Unterlagen sachdienlich auswerten zu können, sollte er dort auch die Möglichkeit haben, sich mit der Mitautorin der Studie zu treffen, nämlich mit Ulrike Meinhof.

Am 13. Mai 1970 wurde Baader von einer Frau Dr. Grete Weitemeier besucht, in Wirklichkeit Gudrun Ensslin. Schon vorher hatte Ulrike Meinhof Baader fünfmal in der Haftanstalt besucht.

Am 14. Mai 1970 trafen Ulrike Meinhof und Andreas Baader im Hauptlesesaal des Instituts für Soziale Fragen zusammen. Ulrike Meinhof hatte in ihrer Handtasche eine Schußwaffe. Zwei Stunden später verlangten zwei junge Mädchen Zutritt zum Institut, weil sie angeblich Fakten für die Arbeit über Jugendkriminalität recherchieren wollten. Der Institutsangestellte Georg Linke, der ihnen die Tür öffnete, erklärte ihnen, daß der Hauptlesesaal an diesem Tag für die Öffentlichkeit geschlossen sei. Er wies ihnen einen Tisch in der Eingangshalle zu, auf dem sie die gewünschten Unterlagen durchsehen sollten. Die beiden Mädchen trugen – wie sich später herausstellte – Perücken. Die eine war Irene Goergens, eine Freundin von Ulrike Meinhof, die 1968 aus einem staatlichen Erziehungsheim entwichen war. Das andere Mädchen war Ingrid Schubert, eine Medizinstudentin.

Kurze Zeit später klingelte es wieder. Ingrid Schubert ging zur Tür, um zu öffnen. Ein mit einer Pudelmütze vermummter Mann, der eine Pistole in der Hand hielt, stürmte in die Eingangshalle. Als Georg Linke aus seinem Büro ebenfalls in die Eingangshalle kommen wollte, schoß ihm der Vermummte ohne Vorwarnung in den Bauch. Beim Täter handelte es sich um Hans-Jürgen Bäcker. Er wurde längere Zeit später festgenommen und wechselte – ähnlich wie Horst Mahler – im Gefängnis von der »Rote Armee Fraktion« zur KPD über.

Hans-Jürgen Bäcker, Irene Goergens und Ingrid Schubert stürmten in den Lesesaal und hielten mit gezogenen Waffen die Justizbeamten, die Andreas Baader bewachen sollten, in Schach. Ulrike Meinhof öffnete ein Fenster des zu ebener Erde gelegenen Lesesaals und sprang hinaus. Andreas Baader und die drei anderen Bandenmitglieder folgten. Draußen wartete Astrid Proll in einem gestohlenen Alfa Romeo Guilia Sprint mit laufendem Motor. Alle Bandenmitglieder entkamen. Sie fuhren in eine konspirative Wohnung, in der sie mit Gudrun Ensslin und Horst Mahler zusammentrafen. Den gestohlenen Wagen stellten sie in einer Seitenstraße ab. Der bewaffnete Kampf hatte begonnen.

b) Die Kampfschriften

Drei Tage nach der Befreiung Baaders ging bei »dpa« in Berlin ein Brief ein, in dem es hieß:»Glauben die Schweine wirklich, wir würden den Genossen Baader zwei oder drei Jahre sitzen lassen?... Glaubte irgendein Schwein wirklich, wir würden von der Entfaltung der Klassenkämpfe, der Reorganisation des Proletariats reden, ohne uns gleichzeitig zu bewaffnen? Glaubten die Schweine, die zuerst geschossen haben, wir würden uns gewaltlos wie Schlachtvieh abknallen lassen?... Wer sich nicht wehrt, stirbt... Mit dem bewaffneten Widerstand beginnen! Die Rote Armee aufbauen!«

Am 15. Juni 1970 erschien in der Ausgabe Nr. 25/70 des »Spiegel« der auszugsweise Abdruck eines Interviews, das Ulrike Meinhof der französischen Journalistin Michèle Ray gegeben hatte. Ulrike Meinhof bezeichnete darin die gewaltsame Befreiung als »erste Aktion«. Man habe den »bewaffneten Kampf« mit einer Gefangenenbefreiung auch deshalb begonnen, um klarzumachen, daß man es ernst meine und daß diejenigen, die jetzt angefangen hätten »zu arbeiten und solche Aktionen machen zu wollen«, sich »in gar keinem Fall gegenseitig draufgehen« lassen würden.

Ulrike Meinhof vertrat in diesem Interview die Auffassung, daß die Organisierung des Proletariats ein Popanz sei, wenn man nicht gleichzeitig anfange,»das zu machen, was wir jetzt tun, nämlich die Rote Armee aufbauen«. Mit der Organisierung des Proletariats, mit der Arbeit im Betrieb und in den Stadtteilen müsse man auch die Bewaffnung betreiben.

In diesem Interview fielen auch die später häufig zitierten Worte:»Das ist ein Problem, und wir sagen natürlich, die Bullen sind Schweine. Wir sagen, der Typ in der Uniform ist ein Schwein. Das ist kein Mensch, und so haben wir uns mit ihm auseinanderzusetzen... Es ist falsch, überhaupt mit diesen Leuten zu reden, und natürlich kann geschossen werden...«

Die Gewaltaktion der Befreiung Baaders wurde auch von dem Anarchistenblatt »Agit 883«, Ausgabe 61, vom 22. Mai 1970, gerechtfertigt. In ihm erschien unter der Überschrift »Die Rote Armee aufbauen!« ein Artikel, in dem es wiederum hieß: »Glaubte irgendein Schwein wirklich, wir würden von der Entfaltung der Klassenkämpfe, der Reorganisation des Proletariats reden, ohne uns gleichzeitig zu bewaffnen?...«

Die südamerikanische revolutionäre Bewegung der Tupamaros wurde zum Vorbild des revolutionären Kampfes auch in den Industrieländern Westeuropas. Schon in der Ausgabe Nr. 63 der Schrift »Agit 883« vom 18. Juni 1970 fand sich ein auszugsweiser Abdruck des »Minihandbuchs des Stadt-Guerillo« von Carlos Marighella. Von diesem Handbuch erschienen mindestens zwei Drucke, die von Gruppen der Neuen Linken übersetzt und hergestellt worden waren. Diese Exemplare wurden vorwiegend in »linken Buchläden« verkauft.

Vorbild für den revolutionären Guerillakampf in den Großstädten wurden neben den südamerikanischen Guerilleros auch die Gruppen der extremistischen Fraktion des amerikanischen SDS »Weathermen«, die in den USA mehrfach Bombenanschläge verübten, und die amerikanische »Black-Panther«-Bewegung.

Diese Ursprünge fanden ihren Ausdruck auch in der ersten Kampfschrift der RAF, die im April 1971 in einem ersten Druck auftauchte und die den Titel trug »Das Konzept Stadt-Guerilla – Rote Armee Fraktion«. Mit ihm wurde der selbstgewählte Name der Gruppe zum erstenmal öffentlich genannt. Verfasserin dieser Schrift war Ulrike Meinhof. Sie begründete in sechs Abschnitten die Aktionen ihrer Gruppe, rechtfertigte sie und versuchte, sie marxistisch-theoretisch abzustützen. In der Anlage gleicht das Papier den Positionspamphleten anderer Gruppen, die aus einer Phase der Selbstschulung zu einer Organisation ihrer Kräfte kommen wollten. Es versucht zunächst eine Analyse der Bundesrepublik, wertet die studentische Bewegung und bekennt sich zu ihr als der eigenen Vorgeschichte. Es betont – wie die anderen Gruppen auch – das Praxisgebot des Marxismus-Leninismus und erläutert das eigene Konzept, die selbstgewählte Organisations- und Kampfform, die Stadt-Guerilla. Ein abschließender Abschnitt über »Legalität und Illegalität« soll das gewählte Konzept zusätzlich rechtfertigen.

Die Schrift ist unausgewogen. Ihr Stil ist verkrampft, emotional und indirekt. Der Text strapaziert die Möglichkeiten der Dialektik. Er schwankt zwischen richtigen Analysen, offenen Eingeständnissen über eigene Probleme, Manipulation tatsächlicher Vorfälle und auch dialektisch nicht schlüssigen Begründungen des eigenen Konzepts. Die Sprache ist journalistisch, bei Aufzählungen rhetorisch, intellektuell maniriert, benutzt die Anspielung und ist zuweilen durch Unsicherheit kompliziert.

Zuerst sollen »konkrete Antworten auf konkrete Fragen« gegeben werden. Dabei wird wahrheitswidrig behauptet, die Polizei habe bei allen Zusammenstößen zuerst geschossen: »Die Bullen haben jedesmal gezielte Schüsse abgegeben. Wir haben zum Teil überhaupt nicht geschossen, und wenn, dann gezielt: in Berlin, in Nürnberg, in Frankfurt. Das ist nachweisbar, weil es wahr ist.« Die Erklärungen dieses Abschnitts münden schließlich in der Aussage: »Wir behaupten, daß die Organisierung von bewaffneten Widerstandsgruppen zu diesem Zeitpunkt in der Bundesrepublik und West-Berlin richtig ist, möglich ist, gerechtfertigt ist. Daß es richtig, möglich und gerechtfertigt ist, hier und jetzt Stadt-Guerilla zu machen.«

Der zweite Abschnitt behandelt kurzschlüssig und unbestimmt die innere und äußere Situation der Bundesrepublik. In ihr seien die politischen Möglichkeiten des Imperialismus weder in ihrer reformistischen noch in ihrer faschistischen Variante erschöpft. Das Konzept der RAF – so schließt dieser Abschnitt in einem Satz ohne Begründung – beruhe nicht auf einer optimistischen Einschätzung der Situation in der Bundesrepublik.

Der dritte Abschnitt beschäftigt sich mit der Studentenrevolte. Er kritisiert, daß die studentische Bewegung die wirkliche Lage in der Bundesrepublik durch eine romantische Selbstüberschätzung verkannt habe. Der Glaube der Studenten, daß ihre Bewegung selbst das »revolutionäre Subjekt« sei, wird als ignorant hingestellt, der Vergleich zwischen der Systemkritik in der Bundesrepublik und dem bewaffneten Kampf in Vietnam wird als überheblich bezeichnet. Dennoch wird das Selbstverständnis der Bewegung als ein Bewußtsein beschworen,»Teil einer internationalen Bewegung zu sein, es mit demselben Klassenfeind zu tun zu haben wie der Vietkong dort, mit demselben Papiertiger, mit denselben pigs«. Konsequent bekennt sich die RAF zur studentischen Bewegung als ihrer eigenen Vorgeschichte.

Der vierte Abschnitt behandelt den »Primat der Praxis«. In ihm wird das Voluntaristische des Konzepts besonders deutlich. Im Duktus der Argumentation wird hier die Dialektik durch die Paradoxie ersetzt. Es wird bezweifelt, ob es unter den Bedingungen in der Bundesrepublik und West-Berlin überhaupt schon möglich sei, eine die Arbeiterklasse vereinigende Strategie zu entwickeln, eine Organisation zu schaffen, die Initiator und Ausdruck des Vereinheitlichungsprozesses sein könne. Danach heißt es aber: »Wir behaupten, daß ohne revolutionäre Initiative, ohne die praktische revolutionäre Intervention, der Avantgarde, der sozialistischen Arbeiter und Intellektuellen, ohne den konkreten anti-imperialistischen Kampf es keinen Vereinheitlichungsprozeß gibt, daß das Bündnis nur in gemeinsamen Kämpfen hergestellt wird oder nicht, in denen der bewußte Teil der Arbeiter und Intellektuellen nicht Regie zu führen, sondern voranzugehen hat.« Der Abschnitt schließt mit dem Satz: »Ob es richtig ist, den bewaffneten Widerstand jetzt zu organisieren, hängt davon ab, ob es möglich ist; ob es möglich ist, ist nur praktisch zu ermitteln!«

Die beiden letzten Abschnitte behandeln das Konzept Stadt-Guerilla und die Illegalität. Stadt-Guerilla wird als »revolutionäre Interventionsmethode von insgesamt schwachen revolutionären Kräften« bezeichnet. Sie sei bewaffneter Kampf. Dieser Erklärung wird zugleich die dialektische Rechtfertigung angehängt: »Insofern es die Polizei ist, die rücksichtslos von der Schußwaffe Gebrauch macht und die Klassenjustiz, die Kurras freispricht und die Genossen lebendig begräbt, wenn wir sie nicht daran hindern.« Die Herkunft der Stadt-Guerilla aus Lateinamerika wird bezeugt. Voraussetzungen werden genannt: die Organisation eines illegalen Apparates mit »Wohnungen, Waffen, Munition, Autos, Papieren«. Dann folgt das Bekenntnis, daß das Konzept, die illegale Arbeit mit legaler Arbeit zu verbinden, nicht durchgehalten werden könnte. Gegen den Vorwurf, die politischen Möglichkeiten der Organisierung seien noch längst nicht erschöpft, wird die Behauptung gestellt, diese würden solange nicht wirklich ausgenutzt, solange das Ziel, der bewaffnete Kampf, nicht als das Ziel der Politisierung zu erkennen sei.

Es fehlt die Einsicht, daß ein bewaffneter Kampf kleiner illegaler Gruppen ohne den Schutz durch legale Organisationen oder ohne Stützpunkte in gesicherten Territorien nur durchgehalten werden kann, wenn die Kämpfer im Volk wie Fische im Wasser schwimmen. Schon der Name Fraktion zeigt den Selbstbetrug. Die RAF war und ist keine Fraktion einer einheitlichen Bewegung.

Zur Legalität wird behauptet, sie sei die Ideologie des Parlamentarismus und der pluralistischen Gesellschaft. Politische Arbeit müsse legal und illegal organisiert werden. Der Widerspruch zwischen Verfassung und Verfassungswirklichkeit werde sich durch organisierten Widerstand verstärken. Dafür sei es notwendig, die Legalität für die Organisierung von Illegalität auszunutzen: »Die Rote Armee-Fraktion stellt die Verbindung her zwischen legalem und illegalem Kampf, zwischen nationalem und internationalem Kampf, zwischen politischem und bewaffnetem Kampf, zwischen der strategischen und der taktischen Bestimmung der internationalen kommunistischen Bewegung.«

Dieses Zitat belegt in besonderer Weise den irrealen Anspruch in den Rechtfertigungen des eigenen Handelns.

Im Juni 1971 wurde in Berlin ein Heft mit dem Titel »Die Lücken der revolutionären Theorie schließen – die Rote Armee aufbauen« verbreitet. Im Oktober 1971 veröffentlichte der Berliner Wagenbach Verlag den Text als Rotbuch 29 mit dem Titel, der seinem Inhalt eher gerecht wurde, »Kollektiv RAF – über den bewaffneten Kampf in Westeuropa«. Verfasser war Horst Mahler. Er schrieb den Text in der Haft.

Diese Schrift ist im Inhalt konkreter, im Stil klarer und in den Ableitungen logischer als der Aufsatz von Ulrike Meinhof aus dem April 1971. Mahler spricht direkt und ohne Klauseln. Er will den bewaffneten Kampf propagieren und Mitkämpfer gewinnen. Dabei scheut er nicht davor zurück, Zitate marxistischer Klassiker aus dem Zusammenhang zu lösen und als Beleg für seine Theorie zu verwenden. Seine Sprache bleibt dennoch argumentativ und zum Teil anschaulich. Im ganzen ist seine Schrift die Rechtfertigung eines Handelns, das der theoretischen Begründung vorausging. Marxistisch gesprochen folgte hier die Theorie einer nichtrealistischen Praxis, wodurch die Theorie verfälscht wurde.

Mahler fordert Konsequenzen als Ergebnis der Einsicht, daß eine Revolution ohne eine wissenschaftlich revolutionäre Theorie nicht siegen kann. Der »bewaffnete Kampf als höchste Form des Klassenkampfes« folgt für ihn aus der Tatsache, daß die »besitzenden Klassen« sich den »bestimmenden Einfluß auf die staatlichen Machthebel« gesichert haben. Für ihn gilt diese Feststellung »sowohl für die offene als auch für die parlamentarische Form der Diktatur der Bourgeoisie«. Mahler hält die bewaffnete Phase des Klassenkampfes unter den gegebenen gesellschaftlichen Bedingungen für unvermeidlich. Die uneingeschränkte Geltung des Primats der Politik heißt für ihn nur, daß die militärischen Formen des Kampfes den politischen Zielen der Revolution untergeordnet sind.

Im zweiten Abschnitt seiner Schrift befaßt sich Mahler mit dem Verhältnis von Generalstreik und bewaffnetem Kampf. Die Theorie, daß der Generalstreik in den allgemeinen Aufstand überzuleiten sei, ist für Mahler ein Gespenst. Für ihn ist der allgemeine Aufstand das »Endstadium eines langwierigen bewaffneten Kampfes gegen den staatlichen Unterdrückungsapparat«. Alle anderen Formen des Klassenkampfes und politischer Bündnisse können nach Mahler »nur eine unterstützende Bedeutung für den bewaffneten Kampf haben«.

Im dritten Abschnitt beschäftigt sich Mahler mit der »revolutionären Intelligenz«. An sich sollte die Führung einer kommunistischen Revolution, die von der RAF nach wie vor angestrebt wird, dem bewußten Teil der Arbeiterklasse zustehen. Dies wird auch von der derzeitigen RAF-Generation nicht bestritten. Gleichwohl haben schon die ersten RAF-Mitglieder ihre Herkunft aus dem bürgerlichen Lager öffentlich kaum reflektiert. Nur Horst Mahler zog schon frühzeitig theoretisch die Konsequenz. Er forderte, daß die Lücken der revolutionären Theorie geschlossen werden müßten. Er erklärte, eine zeitgemäße revolutionäre Theorie könne nur von denen entwickelt werden, »die aufgrund ihrer objektiven Klassenlage die Möglichkeit haben, die Erfahrungen und die daraus gewonnenen Erkenntnisse der Vergangenheit verstehend in ihre Überlegungen einzubeziehen, und die über das Abstraktionsvermögen verfügen, das es ihnen ermöglicht, die in den Klassenkämpfen der Gegenwart gesammelten Erfahrungen aus dem historischen Hintergrund unseres Erkenntnisstandes zu realisieren, zu interpretieren und zu verallgemeinern«. Dementsprechend weist Mahler der revolutionären Intelligenz die Funktion der Avantgarde zu: »Nicht die Organisationen der Industriearbeiterschaft, sondern die revolutionären Teile der Studentenschaft sind heute Träger des zeitgenössischen Bewußtseins.«

Das Verhältnis von Avantgarde und proletarischer Klasse behandelt Mahler im vierten Abschnitt. Er kommt zu dem Schluß, daß die Klassenanalyse ein Instrument in der Hand von Revolutionären sei, die duch eine konkrete Untersuchung herauszufinden hätten, welche Schichten »gegenwärtig oder voraussichtlich demnächst für einen revolutionären Kampf gewonnen werden können«. Der Revolutionär muß jeden Ansatz zum kollektiven Widerstand in den Massen aufgreifen, weiterentwickeln, organisieren und führen, »auch ohne Aussicht auf den Sieg«.

Eine Skizze über Stadt-Guerilla und Terror gegen den Herrschaftsapparat schließt sich in den folgenden Abschnitten an. Hierzu gehören zum Beispiel »geeignete Maßnahmen« gegen »alle Institutionen des Klassenfeindes, alle Verwaltungsdienststellen und Polizeiposten, gegen die Direktionszentren der Konzerne, aber auch gegen alle Funktionsträger dieser Institutionen, gegen leitende Beamte, Richter, Direktoren usw.«. Ausführlich rechtfertigt Mahler den in solchen Aktionen liegenden individuellen Terror durch Zitate Lenins.

Den wichtigsten Teil der Schrift aber bilden die Abschnitte, in denen Mahler sich der »jugendlichen Gesellschaft« zuwendet. Da die wirkliche Lage weder »repressiv« noch »revolutionär« ist, kann der einzelne für die permanente Aktion und dauerhaft für den bewaffneten Kampf nur gewonnen werden, wenn er außerhalb der Gesellschaft aktiv gegen die Gesetze handelt und damit durch die dann für ihn bestehende Lage zur Fortsetzung seiner kriminellen Aktionen gezwungen wird. Diese psychologisch richtige Einsicht macht Mahler in einer in vielen Varianten vorgelegten Forderung zum direkten Übergang zu ungesetzlichen Handlungen deutlich:

- »Es ist kein Zufall, sondern Ausdruck der wirklich antagonistischen Widersprüche im kapitalistischen System, wenn heute mehr und mehr junge Menschen bereit und entschlossen sind, ihr persönliches Schicksal konsequent mit dem Schicksal der proletarischen Revolution zu verbinden, die auch bereit sind, die persönlichen Risiken des bewaffneten Kampfes auf sich zu nehmen. Sind es in Westdeutschland erst Hunderte oder schon Tausende? Diese Frage kann erst die Praxis entscheiden. Jedenfalls haben sie – noch spontan, unsystematisch, ohne Koordination und ohne organisatorische Grundlage – begonnen, die ersten praktischen Schritte zu gehen. Haben sie erst einmal die Angst vor dem Staatsapparat überwunden, wird sie auch das Gezeter der Revolutionsliteraten und der Maulhelden nicht davon abhalten, diesen Weg weiterzugehen.«

- »In der ersten Phase stellt sich die Aufgabe, durch geeignete Aktionen zu demonstrieren, daß sich bewaffnete Gruppen bilden und gegen den Staatsapparat behaupten können; daß bewaffnete Überraschungsangriffe ein Mittel sein können, legitime Interessen gegen ein repressives System erfolgreich durchzusetzen. Kurz: das Mittel des bewaffneten Kampfes ist praktisch zu entdecken.«

- »Die Entwöhnung vom Gehorsam gegenüber der bürgerlichen Rechtsordnung ist eine wesentliche Voraussetzung für die Revolutionierung der Massen. Sie ist keine Frage der theoretischen Einsicht. In der Protestbewegung von 1967/68 wurde von vielen der Klassencharakter der bürgerlichen Ordnung und die Notwendigkeit ihrer gewaltsamen Beseitigung sehr schnell begriffen. Damit waren aber noch längst nicht die sogenannten Hemmungen, der eingeschliffene Gehorsamsreflex, überwunden. Dazu bedurfte es erst der *wiederholten* bewußten und *praktischen* Normverletzung. Mag dieser Reflex in proletarischen Schichten auch nicht so ausgeprägt sein und nicht den ausgesprochenen skrupulösen Charakter haben wie bei kleinbürgerlichen Intellektuellen, so ist er doch vorhanden.«

- »Die kritischen Studenten haben massenhaft die Notwendigkeit revolutionärer Gewalt bereits begriffen. Der revolutionäre Prozeß kann nur dann voranschreiten, wenn sie diese Einsicht auch tatsächlich praktizieren.«

- »Es hat sich in den vergangenen Jahren ein eigenes gesellschaftliches Selbstbewußtsein der Jugend entwickelt, das sich nicht mehr auf die ›Welt der Erwachsenen‹, auf die Erwartungshaltungen und Normvorstellungen bezieht... Träumten früher die Jugendlichen davon, möglichst früh ›erwachsen‹ zu sein, ihren erwachsenen Vorbildern gleich zu werden, so jagt ihnen heute diese Identifikation Angst ein.«

- »In der Jugend besteht eine Ideologie der Anpassungsverweigerung, die – so konfus sie im einzelnen auch sein mag – heute schon breite Massen ergriffen hat.
In einer Klassengesellschaft hat diese ideologische Notwendigkeit Klassencharakter. Da sie als Ausdruck eines existentiellen Interesses der Jugendlichen die Absage an die für den kapitalistischen Verwertungsprozeß geforderten Verhaltensweisen zum Gegenstand hat, ist sie tendenziell antikapitalistisch und revolutionär. Sie ist verbunden mit der für Jugendliche kennzeichnenden Bereitschaft zu aggressiver Äußerung bis hin zur Gewaltanwendung in großem Maßstab. *Dort* ist in erster Linie das Potential für revolutionäre Gewaltanwendung zu suchen und zu finden.«

- »Eine kämpfende Gruppe kann auch nur durch den Kampf selbst entstehen. Alle Versuche, die Gruppe außerhalb der Bedingungen des ›Ernstfalls‹ organisieren, ausbilden und trainieren zu wollen, führen zu äußerst lächerlichen Resultaten – manchmal mit tragischem Ausgang.«

Zehn Monate später veröffentlichte der »Spiegel« in seiner Ausgabe Nr. 18 vom 24. April 1982 Auszüge aus der dritten klassischen Kampfschrift der RAF: »Stadt-Guerilla und Klassenkampf«. Der Text war der Redaktion durch die Post zugegangen. Der Sprachduktus weist Ulrike Meinhof als Verfasserin aus.

Die Schrift ist eine Zusammenstellung journalistischer Kommentare zu politischen Zeitfragen und Ereignissen. Die intelligenten polemischen Kommentare orientieren sich aber nicht an der Wirklichkeit. Wunsch und Möglichkeit werden durch Dialektik, aber auch durch das ästhetische Paradoxon verknüpft. Der Grundton der Schrift ist resignativ. Ein Beispiel dafür bietet die Kritik an der Neuen Linken:»Mit der Erkenntnis, daß der Widerstand der westdeutschen Massen gegen die Herrschaft des Kapitals sich nicht an Problemen der Dritten Welt entzünden wird, sondern nur an den Problemen hier entwickeln kann, haben sie selbst aufgehört, die Probleme der Dritten Welt zum Gegenstand der Politik hier zu machen.«

Eingefaßt ist die Schrift von fast beschwörenden Passagen, mit denen die Empfindung des Lesers angesprochen wird. Sie sind wohl nicht kalkuliert, sondern Ausdruck eines Pathos. Sie ergänzen das Wissen des Lesers über das Selbstverständnis der Verfasserin oder der Gruppe. Als Motto ist der Schrift die furchtbare Ausdeutung eines altchinesischen Dichterwortes über den Tod durch Mao-Tse-tung vorangestellt:»Der Tod eines sozialistischen Kämpfers ist gewichtiger als der Tai-Berg, der Tod eines Kapitalisten hat weniger Gewicht als Schwanenflaum.« Danach leiten Erwägungen über den Tod von Gruppenmitgliedern die Schrift ein:»Petra, Georg und Thomas starben im Kampf gegen das Sterben im Dienst der Ausbeuter. Sie wurden ermordet, damit das Kapital ungestört weitermorden kann und damit die Leute weiterhin denken müssen, daß man nichts dagegen machen kann.«

Zu den eigenen Problemen nimmt die Schrift im vierten Abschnitt»Über aktuelle Einzelfragen« Stellung. Behandelt werden Verrat, Bankraub, Logistik und Kontinuität. Es wird erklärt, umgedeutet und angegriffen. Zum Verrat heißt es:»Verräter müssen aus den Reihen der Revolution ausgeschlossen werden. Toleranz gegenüber Verrätern produziert neuen Verrat... Von der Tatsache, daß sie arme Schweine sind, darf man sich nicht erpressen lassen. Das Kapital wird Menschen solange zu armen Schweinen machen, bis wir seine Herrschaft abgeschafft haben. Wir sind für die Verbrechen des Kapitals nicht verantwortlich.«

Zum Bankraub heißt es:»Niemand behauptet, daß der Bankraub für sich an der Ausbeuterordnung etwas verändert. Für die revolutionäre Organisation bedeutet er erst mal nur die Lösung ihres Finanzierungsproblems. Er ist logisch richtig, weil anders das Finanzierungsproblem gar nicht zu lösen ist. Er ist politisch richtig, weil er eine Enteignungsaktion ist. Er ist taktisch richtig, weil er eine proletarische Aktion ist. Er ist strategisch richtig, weil er der Finanzierung der Guerilla dient.«

Mit Reminiszenzen über Solidarität endet die Schrift:»Wir müssen nach Möglichkeit unnötige Opfer vermeiden. Alle Menschen in den Reihen der Revolution müssen füreinander sorgen, müssen sich liebevoll zueinander verhalten, einander helfen.«

Die drei Kampfschriften der Jahre 1971/72 formulierten das strategische Konzept der RAF, das in langen Gruppendiskussionen entworfen war. Diese Strategie ist bis heute gültig geblieben. Spätere strategische Äußerungen der RAF blieben in Fragmenten stecken. Sie waren nicht mehr in der Lage, eine neue zukunftsweisende Vision zu entwickeln. Der Versuch der RAF, im Jahre 1982 ihr bisheriges Konzept zu konkretisieren, scheiterte. Das Papier »Guerilla, Widerstand und anti-imperialistische Front« fand wegen seiner wenig anschaulichen und komplizierten Sprache bei den Gruppen der Neuen Linken, den Anarchisten und den Autonomen keine Zustimmung, sondern zumeist Kritik und Ablehnung. Der RAF war es nicht gelungen, aus ihrem von Soziologendeutsch geprägten Käfig auszubrechen und über ihr eigenes Umfeld hinaus weitere Kämpfer zu motivieren.

c) Herkunft und Motivation
Die damaligen Aktivisten der RAF kamen mit wenigen Ausnahmen aus Familien des Bürgertums, in denen ein akademisches Studium erstes Lebensziel ist. Von den 17 Mitgliedern der Kerngruppe des Jahres 1970 kam eines als Schülerin aus der Fürsorgeerziehung, eines war Kraftfahrzeugmeister, und zwei weibliche Mitglieder hatten als Frisörin und Fotografin handwerkliche Berufe. Neben dem Rechtsanwalt Horst Mahler gehörten zu diesem Kreis eine Rechtsreferendarin, eine Medizinalassistentin und zwei Journalistinnen. Die Mehrheit der Mitglieder waren Studenten.

Dieses Verhältnis galt auch für den späteren größeren Kreis der Aktivisten, die neu oder aus anderen Gruppen zur RAF gestoßen waren. Auch die Sympathisanten und Helfer der Aktivisten waren in der Masse nicht nur Angehörige des Bürgertums, sondern oft auch Mitglieder typischer Intellektuellenberufe.

Dies erklärt allerdings noch nicht, weshalb sich junge Menschen in einer demokratischen Gesellschaft entschlossen, in den »bewaffneten Kampf« einzutreten und bis heute bereit sind, illusionäre Ziele mit der Waffe in der Hand zu verfolgen.

Es gibt eine Denkschule, die auch kollektive Verhaltensweisen vor allem auf psychologische Gegebenheiten und Prozesse zurückführt. Dies ist problematisch. Konflikte ergaben sich zu allen Zeiten. Die Antworten auf sie aber kommen aus komplexen Bedingungen, die nicht vollständig aufgeschlüsselt werden können. Dennoch sei an einige psychologische Aspekte erinnert. Einige gelten für die Bewegung insgesamt, aus der diese Praxis hervorgegangen ist.

Die Protestbewegung der Studenten wurde von einer Generation getragen, die während des schnellen materiellen Aufbaus und der mit ihm verbundenen Entwicklung und Wohlstandsgesellschaft aufgewachsen war. Hieraus und aus den zeithistorischen Bedingungen wurden abgeleitet: ein verschärfter Generationskonflikt; das Unverständnis der Jugend für die Haltung der älteren Generation vor 1945; überwiegend materielles Interesse der Eltern-Generation seit 1945; Vernachlässigung der geistigen und seelischen Erziehung der Kinder durch diese Generation und anderes. Solche Aussagen sind wie Schlaglichter auf einzelne Facetten eines insgesamt undeutlichen Phänomens.

Daran knüpfte wohl auch der Vater von Gudrun Ensslin an, der sich im Februar 1972 in einem offenen Brief an »All jene Eltern« wandte, die »von den Verstehensschwierigkeiten ihrer Kinder in besonders gravierender Weise während der letzten 10 bis 15 Jahre betroffen worden sind«. Er meint in diesem Brief, daß die Zahl jener Heranwachsenden Ende der sechziger Jahre sehr groß gewesen sei, »denen der Übergang von pubertärem Erschrecken über Unrecht und Erlogenheit der Gesellschaft zu einem gesellschaftlichen Engagement in der Bundesrepublik mißlang«. Dieses Mißlingen habe sich vor 1967 vor allem in individuellen Neurosen, Depressionen und Psychosen vollzogen.

Die offenen Daten der Lebensläufe der späteren Terroristen auch während der Zeit des Heranwachsens lassen keine zwingenden Schlüsse zu auf eine Disposition zum anarchistischen Revolutionär. Unter den Aktivisten der ersten Kerngruppe waren mehrere ohne Vater oder ohne Eltern aufgewachsen – wie viele andere Altersgenossen auch. Mehrere hatten den ersten Ausbildungsabschnitt, einen weiterführenden Schulabschluß, nicht bewältigt. Auch dies aber ist nicht ungewöhnlich.

Wer die Aktivisten von außen sieht, erkennt keine eindeutigen psychologischen Bedingungen, die aus sich die folgenden Äußerungen erklären würden.

Andreas Baader schrieb in einem Brief vom 24. Januar 1972, den er mit seinem rechten Daumenabdruck siegelte: »Erfolgsmeldungen über uns können nur heißen: verhaftet oder tot. Die Stärke der Guerilla ist die Entschlossenheit jedes einzelnen von uns.«

Ulrike Meinhof nahm dieses Wort in ihrer Schrift »Stadt-Guerilla und Klassenkampf« auf, die im April 1972 veröffentlicht wurde. Sie erklärte: »Wir meinen damit, daß die Guerilla sich ausbreiten wird, Fuß fassen wird, daß die Entwicklung der Klassenkämpfe selbst das Konzept durchsetzen wird . . ., daß die Idee der Guerilla, die Mao, Fidel, Ché, Giap, Marighella entwickelt haben, eine gute Idee ist, daß niemand sie mehr vom Tisch fegen kann . . .«

Horst Mahler sagt in seinen ideologischen Anmerkungen, die im »Spiegel« Nr. 8 vom 14. Februar 1982 veröffentlicht wurden und die zu der Frage des »Verheizens von Genossen« Stellung nehmen: »Jene Kategorie übernimmt bürgerliche Zwangsvorstellungen, nach denen es nur Führer und Verführte gibt, als ob nicht jeder Genosse, dem die bürgerliche Unordnung zum Halse raushängt, der das nicht weitermachen kann, was er bisher gemacht hat, für sich selbst die Frage entscheiden könnte, ob er nicht mehr aus seinem Leben macht, wenn er endlich aus dem Ghetto ausbricht und die Mauern einreißt, selbst wenn sich dadurch seine statistische Lebenszeiterwartung verringern sollte.«

Das Mahler-Zitat deutet auf die subjektive Empfindung einer vielgestaltigen und doch schwer greifbaren Repression. Sie ist eine Fiktion und doch wirksam. Das Subjekt begreift sie stellvertretend im Schicksal von Vietnamesen, Schwarzen in den USA und in Südafrika, Indios, Palästinensern und anderen unterdrückten Menschengruppen.

Ohne Beispiel geblieben bis heute ist die personelle Zusammensetzung der RAF. Frauen wirken nicht nur als Helfer, Informanten, Kundschafter, sondern als aktive Kämpfer, die unter ihrem Mantel oder in ihrer Handtasche Pistolen bis zum Kaliber von 9 mm mitführen, die sie entschlossen benutzen, wenn es gilt, eine Festnahme abzuwehren oder eine von der Organisation beschlossene »Hinrichtung« auszuführen. Viele von ihnen handeln nicht nur gleichberechtigt, sondern prägend. Ulrike Meinhofs Schriften haben den Weg festgelegt, auf dem sich die RAF bis heute bewegt. Gudrun Ensslin, Brigitte Mohnhaupt und Inge Viett dominierten in den Entscheidungsprozessen der Gruppe. Sie und andere Frauen waren als Mittäter an Morden beteiligt.

Die Fehleinschätzung der Realität, das hieraus entwickelte groteske Gesamtkonzept, die kalkulierte praktische Einzelaktion, das forsche und praktisch improvisatorische Handeln etwa bei der Anmietung von Wohnungen unter falschem Namen oder durch Mittelspersonen, die Geschäftigkeit in der Erkundung und Aufklärung, all diese Dinge tragen Züge, die nur durch eine entscheidende Mitwirkung von Frauen zu erklären sind.

Von den 22 Aktivisten der Kerngruppe in den ersten Jahren waren 12 Personen Frauen. Dieser hohe Anteil von Frauen hat sich bis heute gehalten. Konzept und Aktionen der RAF sind auch das Ergebnis einer explosiven Emanzipation der beteiligten weiblichen Aktivisten.

3. Die ersten Anschläge der RAF

a) Nebengruppen der RAF
In München, Heidelberg und Berlin hatten sich aus den örtlichen studentischen Bewegungen Gruppierungen entwickelt, deren politische Aktivitäten die offensive Gewaltaktion einschlossen. In Berlin und München waren es Anarchisten, von denen sich eine Berliner Gruppe später den Namen »Bewegung 2. Juni« gab. In Heidelberg war es eine Gruppe, die individuelle Krankheit als Folge repressiver Gesellschaftsverhältnisse interpretierte und die Gewaltaktionen als Akt der Befreiung und als Mittel, die Gesellschaft umzustürzen, rechtfertigte.

Mittelpunkt dieser Gruppe, die sich »Sozialistisches Patientenkollektiv« (SPK) nannte, waren Dr. Wolfgang Huber und seine Ehefrau Ursula. Von der psychiatrischen Universitätsklinik entlassen, hatte ihm die Hochschule Räume für die von ihm vertretene Gruppentherapie zur Verfügung gestellt. Bei ihm trafen sich meist junge, psychisch kranke Leute, Studenten, Schüler, Drogenabhängige, Menschen mit sexuellen Problemen und Lebensängsten. Dr. Huber verkündete seinen Patienten, das ökonomische und soziale Leben der Bundesrepublik mache den Menschen krank und müsse daher notfalls mit Gewalt abgeschafft werden.

Im Sommer und Herbst 1970 kam es zu einer wissenschaftlichen Kontroverse um die Gruppentherapie Dr. Hubers. Die Universität befragte sieben Wissenschaftler darüber, ob man das Experiment des SPK dulden oder ihm die Unterstützung entziehen solle. Drei Analysen kamen zu einem positiven Ergebnis. Vier Gutachter äußersten sich negativ. Zu den Befürwortern des Experiments gehörte u. a. der Direktor des psychologischen Seminars der Technischen Universität Hannover, Prof. Peter Brückner, der später als Sympathisant und Unterstützer der RAF bekannt werden sollte.

Schon damals aber plante ein engerer Kreis um Dr. Huber die ersten Anschläge. Frau Dr. Huber rief einen »Arbeitskreis Sprengtechnik« ins Leben. Die Mitarbeiter dieser Gruppe stellten zum Teil hochbrisante Sprengstoffe her, die gegen Brücken, militärische Ziele und Elektrizitätsmasten eingesetzt werden sollten. Anfang 1971 versuchten Mitarbeiter des SPK erste Bombenanschläge, die fehlschlugen. Am 24. Juni 1971 kam es in Wiesenbach bei Heidelberg anläßlich einer Verkehrskontrolle zu einer Schießerei mit der Polizei, bei der ein Beamter schwer verletzt wurde. Die Spur führte zum SPK. Dr. Huber, seine Frau Ursula und acht weitere Mitglieder des SPK wurden verhaftet. Andere Aktivisten, die später zur RAF stoßen sollte, tauchten unter: Gerhard Müller, Margret Schiller, Carmen Roll, Klaus Jünschke, Irmgard Möller, Elisabeth van Dyck und Hanne Krabbe. Elisabeth van Dyck wurde im Frühjahr 1979 in Nürnberg erschossen, als sie sich ihrer Festnahme entziehen wollte. Hanna Krabbe beteiligte sich 1975 am Überfall auf die deutsche Botschaft in Stockholm. Ralf Reinders, ebenfalls Mitglied des SPK, ging zur »Bewegung 2. Juni«. Er ist Mittäter bei der Ermordung des Berliner Kammergerichtspräsidenten Günter von Drenkmann am 10. November 1974. Er beteiligte sich auch an der Entführung des Berliner CDU-Politikers Peter Lorenz am 27. Februar 1975.

In den Jahren 1970/71 registrierte das Bundeskriminalamt mehr als 40 Komplexe für Straftaten, die von der Kerngruppe der RAF und ihren Nebengruppen verübt worden waren. Zu den wichtigsten gehörten ein schwerer Bankraub am Mehring-Damm in Berlin am 15. Mai 1970; ein Einbruch in das Stadtverwaltungsgebäude in Kamp Lintfort am Wochenende zwischen dem 5. und 7. Juni 1970, durch den die Terroristen sich Blanko-Ausweisformulare beschaffen konnten; am 24. August 1970 kam es in Berlin zu einem Überfall auf den Kassenboten eines Verbrauchermarktes; unter dem 31. August 1970 registrierte das Bundeskriminalamt einen versuchten Mord, als sich RAF-Mitglieder bei einer versuchten Festnahme mit der Polizei ein Feuergefecht lieferten; im September 1970 kam es im Ruhrgebiet zu einem Betrug in acht Fällen und einem versuchten Betrug in drei Fällen durch die betrügerische Anmietung von Kraftfahrzeugen; am 22. Dezember 1970 schoß ein Terrorist in Nürnberg auf einen Polizeibeamten, als dieser ihn nach einem versuchten Pkw-Diebstahl festnehmen wollte; am 15. Januar 1971 stahlen RAF-Mitglieder zwei Pkw in Kassel und verübten zwei Banküberfälle; am 10. Februar 1971 schoß ein RAF-Terrorist auf einen Polizeibeamten, als dieser nach seinem Personalausweis fragte; am 24. Juni 1971 kam es zu der bereits erwähnten Schießerei während der Führerscheinkontrolle bei einem Mitglied des SPK; unter dem 8. Juli 1971 registrierte das Bundeskriminalamt einen weiteren Mordversuch an einem Polizeibeamten anläßlich einer Identitätskontrolle bei Zeven/Kreis Bremervörde; am 15 Juli 1971 kam es in Hamburg zu einem Schußwechsel zwischen den RAF-Mitgliedern Petra Schelm, Werner Hoppe und Polizeibeamten, Petra Schelm wurde erschossen; am 22. Oktober 1971 wurde in Hamburg der Polizeibeamte Norbert Schmid erschossen, als er eine flüchtende RAF-Terroristin verfolgte.

b) Aufbau der Logistik

Unmittelbar nach der Befreiung Baaders am 14. Mai 1970 hatte die RAF begonnen, eine Logistik für weitergesteckte Ziele aufzubauen. Dazu gehörten die Beschaffung von Geldmitteln, Wohnungen, Garagen, Kraftfahrzeugen, Ausweisen aller Art und von Handwerkszeugen und Geräten, um Kraftfahrzeuge umzufärben, Ausweise und Papiere zu fälschen oder zu verfälschen, den Funk der Sicherheitskräfte abzuhören und einen eigenen Funksprechverkehr herzustellen. Ebenfalls zur Logistik zählten die Beschaffung von Waffen und Sprengstoff und die Herstellung von Brand- und Sprengsätzen oder Sprengladungen verschiedenen Kalibers.

Die Masse der Geldmittel wurde durch bewaffneten Bankraub beschafft. Spektakulär noch in der Phase des Aufbaus der Organisation und einzureihen unter die Tatkomplexe des Jahres 1970 waren am 29. September dieses Jahres drei Banküberfälle zur selben Tageszeit in Berlin, bei denen insgesamt rund 220 000 DM geraubt wurden. An dieser Aktion waren zwölf Täter beteiligt, die insgesamt sechs Kraftfahrzeuge benutzten, von denen fünf durch Berliner Kfz-Kennzeichen verfälscht worden waren.

Personalausweise, Pässe und Kraftfahrzeugpapiere wurden gefälscht unter Benutzung echter durch Diebstahl erlangter Vordrucke, verfälscht oder total gefälscht durch Nachdruck mit Hilfe von Filmfolien. Wohnungen wurden beschafft über Sympathisanten, die als Anmieter auftraten, oder durch Anmietung bei Vorlage falscher Ausweispapiere. Das gleiche galt für Garagen.

Kraftfahrzeuge wurden betrügerisch angemietet und mit falschen Kennzeichen ausgerüstet. Andere wurden gestohlen und als Dubletten hergerichtet, d. h. mit Kennzeichen und Papieren ausgestattet, die exakt anderen Fahrzeugen gleichen Typs, gleichen Baujahrs und gleicher Farbe entsprachen.

Waffen wurden über Mittelsmänner gekauft. Dabei wurden auch Verbindungen ins Ausland benutzt. Sprengstoffe wurden u. a. durch selbstgefertigte Mischungen von leicht zu erwerbenden Grundstoffen hergestellt. Bomben wurden vor allem als Rohrbomben unterschiedlicher Stärke oder durch Verwendung von Stahlflaschen für Flüssiggas hergestellt. Selbstgefertigte Zündvorrichtungen mit gebräuchlichen Uhren brachten die Bomben zur Detonation. Schon damals geplant wurden perfekte Auslöseformen für die Zündvorrichtung, zum Beispiel eine Auslösung durch Funk.

Von den Sympathisanten wurden die logistischen Operationen der RAF zunächst begrüßt. Weder die vom Bundeskriminalamt als Mordversuche klassifizierten Feuergefechte mit Polizeibeamten noch der Mord an dem Polizeibeamten Norbert Schmid änderten etwas an dieser Bewertung. Diese Straftaten wurden in der linken Untergrundpresse als legitime Verteidigung gegenüber einem repressiven System gerechtfertigt. Die Ermordung des Polizeibeamten Schmid galt als Konsequenz auf den Tod von Petra Schelm, der in den Augen der Terroristen »Mord« war.

Im Frühjahr 1972 wurde in einigen Bereichen der Neuen Linken Kritik laut gegen die Aktionen der RAF. Kernpunkt der Vorwürfe war, daß Banküberfälle keine echten revolutionären Aktionen seien. Die RAF veröffentlichte danach ein Papier, um sich gegen diese Kritik zu wehren. Sie sagte, nur die Lösung der logistischen Probleme könne die Kontinuität der revolutionären Organisation sichern. Sie teilte mit, daß die technischen Mittel »nur in einem kollektiven Arbeits- und Lernprozeß« beschafft werden könnten, in dem die Mitglieder der Organisation technisch, psychisch und politisch nichts dem Zufall überlassen.

Danach ging die RAF zur offensiven revolutionären Aktion über.

c) Der revolutionäre Terror

Im Mai 1972 startete die RAF ihre erste große Offensive, obwohl zahlreiche ihrer Mitglieder bereits verhaftet worden waren (Mahler, Grusdat, Ruhland, Jansen, Bäcker, Proll, Herzog, Pohle, Roll, Grashoff, Grundmann). Die Serie der Bombenanschläge, 15 Sprengkörper an sechs Tatorten, begann am 11. Mai 1972 mit einem Anschlag auf das Hauptquartier des V. US-Corps in Frankfurt/Main. Im Vorraum am Haupteingang wurden zwei Bomben gezündet; vor dem Offizierskasino wurde eine Bombe zur Explosion gebracht. Der amerikanische Oberstleutnant Paul Bloomquist wurde getötet, 13 weitere Personen wurden schwer verletzt.

Am 12. Mai explodierten zwei Bomben auf dem Parkplatz des bayerischen Landeskriminalamtes in München und vor der Polizeidirektion in Augsburg.

Am 15. Mai hatten die Terroristen unter dem Privat-Pkw des Ermittlungsrichters am Bundesgerichtshof, Wolfgang Buddenberg, eine Haftladung angebracht. Die Bombe explodierte, als die Ehefrau des Ermittlungsrichters den Wagen starten wollte. Frau Buddenberg wurde schwer verletzt.

Am 19. Mai detonierten im Springer-Hochhaus in Hamburg zwei Bomben, durch die 38 Personen zum Teil erheblich verletzt wurden. Bei der späteren Durchsuchung des Verlagshauses wurden drei weitere Bomben entdeckt, deren Zündmechanismus nicht funktioniert hatte.

Am 24. Mai explodierten in kurzem Abstand hintereinander zwei Bomben im Hauptquartier der amerikanischen Armee in Europa in Heidelberg. Eine Bombe war vor dem Büro des militärischen Geheimdienstes versteckt worden, die zweite war vor einem Gebäude in der Nähe der Funkanlage untergebracht. Durch die Explosion wurden die Soldaten Clyde Bonner, Charles Peck und Ronald Woodward getötet. Fünf weitere Amerikaner wurden schwer verletzt.

Durch Eilbriefe an Presseagenturen, Zeitungsredaktionen, mehrere Rundfunksender und eine Illustrierte bekannten sich die RAF und mehrere »Kommandos« der RAF zu diesen Anschlägen. Es trat u. a. auf das »Kommando 2. Juni«, das sich nach dem am 2. Juni 1967 in Berlin an einer Schußverletzung verstorbenen

Benno Ohnesorg benannte und nicht identisch ist mit der späteren »Bewegung 2. Juni«.

Diese Anschläge waren kein wahlloser Terror, sondern gezielte Aktionen, deren Charakter es anderen Organisationen und Gruppen der revolutionären neuen Linken ermöglichen sollte, sich mit der RAF zu solidarisieren.

Die Anschläge gegen die Polizei und gegen amerikanische Einrichtungen nahmen die Tötung von Menschen nicht nur in Kauf, sondern kalkulierten sie ein und zielten zugleich auf die Solidarisierung anderer Fraktionen der revolutionären Bewegung.

Diese Ausrichtung klingt schon an in einer Tonbanderklärung von Ulrike Meinhof, die bei einem Teach-in der »Roten Hilfe Frankfurt« in der Frankfurter Universität am 31. März 1972 abgespielt wurde: »Unsere Aktionen gegen die Ausrottungsstrategen von Vietnam versteht heute schon jeder. Unsere Aktionen zum Schutz des Lebens und der Gesundheit der Gefangenen und der freien Genossen der RAF kann schon jeder verstehen.«

Den »individuellen Terror«, der erstmals gegen den Ermittlungsrichter Buddenberg durchgeführt wurde, hatte Horst Mahler schon in seiner Schrift »Über den bewaffneten Kampf in Westeuropa« gefordert und durch eine ausführliche Interpretation Lenins gerechtfertigt. Mahler hatte erklärt, die revolutionären Kräfte proklamierten »die persönliche Verantwortung für jede volksfeindliche Handlungsweise«. Die Betroffenen seien »für ihre Verbrechen gezielt und abgestuft zur Rechenschaft zu ziehen«. Mahler hatte Fürsorger, Lehrer, Richter und Staatsanwälte genannt.

Wenige Wochen nach diesen Gewaltaktionen gelang es der Polizei, die maßgeblichen Mitglieder der RAF festzunehmen. Am 1. Juni 1972 erhielten die Sicherheitsbehörden einen Hinweis aus der Nachbarschaft des Hauses Hofeckweg 2–4 in Frankfurt, daß sich in der Garage des Hauses drei verdächtige Personen aufhalten würden. Die Polizei fuhr mit gepanzerten Schützenwagen vor, die Polizisten trugen schußsichere Westen. Es kam zu einem Feuergefecht. Auf die Aufforderung der Polizei hin ergab sich als erster der steckbrieflich gesuchte Terrorist Holger Meins, von einem Streifschuß am linken Oberschenkel verletzt. Andreas Baader,

der einen Steckschuß im Gesäß hatte, mußte aus der Garage herausgetragen werden. Danach ergab sich auch Jan-Carl Raspe.

Die Polizei hatte aus vergangenen Ermittlungen lernen müssen, daß sie mit ihren gleichsam klassischen Festnahmemethoden keinen Erfolg hatte. Verletzte und erschossene Beamte waren das Ergebnis gewesen. In Frankfurt hatte sich gezeigt, daß das aufwendigere Mittel verhältnisgerechter war.

Am 7. Juni wurde Gudrun Ensslin in einer Boutique am Hamburger Jungfernstieg festgenommen. Die Verkäuferin hatte bemerkt, daß ihre Kundin in einer Wildlederjacke eine Schußwaffe mit sich trug. Sie informierte heimlich die Polizei. Die zwei Beamten, die in die Boutique kamen, konnten Gudrun Ensslin festnehmen, ohne daß sie Gelegenheit zur Gegenwehr hatte. In ihrer Handtasche fand man eine weitere Pistole, die ebenfalls geladen und entsichert war.

Am 15. Juni teilte ein Lehrer in Hannover der Polizei mit, daß er von einer ihm unbekannten Frau gebeten worden sei, zwei Personen für kurze Zeit in seiner Wohnung unterzubringen. Er habe diesen Wunsch zunächst nicht abgelehnt, weil manchmal Gäste, die sich auf Freunde berufen würden, bei ihm übernachten könnten. Im nachhinein sei ihm nun der Verdacht gekommen, daß es sich bei der genannten Frau und den angesagten Personen um Mitglieder der Baader-Meinhof-Bande handeln würde. Die Polizei observierte daraufhin das Haus des Lehrers. Am frühen Abend betraten ein Mann und eine Frau das Haus, eine Stunde später verließ der Mann das Haus, um aus einer nahegelegenen Telefonzelle ein Gespräch zu führen. Noch während des Wählens wurde er festgenommen. Es handelte sich um das RAF-Mitglied Gerhard Müller. Danach klingelte die Polizei an der Wohnungstür des Lehrers. Ulrike Meinhof öffnete. Die Beamten nahmen sie fest, obwohl sie sich verbissen wehrte und sie mit »Schweine und Scheißbullen« beschimpfte.

II. Die »Bewegung 2. Juni«

Am 4. Dezember 1971 wurde der Terrorist Georg von Rauch in der Eisenacher Straße in Berlin bei einem Feuergefecht mit Polizisten erschossen. Seine Genossen Heinz Brockmann, Michael Baumann und Peter Knoll konnten entkommen. Dies war die Geburtsstunde der »Bewegung 2. Juni«. Dies war auch der Anlaß für Michael »Bommi« Baumann, aus dem Terrorismus auszusteigen. In seinem Buch »Wie alles anfing« beschrieb er später den Tod seines Freundes: »Ich habe ihn richtig neben mir umfallen sehen, im selben Augenblick weißt du auch, er ist tot. Das hat erstmal 'ne Woche gedauert, eh ich wieder was gegessen habe oder wieder geschlafen habe.«

Baumann beschrieb auch den Beginn der Bewegung: »Es war so ein Klima geschaffen worden, daß von vielen Linken die RAF und ihre Methoden abgelehnt wurden ... Wir haben dann einfach gesagt, wir machen das anders als die RAF, wir bleiben in einer Stadt, wir bleiben in Berlin, weil wir uns hier am besten auskennen, und rasen nicht irgendwo durch Westdeutschland im BMW.«

Zunächst beschränkte sich die »Bewegung 2. Juni« auf politische Demonstrationen. Sie protestierte gegen Fahrpreiserhöhungen der Berliner Verkehrsbetriebe und unterhielt Verbindungen zu linken Gastarbeitergruppen. Sie sammelte Unterschriften gegen die Sanierungspolitik des Senats im Wohnbereich. Vor allen Dingen ging es ihr darum, »Arbeitskonflikten in den Fabriken eine militante Lösung zu geben«. Ihre Mitglieder rekrutierten sich aus der Studentenbewegung und aus Drogenabhängigen. Georg von Rauch war 1968 Chef der »umherschweifenden Haschrebellen« gewesen. Zur ersten Kerntruppe gehörten außer Rauch, Baumann und Brockmann Annerose Reiche, Angela Luther, Peter Knoll, Thomas Weissbecker und Ralf Reinders.

Es blieb nicht bei Agitation. Die Gruppe bewaffnete sich. Heinz Brockmann fertigte aus Unkrautvertilgungsmitteln und aus

Zucker eine Bombe, die die Gruppe im britischen Yachtclub Gatow deponierte. Die Bombe explodierte am 2. Februar 1972 und tötete den Bootsbauer Belitz. Die Schwelle zur revolutionären Gewalt war überschritten.

Am 5. Juni 1974 kam es zu einem Fememord. Ulrich Schmücker, ein Mitglied der »Bewegung 2. Juni«, war in Bad Kreuznach von der Polizei verhaftet worden. Nach seiner Festnahme legte er ein Geständnis über seine Mitarbeit in der Gruppe ab. Banküberfälle und Gewalttaten konnten ihm nicht nachgewiesen werden. Er wurde wieder auf freien Fuß gesetzt. Danach bot er sich seinen Gesinnungsgenossen wieder an mit dem Vorschlag, einen Beamten des Landesamtes für Verfassungsschutz Berlin, der im Umfeld der Terroristen Ermittlungen durchführte, in eine Falle zu locken. Die Mitglieder der »Bewegung 2. Juni« hielten das für ein Täuschungsmanöver. Sie glaubten, Ulrich Schmücker sei Agent des Verfassungsschutzes geworden. Sie verurteilten ihn in einem »Volkstribunal« zum Tode. Inge Viett, die eine führende Position in der Gruppe errecht hatte, gab die Weisung, Schmücker »hinzurichten«. Der Auftrag dazu ging an die Mitglieder einer Kommune in Wolfsburg, die sich der »Bewegung 2. Juni« angenähert hatten. Die ehemaligen Genossen Ulrich Schmückers lockten ihn in den Berliner Grunewald. Ilse Jandt erschoß ihn.

Am 9. November 1974 starb Holger Meins, der mit Andreas Baader und Jan-Carl Raspe am 1. Juni 1972 in Frankfurt festgenommen worden war, im Gefängnis Wittlich an den Folgen eines Hungerstreiks. Dies war die Auslösung für eine großangelegte Operation, mit der die »Bewegung 2. Juni« den Tod ihres RAF-Genossen rächen wollte. Zugleich sollte ihrer Forderung Nachdruck gegeben werden, die angebliche »Isolationsfolter« inhaftierter Terroristen aufzuheben.

Die Kerngruppe der »Bewegung 2. Juni« beschloß, als Repräsentanten der Justiz den Berliner Kammergerichtspräsidenten Günter von Drenkmann zu entführen. In der Schenkendorfstraße 7 in Kreuzberg mietete sie ein Ladenlokal an und richtete im Keller ein »Volksgefängnis« ein. Am Abend des 10. November 1974 klingelte an der Haustür der Familie von Drenkmann in der Bayernallee 10 im Stadtteil Westend ein angeblicher Bote eines

Fleurop-Geschäftes. Herr von Drenkmann war am Vortage 64 Jahre alt geworden. Als Frau von Drenkmann die Haustür durch Knopfdruck geöffnet hatte, näherte sich der Wohnungstür ein junger Mann, der einen Nelkenstrauß in der Hand trug. Dies konnte Frau von Drenkmann durch den »Spion« erkennen. Als sie die Wohnungstür mit vorgelegter Sicherheitskette öffnete, griff der Mann zu, um die Türsicherung auszuhaken. Herr und Frau Drenkmann versuchten, sich gegen die Tür zu stemmen, wurden aber durch zwei weitere Terroristen in den Wohnungsflur zurückgedrängt. Zwei weitere Terroristen sicherten den Treppenaufgang. Drei Täter versuchten, Herrn von Drenkmann aus der Wohnung zu schleppen. Als sich Herr von Drenkmann wiedersetzte und als er und seine Frau laut um Hilfe schrien, töteten die Terroristen den Kammergerichtspräsidenten mit zwei Schüssen in die Brust. Frau von Drenkmann identifizierte den Blumenboten später als Ralf Reinders. Die Angestellte des Blumengeschäftes, die den Nelkenstrauß verkauft hatte, identifizierte Juliane Plambeck als Käuferin.

Noch am gleichen Tage verschickten die Mörder einen »Bekennerbrief« an verschiedene Zeitungsredaktionen, in dem es hieß: »Als Petra Schelm ermordet wurde, haben wir gesagt: Rache für Petra. Als Georg von Rauch ermordet wurde, haben wir gesagt: Rache für Georg; und wir sagten es auch bei allen weiteren Morden: Tommy Weissbecker, McLeod, Jürgen Jendrian, Günter Routhier, Richard Epple und allen ›Verstorbenen der deutschen Knäste‹. Sie alle wurden in gemeinschaftlicher Verantwortung von Justiz, Staatsanwaltschaft, Verfassungsschutz und Polizei erschossen und erschlagen. Unsere Parolen blieben in Wahrheit nur Ohnmacht. Gestern ist der Revolutionär Holger Meins dem Justizmord zum Opfer gefallen. Er war mit 42 anderen Häftlingen im Hungerstreik für die Aufhebung der Folter durch Isolation und die Sonderbehandlung der politischen Gefangenen. Nach 58 Tagen ist Holger Meins verhungert, da ihm nicht genug künstliche Nährmittel zugeführt wurden. Holger Meins hat für das Volk gekämpft, auch wenn es heute noch nicht alle begreifen. Als der Hungerstreik der Häftlinge begann, haben wir gesagt, wenn die Vernichtungsstrategie erneut das Leben eines Revolutionärs kostet, werden die Verantwortlichen selber mit ihrem Leben bezahlen. Günter von Drenkmann war der oberste Richter in Berlin. Er gehörte somit zum ›harten Kern‹ der Verantwortlichen. Unsere Forderungen nach Erfüllung der von den Gefangenen gestellten Bedingungen lehnte Richter Drenkmann ab. Damit nahm er in Kauf, daß noch weitere Revolutionäre in deutschen Haftanstalten sterben. Wer Gewalt sät, wird Gewalt ernten!!! Wir fordern Aufhebung der unmenschlichen Haftbedingungen in allen Gefängnissen der BRD und West-Berlin!!! Bewegung 2. Juni.«

Schon im November 1974 unterhielt die »Bewegung 2. Juni« mehrere konspirative Wohnungen und Garagen. Ihre Mitglieder hatten falsche Ausweispapiere, Waffen und Munition. Das Geiselversteck in der Schenkendorfstraße 7 in Berlin-Kreuzberg war durch den Mord an Herrn von Drenkmann nicht enttarnt worden.

Am 2. Dezember 1974 überfielen Mitglieder der »Bewegung 2. Juni« eine Bank in Berlin-Charlottenburg. Sie erbeuteten 48 000 DM. Am 17. Februar 1975 raubten sie in der Zweigstelle 123 der Berliner Sparkasse 60 000 DM und 10 000 DM in Fremdwährung.

Nach wochenlanger Beobachtung mehrerer führender Politiker in Berlin wählte die »Bewegung 2. Juni« den CDU-Vorsitzenden von Berlin, Peter Lorenz, als nächstes Opfer für eine Entführung. Sie hatten ausgekundschaftet, zu welchen Zeiten Peter Lorenz sein Haus verließ, um zur Geschäftsstelle des CDU-Landesverbandes in der Innenstadt von Berlin zu fahren, welchen Wagen er benutzte und über welche Straßen er fuhr. Am 27. Februar 1975 holte der Fahrer von Peter Lorenz seinen Chef um 8.50 Uhr an dessen Haus ab. Die Entführer hatten bereits Position bezogen. Als sich der Dienstwagen von Peter Lorenz über den Quermatensteig dem Ithweg näherte, fuhr ein Lastwagen, den die Bande gemietet hatte, langsam in den Quermatensteig ein. Der Fahrer des Dienstwagens von Peter Lorenz bremste, um dem Lkw, der von rechts kam, die Vorfahrt zu lassen. Im selben Augenblick fuhr ein roter Fiat, den die Terroristen gestohlen und mit einem gefälschten Kennzeichen versehen hatten, auf den Dienstwagen von Peter Lorenz auf. Der Fahrer des Dienstwagens stieg aus, um sich den Schaden zu besehen. Darauf wurde er von einem Terroristen, der am Bürgersteig als Straßenfeger posierte, mit einem Knüppel niedergeschlagen. Peter Lorenz wurde in den Fond seines Fahrzeuges geworfen. Die Bande fuhr mit dem Dienstwagen davon, der Straßenfeger stieg in ein Fluchtauto ein, das am Ithweg mit laufendem Motor parkte. Eine Frau, die sich zu Lorenz in den Fond des Wagens gesetzt hatte, spritzte ihm ein starkes Beruhigungsmittel in den Oberschenkel. Die Terroristen brachten Lorenz in das »Volksgefängnis« in der Schenkendorfstraße.

Am Abend noch gaben die Entführer in verschiedenen Schreiben an das Landesbüro der dpa, an das Berliner Parlament und an das Rathaus Schöneberg ihre Bedingungen für die Freilassung des Politikers bekannt:

»1. sofortige freilassung, d. h. annulierung der urteile, der gefangenen, die bei demonstrationen anläßlich der ermordung des revolutionärs holger meins in berlin verhaftet und verurteilt sind. diese forderung ist innerhalb von 24 stunden zu erfüllen.

2. sofortige freilassung von verena becker, gabriele kröcher-tiedemann, horst mahler, rolf pohle, ina siepmann, rolf heissler. die in westdeutschland gefangengehaltenen genossen kröcher, pohle und heissler sind binnen 48 stunden nach westberlin einzufliegen. eine boeing 707 vollgetankt und mit 4 mann besatzung hat bereitzustehen. die oben genannten genossen werden bis zu ihrem reiseziel von einer person des öffentlichen Lebens begleitet. die person ist der pfarrer und bürgermeister a. d. heinrich alberts. außerdem sind den 6 genossen jeweils 20 000 dm auszuhändigen. diese forderungen sind binnen 72 stunden zu erfüllen.

3. veröffentlichung dieser mitteilungen in form von anzeigen in folgenden tageszeitungen: BZ, Tagesspiegel, Abend, Hamburger Morgenpost, Weserkurier, Hannoversche Allgemeine Zeitung, Westdeutsche Allgemeine Zeitung, Frankfurter Rundschau, Süddeutsche Zeitung, Kölner Stadt Anzeiger, NRZ, TZ, FAZ; die anzeigen sind von der cdu zu bezahlen. während der ganzen zeit seiner gefangenschaft fordern wir absolute waffenruhe von seiten der polizei. keine präsenz auf den straßen, keine kontrollen, keine hausdurchsuchungen, keine fest-

nahmen, keine fahndungsfotos, keine fahndungsersuchen an die bevölkerung.

bei nichterfüllung oder auch nur dem versuch der täuschung ist die unversehrtheit des gefangenen bedroht!

alle forderungen sind gleichgewichtig!!

wir wollen keine geheimverhandlungen – dem volk darf nichts verborgen bleiben.

nachrichten des staatsapparates an uns und abläufe der freilassung der genannten genossen samt ihrem abflug müssen über funk und fernsehen abgewickelt werden. bei präziser erfüllung aller forderungen ist die unversehrtheit und freilassung des gefangenen lorenz garantiert.

anderenfalls ist eine konsequenz wie im falle des obersten richters G. v. Drenkmann unvermeidbar.«

Am Abend des 1. März verbreiteten die Westberliner Radiosender und das Fernsehen eine inzwischen von Pastor Alberts verfaßte Erklärung, die für die Kidnapper bestimmt war. Horst Mahler lehnte seine Freilassung ab.

Der Polizei gelang es nicht, das Versteck von Peter Lorenz ausfindig zu machen. Die Entführer verlängerten mehrfach ihr Ultimatum. Am 3. März wurde vor dem Rathaus Schöneberg ein Briefumschlag mit der Aufschrift »An den Senat! Kennwort: Gerd!« gefunden. Er enthielt die »Mitteilung Nr. 5«. Die Entführer erklärten:

»1. *Wir* nennen kein Reiseziel. Der Pilot wird die Anweisung in der Luft erhalten.

2. Das Ultimatum wird um eine Stunde, d. h. bis 10.00 Uhr, verlängert, d. h. daß in der Tagesschau um 10.00 Uhr das Einsteigen der 5 Genossen und Heinrich Alberts übertragen wird. Gleichzeitig muß ihre Erklärung vom Montag 4.00 Uhr ausgestrahlt werden.

3. Die Boeing 707 muß *voll*getankt und mit 4 Mann Besatzung starten.

4. Die 120 000 DM sind den Genossen auszuhändigen.

5. Heinrich Alberts ist *keine* Geisel.

53

6. Peter Lorenz und wir warten auf den unverzüglichen Abflug der 5 Genossen und Heinrich Alberts.
Bewegung 2. Juni
Kennwort Gerhard Gross, genannt Gerd!«

Die Regierungen von Bund und Ländern hatten sich schon vorher entschlossen, die Bedingungen der Entführer zu erfüllen, weil es der Polizei nicht gelungen war, eine einzige Spur der Terroristen zu entdecken. Die freizupressenden Terroristen waren im Flughafengebäude Frankfurt/Main zusammengeführt worden. Um 10 Uhr verließ die Boeing 707 mit den Terroristen und mit Heinrich Alberts Frankfurt in Richtung Süden. Um 18.40 Uhr landete sie nach einem Flug über Salzburg, Rom, Tripolis in Libyen und Adis-Abeba in Aden, der Hauptstadt von Südjemen.

Am Vormittag des 4. März meldete die Nachrichtenagentur Reuter, daß die Häftlinge im Südjemen eingetroffen seien. Nach seiner Rückkehr aus Aden am gleichen Tage erklärte Pfarrer Alberts im deutschen Fernsehen: »So ein Tag, so wunderschön wie heute . . .« Dieses Losungswort war mit den Terroristen vereinbart worden als Zeichen dafür, daß die Aktion »Erfolg« gehabt hatte. Um 23 Uhr des gleichen Tages ließen die Entführer Peter Lorenz frei. Sie deckten seine Augen mit Klebestreifen ab, setzten ihm eine Brille und einen Hut auf und brachten ihn zu einer Bank im Volkspark Wilmersdorf. Als die Entführer ihn verlassen hatten, rief Lorenz von einer nahegelegenen Telefonzelle seine Frau an.

Wenige Tage später verbreitete die »Bewegung 2. Juni« eine Flugschrift mit den Titel »Die Entführung aus unserer Sicht«. Darin hieß es u. a.: »wir begreifen unseren kampf als teil des allgemeinen widerstands. stadt-guerilla bedeutet phantasie und tatkraft; fähigkeiten, die das volk besitzt. auch wir sind listig, das heißt, wir schlagen nicht wild um uns, sondern schätzen unsere möglichkeiten realistisch ein, um dann zu handeln. wir lernen aus der praxis . . .«

Alle nach Südjemen ausgeflogenen Terroristen kehrten später in die Bundesrepublik zurück, um hier ihren bewaffneten Kampf fortzusetzen.

Mit der Entführung von Peter Lorenz hatte die »Bewegung 2. Juni« ihren Höhepunkt bereits überschritten. Schon wenige Wochen nach dem Kidnapping kam es zu ersten Festnahmen. Einige versprengte Mitglieder der Bewegung traten schon damals zur RAF über, andere beteiligten sich später an Aktionen internationaler Terroreinheiten. Im Mai 1975 fand Werner Sauber, Mitglied der »Bewegung 2. Juni« bei einem Schußwechsel mit der Polizei in Köln den Tod. Er trug den Entwurf einer Schrift bei sich, in der die »Bewegung 2. Juni« ihre eigenen Ziele darzustellen und sich von den Aktionen der RAF abzugrenzen versuchte: »Der RAF fehlt die Orientierung an den Kampfformen der am meisten Ausgebeuteten: Frauen, Ausländer, junge deutsche Hilfsarbeiter. Eine praktische Auseinandersetzung über die Verbindung des bewaffneten Kampfes mit militanten Proleten wurde von der RAF nicht akzeptiert.« In dieser Kritik findet sich schon der späterer Vorwurf, daß sich die RAF in »elitärer Arroganz« den wahren Interessen der Arbeiterklasse verschließe.

Die RAF, deren Kernmitglieder inzwischen alle hinter Gittern saßen, kritisierte demgegenüber die populistische Haltung der »Bewegung 2. Juni« und warf ihr vor, sich bei den »Massen« anbiedern zu wollen. Einige Aktionen der »Bewegung 2. Juni« schienen diesem Vorwurf tatsächlich recht zu geben. Am 30. und 31. Juli 1975 überfielen Mitglieder der »Bewegung 2. Juni« zwei Banken in Berlin. Dabei verteilten sie an die Kunden und Angestellten der Banken Negerküsse. Sie verteilten Flugblätter mit der Überschrift »Konjunkturprogramm der Bewegung 2. Juni« und dem Text: »Wo alle sagen, daß der Rubel wieder rollen muß, damit die Schornsteine wieder rauchen, wird auch unsere Bewegung im Rahmen ihrer bescheidenen Möglichkeiten – schließlich sitzen wir alle im gleichen Latrinendampfer – einen Beitrag leisten. Hoffentlich geht's gut, also: Her mit der Kohle. Revolutionäre Negerküsse von den Stadt-Guerilleros der Bewegung 2. Juni«.

Mit dieser Art von Propaganda nahm die »Bewegung 2. Juni« spätere Operationen der »Revolutionären Zellen« vorweg, die ihre Aktionen 1974 begonnen hatten und ihre Gewaltakte ebenfalls rückkoppeln wollten zu den »Massen«.

Die letzte große Operation der »Bewegung 2. Juni« geschah im November 1977. Mit Unterstützung einiger österreichischer Studenten entführten Mitglieder der Bewegung in Wien den Industriellen Michael Palmers und erpreßten für seine Freilassung, die vier Tage später erfolgte, insgesamt 4,3 Millionen DM. An dieser Tat beteiligt waren Inge Viett, Juliane Plambeck und Gabriele Rollnick. Die deutschen Terroristen konnten mit dem Lösegeld entkommen. Die österreichischen Studenten, die bei der Logistik geholfen hatten, wurden später zu Freiheitsstrafen verurteilt.

Im Frühjahr 1980 löste sich die »Bewegung 2. Juni« endgültig auf. Ihre Restkader gingen zum Teil zu den Berliner »Revolutionären Zellen«, zum Teil wurden sie Mitglieder der RAF. Die neuen RAF-Mitglieder brachten den größten Teil ihrer Beute aus der Palmers-Entführung in die Kriegskasse der RAF ein.

III. Die Eskalation

1. Die Fortsetzung des bewaffneten Kampfes der RAF

Im Sommer 1972 waren bis auf eine Ausnahme alle Mitglieder der Kerngruppe der RAF verhaftet worden. Außerdem konnten mehrere neu zur RAF gestoßene Aktivisten festgenommen werden. Dennoch blieben Aktivisten in Freiheit und unauffindbar. Andere kehrten nach der Entlassung aus der Haft in den Untergrund zurück. Vor allem aber blieben Mitglieder von Gruppen aktiv, die selbst nicht zur RAF gehörten, aber das Konzept der RAF übernommen hatten und lose Verbindung zu Unterstützern der RAF unterhielten. Genossen vom »Informationszentrum Rote Volksuniversität« (IzRU), eine Nachfolgegruppe des Heidelberger »Sozialistischen Patienten Kollektivs« (SPK), wollten das Konzept der RAF methodisch verbessern und fortsetzen.

Im Jahre 1973 kam es zu mehreren Aktionen mit Spreng- und Brandsätzen. Bemerkenswert waren ein Sprengstoffanschlag in Hamburg kurz vor Beginn eines Prozesses gegen jugendliche anarchistische Brandstifter, die – ohne zur RAF zu gehören – am 15. Juli 1972 zum Jahrestag des Todes von Petra Schelm in Hamburger Kaufhäusern Brandsätze gelegt hatten, und ein Sprengstoffanschlag gegen die Wohnung eines Richters am Amtsgericht Kaiserslautern, der für einige Aktivisten der RAF zuständiger Haftrichter war.

Die Führung des »bewaffneten Kampfes« der RAF selbst lag in den Händen ihrer inhaftierten Gründungsmitglieder. Von ihnen kamen zahlreiche Weisungen für logistische Operationen, die der Vorbereitung militärischer Aktionen dienen sollten. In sogenannten Zellenzirkularen, die von einer Haftanstalt zur anderen transportiert wurden, empfahlen die Führungsmitglieder Verhaltensweisen für die kommenden Prozesse. Sie erließen Anweisungen über die Auflösung konspirativer Wohnungen und später für

Sprengstoffanschläge und Geiselnahmen. Ein entsprechender Kassiber Gudrun Ensslins wurde in der Handtasche Ulrike Meinhofs bei ihrer Verhaftung am 15. Juni 1972 gefunden. Rechtsanwalt Otto Schily hatte Frau Ensslin am 12. Juni in der Haft besucht und mehr als zwei Stunden lang gesprochen. Einige Behördenvertreter waren damals der Ansicht, ihre Anweisungen hätten nur durch den Rechtsanwalt aus der Haftanstalt herausgebracht worden sein können. Ein Indiz für die Aktivitäten der Anwälte, die über die Verteidigung hinausgingen, ist ein Brief des Rechtsanwaltes Ströbele vom 16. Juni 1973, der drei Tage später in Berlin aufgefunden wurde. Ströbele hatte ihn offensichtlich nach einer Rundreise zu mehreren Häftlingen verfaßt. Der Brief berichtete von einem »neuen Projekt«, nämlich dem Plan, eine »Info (Informations)-Zentrale« aufzubauen.

Diese Zentrale wurde am 4. Februar 1974 zerschlagen. In Hamburg und in Frankfurt/Main wurden insgesamt vier Wohnungen durchsucht, die unter falschem Namen oder von unterstützenden Personen angemietet worden waren und die monatelang Quartier und Werkstatt für eine Gruppe gewesen waren, die die Arbeit der RAF fortsetzen sollte. In Hamburg wurden vier Mitglieder festgenommen. Unmittelbar darauf wurden zwei Mitglieder der Gruppe in Amsterdam verhaftet. In den vier Wohnungen in Hamburg und in Frankfurt wurden sechs Maschinenpistolen, zwei abgesägte Schrotflinten, 13 Pistolen und Revolver, mehr als 25 Handgranaten, Munition, Sprengstoff und Tretminen aufgefunden. Außerdem wurde eine große Anzahl von Personalausweisen, Reisepässen, Führerscheinen, Kfz-Scheinen (zum Teil als Blankoexemplare), Geldbeträge in DM und in ausländischer Währung im Wert von insgesamt rund 20 000 DM, Fälschungsmaterial, Werkzeuge und Unterlagen für Aufbau und Methodik der RAF sowie Unterlagen über die Planungen von Banküberfällen sichergestellt.

Nach dieser Verhaltungsaktion durchlief die RAF eine Regenerierungsphase von mehr als einem Jahr.

Andere Terroristen, die das Vorbild der RAF nachahmen wollten, aber nicht am Befehlsstrang der inhaftierten Kernmitglieder hingen, gingen zu Gewaltaktionen über.

Am 4. Oktober 1974 wurde gegen das Wohnhaus des Senators für Justiz in Hamburg, Prof. Dr. Klug, ein Bombenanschlag durchgeführt. Die Bombe konnte kurz vor der Detonation entschärft werden. In der dem Fund der Bombe vorausgehenden Nacht wurde der Pkw des Chefarztes des Zentralkrankenhauses im Untersuchungsgefängnis in Hamburg durch einen Brandanschlag zerstört. Zu beiden Anschlägen bekannte sich in einem »Kommunique Nr. I« eine Gruppe, die sich »RAF/AO« nannte. Diese Abkürzung sollte für »Aufbauorganisation« stehen. Das Kommunique begann mit den Worten: »Heute, am 4. Oktober 1974, haben wir den politisch-militärischen Kampf aufgenommen...« Diese Definition knüpfte an die Prozeßerklärung Ulrike Meinhofs vom 13. September 1974 an. Auch die »Analyse« der Situation in der Bundesrepublik in diesem Kommunique war von dieser Erklärung vorgeprägt.

Eine Sprengstoffverpuffung in einer Bremer Wohnung am 7. Oktober 1974, ein Bombenanschlag auf das Haus eines Hamburger Richters am 20. November 1974 und die Detonation einer Bombe im Bremer Hauptbahnhof am 7. Dezember 1974 zeigten weitere Aktivitäten von Nachfolgegruppen, die mit ihren Mitteln das Konzept der RAF fortsetzen wollten.

2. Die Besetzung der deutschen Botschaft in Stockholm

Die »Bewegung 2. Juni« hatte durch die Entführung von Peter Lorenz im Februar 1975 nur Mitglieder ihrer eigenen Organisation aus den Haftanstalten freigepreßt. Horst Mahler, der damals schon aus der RAF ausgeschieden und sich im Gefängnis der KPD angeschlossen hatte, lehnte es ab, durch die Entführungsaktion freigelassen zu werden. Der Erfolg der Operation der »Bewegung 2. Juni« hatte die RAF aber offensichtlich zu der Überzeugung gebracht, daß die Bundesregierung bei einer ähnlichen Aktion erneut nachgeben werde.

Am 24. April 1975, um die Mittagszeit, gelang es sechs jungen Leuten, in die deutsche Botschaft in Stockholm einzudringen.

Zwei waren unbemerkt in das Gebäude gelangt, zwei weitere hatten angegeben, ihre Pässe verloren zu haben. Die letzten beiden stürmten in das Gebäude, als ein Botschaftsangehöriger die Tür öffnete, um nach draußen zu gehen. Es handelte sich um Siegfried Hausner, Karl-Heinz Dellwo, Bernhard Rössner, Manfred Lutz Taufer, Hanna Krabbe und Ulrich Wessel.

Die Terroristen trieben alle Botschaftsangehörigen aus dem ersten und zweiten Stock in die dritte Etage der Botschaft. Unter den Geiseln befanden sich Botschafter Stöcker, der Militärattaché von Mirbach und der Wirtschaftsrat Hillegaart.

Als die schwedische Polizei kurz nach dem Überfall in das Erdgeschoß der Botschaft eindrang, forderten die RAF-Mitglieder die Polizisten ultimativ auf, das Gebäude zu verlassen. Die Polizisten versuchten, in den ersten Stock der Botschaft vorzudringen. Daraufhin schossen zwei Mitglieder der RAF auf den Militärattaché und stießen den schwerverwundeten Mann die Treppe hinunter. Herr von Mirbach starb wenige Stunden später an seinen Verletzungen.

Vorher hatten die Terroristen eine weibliche Geisel freigelassen und ihr eine Liste mit den Namen von 26 RAF-Mitgliedern mitgegeben, die in der Bundesrepublik inhaftiert waren. Es handelte sich um die Kerngruppe der RAF. Diese Gefangenen sollten gegen die Geiseln in der deutschen Botschaft ausgetauscht werden. Auf dem Flughafen Frankfurt – so forderten die Terroristen – müßte ein Flugzeug bereitstehen, das am Abend des 24. April die RAF-Gefangenen aufnehmen und an ein später zu bestimmendes Ziel bringen sollte. Die Terroristen drohten, jede Stunde eine weitere Geisel zu erschießen, falls man ihren Forderungen nicht nachgeben würde.

In Bonn trat der große Krisenstab zusammen. Man überlegte zunächst, wie man Zeit gewinnen könne. Schon bald aber setzte sich die Meinung des damaligen Bundeskanzlers Helmut Schmidt durch, daß sich der Staat nicht als erpreßbar zeigen dürfe. Helmut Schmidt selbst teilte diese Entscheidung dem schwedischen Ministerpräsidenten Olof Palme telefonisch mit.

Die Terroristen bewiesen, daß es ihnen mit ihrer Drohung ernst war. Eine Stunde nach Ablauf des Ultimatums, um 22 Uhr, erschossen sie den Wirtschaftsrat Hillegaart. Erst danach wurde ihnen von der schwedischen Polizei am Telefon ausgerichtet, daß die Bundesregierung ihre Forderungen abgelehnt habe. Die Schweden boten den Terroristen statt dessen an, ihnen freien Abzug gegen die Freilassung der Geiseln zu gewähren. Dies lehnten die Terroristen ab. Um 23.15 Uhr ließen sie drei weitere Frauen frei. Diese Geiseln hatten eine schriftliche Botschaft der RAF, in der erneut damit gedroht wurde, bei Nichterfüllung des RAF-Ultimatums zu jeder vollen Stunde eine weitere Geisel zu erschießen.

Das RAF-Kommando hatte inzwischen an drei Stellen im dritten Stockwerk der Botschaft größere Sprengsätze deponiert. Kurz vor Mitternacht explodierten diese Sprengladungen, offensichtlich verursacht durch einen Fehler im Zündmechanismus. Das dritte Stockwerk des Gebäudes ging in Flammen auf. Geiseln und Terroristen flohen ins Freie. Einige Geiseln waren schwer verletzt. Die Polizei begann zu schießen. Fünf der Täter wurden festgenommen. Bernhard Rössner, Hanna Krabbe und Siegfried Hausner waren schwer verletzt. Ulrich Wessel war bei der Explosion ums Leben gekommen. Die gefangenen Terroristen wurden sofort in die Bundesrepublik abgeschoben. Siegfried Hausner starb einen Monat später in der Krankenstation des Gefängnisses Stuttgart-Stammheim.

3. Vorbereitung einer konzentrierten Operation

Mit Stockholm hatte die RAF eine schwere Niederlage erlitten. Lange Zeit konnte sie sich von diesem Schlag nicht erholen. Erst im Jahre 1976 war sie wieder in der Lage, größere Aktionen vorzubereiten. Der Umfang von Plänen und Vorbereitungen, die in eine konzertierte Operation von überregionalem Ausmaß münden sollten, zeigte sich am 30. November 1976, als der steckbrieflich gesuchte ehemalige Rechtsanwalt Siegfried Haag und sein Begleiter Roland Mayer während einer Verkehrskontrolle auf der Autobahn bei Butzbach in Hessen festgenommen wurden. Die beiden Terroristen fuhren einen gestohlenen Pkw, waren mit falschen Personalpapieren ausgerüstet und mit einer Maschinenpistole und zwei Pistolen bewaffnet.

Die Polizei fand bei Siegfried Haag umfangreiche Aufzeichnungen. Nach Auswertung durch das Bundeskriminalamt ergab sich aus den Unterlagen ein Aktionsplan, der sich in fünf Punkte gliedern ließ:

- Ein Kommandounternehmen mit dem Decknamen »Margarine«, das offenbar für die unmittelbare Zukunft geplant war.
- Eine Geiselnahme, mit der eine große Geldsumme beschafft werden sollte und die den Decknamen »Big Money« trug.
- Eine weitere Geiselnahme mit dem Ziel, die Freilassung der Kernmitglieder der RAF zu erpressen; dieses Unternehmen hatte den Decknamen »Big Raushole«.
- Ein bewaffneter Banküberfall, der von der »Filiale 2« der RAF durchgeführt werden sollte.
- Die Beschaffung von Blanko-Personalpapieren durch Einbruch in eine Paßbehörde, der von einer »Filiale 1« gemacht werden sollte.

Die Fragen nach dem Zeitpunkt, dem Ort, den Zielobjekten und den Zielpersonen der genannten Einzelaktionen konnten die Sicherheitsbehörden lange Zeit nicht beantworten. Klar war nur, daß der »bewaffnete Widerstand« der RAF nicht länger im Vordergrund ihrer Operationen stand, sondern durch ein Konzept ersetzt worden war, das sich in drei Kategorien aufteilen ließ, nämlich die Hinrichtung von Repräsentanten des »Systems«, die Beschaffung von Geldmitteln auch durch Geiselnahme und die Freipressung ihrer Gefangenen ebenfalls durch Geiselnahme.

Erst im Jahre 1977 entschlüsselten sich den Beamten des Bundeskriminalamtes die Einzelheiten der neuen Strategie der RAF. Trotz der Tatsache, daß ihre Pläne mit der Verhaftung von Haag und Mayer der Polizei bekanntgeworden sein mußten, hielt die RAF an ihrem Unternehmen fest. Mit Generalbundesanwalt Siegfried Buback wurde der führende Vertreter des Teils der Justiz, der die RAF »verfolgte«, »hingerichtet«. Der Bankier Jürgen Ponto sollte als Geisel zur Geldbeschaffung dienen; als er sich wehrte, wurde er kaltblütig erschossen. Mit der Entführung von Hanns Martin Schleyer sollte das »System« an der Stelle getroffen werden, an der die Verbindung zwischen Kapital und Staat am deutlichsten und am verwundbarsten zu sein schien, um dadurch die gefangenen Genossen wieder in Freiheit zu setzen. Im Zuge dieser Operationen, die von der RAF in einen großen Zusammenhang gesetzt waren, geschahen denn auch tatsächlich die Aktionen ihrer beiden Filialen. In Wien erbeutete ein Kommando unter Führung von Waltraud Boock bei einem Banküberfall am 13. Dezember 1976 3,4 Millionen Schilling. Am 12. November 1976 brach ein anderes Kommando in das Paßamt Landeck in Tirol ein und erbeutete 394 Blankoausweise.

Erst nach der Ermordung von Siegfried Buback mutmaßten Beamte des Bundeskriminalamtes, daß sich unter dem Stichwort »Margarine« der Name des Generalbundesanwaltes verborgen haben könnte, verschlüsselt nach der Übereinstimmung der Anfangsbuchstaben seines Namens mit der Margarinesorte SB. Später erst stellte man auch fest, daß sich unter den Aufzeichnungen Siegfried Haags Skizzen über Straßenstrecken, Entfernungs- und Zeitbestimmungen befanden, die mit dem Stadtplan von Karlsruhe und den entsprechenden Ortsentfernungen übereinstimmen konnten.

Offensichtlich im Jahre 1974 hatte die RAF schon erwogen, hohe Funktionäre aus dem Bereich der Justiz zu ermorden. Bei der Verhaftung des RAF-Kommandos in Hamburg am 4. Februar 1974 war unter anderem eine Anweisung Baaders gefunden worden, in der es hieß: »so auf dem niveau der aktion gegen buddenberg, und darunter läuft nichts, was raf heißt...« Im Mai 1972 hatte die RAF unter dem Pkw des Ermittlungsrichters beim Bundesgerichtshof einen Sprengsatz angebracht, der explodierte, als Frau Buddenberg den Zündschlüssel herumdrehte.

In der gleichen Anleitung heißt es an anderer Stelle: »soweit oben wie möglich – an der spitze. aber b a w (gemeint war damit die Bundesanwaltschaft; der Verf.) dritter strafsenat... gezielt heißt DIE VERANTWORTLICHEN. wenn ihr das in den erklärungen zu den angriffen dokumentieren könnt + zwar genau – um so besser. Die Tupas haben ihre Urteile vollstreckt.«

Nicht erst 1977, sondern möglicherweise schon 1974 war die RAF also entschlossen, führende Vertreter des »Systems« zu ermorden.

4. Die Entführung und Ermordung von Hanns Martin Schleyer

Das Jahr 1977 wurde zum bisherigen Höhepunkt aller RAF-Operationen. Eine Bande von Terroristen, deren aktiver Kern nicht mehr als 25 Mitglieder umfaßte, forderte den Staat in die Schranken und drohte, seine Handlungsfähigkeit zu beschneiden. Die Auflistung der Aktionen der RAF aus diesem Jahr liest sich wie ein Kalendarium des Schreckens:

5. Januar, Grenzübergang Basel/Lörrach:	Mordversuch an einem schweizerischen Zollbeamten durch Schußwaffengebrauch;
7. April, Karlsruhe:	Ermordung von Generalbundesanwalt Siegfried Buback und seiner Begleiter Wurster und Göbel;
3. Mai, Singen:	Mordversuch durch Schußwaffengebrauch an Polizeibeamten bei der Festnahme von Verena Becker und Günter Sonnenberg;
30. Juli, Oberursel/Taunus:	Entführungsversuch des Vorstandssprechers der Dresdner Bank, Jürgen Ponto, und seine Ermordung;
25. August, Karlsruhe:	Versuchter Anschlag mit einem Flächenschußapparat auf die Bundesanwaltschaft;
5. September, Köln:	Entführung von Hanns Martin Schleyer und Ermordung seines Fahrers und seiner drei Begleitbeamten;
19. September, Den Haag:	Mordversuch an einem niederländischen Polizeibeamten;

22. September, Utrecht:	Mord an einem niederländischen Polizeibeamten bei der Festnahme von Knut Folkerts;
13.–18. Oktober, Mallorca/Mogadischu:	Entführung der Lufthansa-Maschine »Landshut« mit 91 Geiseln und Ermordung des Piloten Jürgen Schumann;
19. Oktober, Mülhausen:	Ermordung Hanns Martin Schleyers;
10. November, Amsterdam:	Mordversuch an niederländischen Polizeibeamten bei der Festnahme von Christoph Wackernagel und Gert Schneider.

Die Ermittlungen zu diesen Terroranschlägen richteten sich gegen 19 Terroristen. Davon waren zehn Frauen tatverdächtig. Der Logistik der Terroranschläge 1977 dienten mehr als 20 konspirative Wohnungen; mindestens 23 gekaufte, gemietete oder gestohlene Kraftfahrzeuge (darunter ein Motorrad und drei VW-Busse); fünf Fahrräder; halbautomatische Gewehre, Maschinenpistolen und Pistolen; rund ein Dutzend Schreibmaschinen, Tonband- und Videogeräte sowie Kopiermaschinen; rund 30 Falschnamen für Wohnungen, Hotels und für die Beschaffung von Kraftfahrzeugen.

Unter diesen Straftaten ragen die drei Komplexe hervor, die schon in den Aufzeichnungen von Siegfried Haag als Kommandounternehmen »Margarine«, Aktion »Big Money« und Operation »Big Raushole« gekennzeichnet waren.

Am 7. April 1977 näherte sich der Dienstwagen von Generalbundesanwalt Siegfried Buback auf der Linkenheimer Landstraße in Karlsruhe der Einmündung zur Moltkestraße. Siegfried Buback saß auf dem Beifahrersitz. Hinter ihm saß der Leiter der Fahrbereitschaft der Bundesanwaltschaft, Georg Wurster, der seinen Chef auch beschützen sollte. Gesteuert wurde der Wagen von Bubacks Fahrer Wolfgang Göbel. Als die Verkehrsampel an der Moltkestraße »Rot« zeigte und der Fahrer den Pkw stoppte, fuhr an der rechten Seite des Dienstwagens ein Motorrad auf, das von zwei Personen besetzt war. Während die Ampel auf »Grün«

schaltete, zog der Soziusfahrer aus einer Reisetasche ein Schnellfeuergewehr und gab etwa 15 Schüsse durch die rechten Seitenfenster auf die Insassen des Wagens ab. Siegfried Buback und sein Fahrer verstarben am Tatort, Georg Wurster erlag am 13. April seinen schweren Verletzungen.

Die Attentäter folgten dem führerlos dahinrollenden Pkw und vergewisserten sich mit einem Blick durch die Seitenfenster, daß ihre Schüsse getroffen hatten. Sie flüchteten über eine Brücke und über einen Feldweg, der zur Autobahnbrücke Wolfartsweier führte. Dort stiegen sie in einen wartenden Alfa Romeo um und passierten um 9.51 Uhr eine Verkehrskontrolle, die im Zusammenhang mit der sofort erfolgten Ringfahndung bei Remchingen/Singen aufgebaut worden war. Die Polizei ermittelte später, daß der Motorradfahrer Günter Sonnenberg war und daß es sich bei dem Mörder Bubacks um Knut Detlef Folkerts gehandelt hatte.

Mit der Ermordung Siegfried Bubacks wollte die RAF offensichtlich zwei Ziele erreichen. Sie wollte erstens dokumentieren, daß es für Repräsentanten des Systems keine Gnade geben konnte. Darüber hinaus wollte sie psychologisch den Boden für weitere Operationen bereiten, die nicht eine »Hinrichtung« zum Ziele hatten, sondern der Erpressung von Geldmitteln und der Freisetzung ihrer Gefangenen dienen sollten.

Am 30. Juli 1977 klingelte Susanne Albrecht, die Tochter eines bekannten Hamburger Rechtsanwaltes für Seerechtsfragen, an der Gartentür ihres Patenonkels Jürgen Ponto in Oberursel im Taunus. Susanne Albrecht hatte sich in Hamburg an mehreren Hausbesetzungen beteiligt. Sie gehörte zu einer Gruppe junger Aussteiger und hatte schon früh Verbindungen zum Umfeld der RAF gefunden. Dem Plan von Siegfried Haag folgend hatte sie sich schon 1976 an den Vorbereitungen zur Entführung des Bankiers Ponto beteiligt. Ende 1976 nahm sie wieder Verbindung zu ihren Eltern auf. Bis in den Frühsommer 1977 hinein besuchte sie ihr Elternhaus an mehreren Wochenenden. Sie erweckte den Eindruck, als ob sie auf Dauer wieder zurückkehren werde. Ende Juni erzählte sie, daß sie mit Freunden eine Reise nach Frankreich machen werde und auf dem Wege dahin den Patenonkel in Oberursel besuchen wolle. Die Eltern benachrichtigten Jürgen

Ponto von diesem Vorhaben. Der hatte dann auch keine Bedenken, sein Patenkind, das mit einem Rosenstrauß vor der Gartentür wartete, mit einer weiteren jungen Frau und einem jungen Mann in sein Haus einzulassen. Als die Begleiter versuchten, Ponto mit Gewalt aus dem Haus zu zerren, wehrte er sich. Die Begleiter erschossen Ponto mit zwei Schüssen in Kopf und Brust.

Die Täter konnten entkommen. An der Tat war auch Knut Detlef Folkerts beteiligt. Er wurde zusammen mit Susanne Albrecht in einem Intercity-Zug gesehen, der am Tattag um 16.01 Uhr Karlsruhe in Richtung Basel verlassen hatte.

Susanne Albrecht gab später folgende schriftliche Erklärung zur Ermordung von Jürgen Ponto ab: »Wir haben in der Situation, in der Bundesanwaltschaft und Staatsschutz zu Massakern an Gefangenen ausgeholt haben, nichts für lange Erklärungen übrig. Zu Ponto und den Schüssen, die ihn jetzt in Oberursel trafen, sagen wir, daß es uns nicht klar genug war, daß diese Typen, die in der Dritten Welt Kriege auslösen und Völker ausrotten, vor der Gewalt, wenn sie ihnen im eigenen Haus entgegentritt, fassungslos stehen. Es geht darum, das Neue gegen das Alte zu stellen, den Kampf, für den es keine Gefängnisse gibt, gegen das Universum der Kohle, in dem alles Gefängnis ist. Susanne Albrecht, 14. 8. 1977, aus einem Kommando der RAF.«

Susanne Albrecht lebt heute in einem Palästinenserlager im Libanon.

Knut Detlef Folkerts wurde am 22. September 1977 in Utrecht verhaftet, nachdem er einen Polizeibeamten erschossen hatte. Am 7. Dezember 1977 erklärte er dem Gericht in Utrecht: »Die Rote Armee Fraktion ist eine politisch-militärische Organisation, die den bewaffneten anti-imperialistischen Kampf in Metropolen, den Machtzentren des internationalen Kapitals in der BRD als Subzentrum des US-Imperialismus führt.« Die RAF müsse aus der Illegalität kämpfen, weil die Vietnam-Bewegung, aus der sie sich entwickelt habe, auf die Grenze der legalen Opposition gestoßen sei. Hauptfeind des Kampfes sei »der US-Imperialismus, in Westeuropa die Bundesrepublik der Sozialdemokratie«. Die RAF wolle verhindern, daß sich in Westeuropa ein Machtblock für die Strategie des US-Kapitals organisiere.

Nach der Ermordung Jürgen Pontos versuchte die RAF einen Großanschlag gegen die Bundesanwaltschaft. Am 25. August 1977 drang ein Kommando in eine Wohnung ein, die gegenüber dem Gebäude der Bundesanwaltschaft lag. Die Attentäter fesselten die beiden Wohnungsinhaber und brachten gegenüber der Bundesanwaltschaft einen selbstkonstruierten Flächenschußapparat an, der nach dem Vorbild einer Stalinorgel gebaut worden war. Die Zeitzündvorrichtung versagte. Wenn der Flächenschußapparat funktioniert hätte, wären zahlreiche Tote und Verletzte die Folge gewesen. Für die Sicherheitsbehörden wurde deutlich, daß eine größere Aktion zur Gefangenenbefreiung bevorstehen mußte.

Am späten Nachmittag des 5. September 1977, einem Montag, verließ Hanns Martin Schleyer sein Büro bei der Bundesvereinigung der Deutschen Arbeitgeberverbände in Köln am Oberländer Ufer 72, um zu einer Wohnung in Köln-Braunsfeld, Raschdorffstraße 10, zu fahren. Sein Wagen wurde gesteuert von dem Kraftfahrer Heinz Marcisz. Zum persönlichen Schutz waren ihm beigegeben die Beamten der Polizei Baden-Württemberg Reinhold Brändle, Roland Pieler und Helmut Ulmer. Der Begleitschutz fuhr in einem Dienstfahrzeug der Polizei direkt hinter dem Wagen Schleyers.

Für Schleyer galt seit 1975 die Sicherheitsstufe 3 (»Gefährdung ist nicht ausgeschlossen«). Anfang August 1977 ordnete das Innenministerium des Landes Baden-Württemberg die Sicherheitsstufe 1 für Hanns Martin Schleyer an (»erheblich gefährdet; mit einem Anschlag ist zu rechnen!«). Das Ministerium in Stuttgart machte davon dem Bundesminister des Innern Mitteilung. Beide Ministerien stimmten in der Beurteilung der Gefährdung überein. Die für den persönlichen Schutz Schleyers zuständige Polizei des Landes Baden-Württemberg unterhielt seitdem an den Wohnorten Schleyers in Stuttgart, in Meersburg und in Köln jeweils ein Begleitschutzkommando. Schleyer wurde ständig durch drei Beamte bewacht. Die in Köln eingesetzten Beamten wohnten in dem Hause Schleyers in der Raschdorffstraße 10. Alle Wohnungen Schleyers waren außerdem rund um die Uhr durch einen Doppelposten bewacht.

Als sich Schleyer um 17.25 Uhr über die Friedrich-Schmidt-Straße und die Vincenz-Statz-Straße seiner Wohnung näherte, war die Vincenz-Statz-Straße kurz hinter der Einbiegung von einem gelben Mercedes gesperrt. Links neben dem Mercedes lag ein Kinderwagen. Der Wagen Schleyers mußte bremsen. Das Begleitfahrzeug fuhr auf den Wagen Schleyers auf.

Noch als Schleyers Wagen bremste, rannten fünf Personen von links auf das Begleitfahrzeug zu und eröffneten sofort das Feuer. Sie gaben rund 100 Schüsse ab. Die Begleitbeamten konnten zwar noch ihre Pistolen ziehen, waren aber zu gezielter Gegenwehr nicht mehr fähig. Sie wurden durch jeweils mehr als 20 Schüsse im Kopf- und Brustbereich getroffen und starben auf der Stelle. Ein weiterer Attentäter schoß den Fahrer Marcisz mit einem auf dem Mercedes aufgelegten Gewehr ins Herz. Einer der Täter zerrte Schleyer aus seinem Wagen und schleppte ihn um den Mercedes herum über eine Strecke von etwa 30 Metern in einen an der Ecke Friedrich-Schmidt-Straße bereitstehenden weißen VW-Bus. Die übrigen Täter sprangen ebenfalls in den VW-Bus, der sofort in schneller Fahrt auf der Friedrich-Schmidt-Straße in Richtung Junkersdorf davonfuhr.

Um 17.35 Uhr trafen die ersten Streifenwagen der Kölner Polizei am Tatort ein. Der Polizeipräsident Köln löste eine Groß-fahndung aus, in die auch die benachbarten Dienstbereiche der Polizei eingeschaltet wurden. Zunächst stand nicht fest, ob sich Schleyer nicht auch unter den Toten befinden würde. Einige Beamte des Begleitschutzes konnten nur anhand ihrer Dienst-marken identifiziert werden.

Um 19.10 Uhr beauftragten der Bundesinnenminister und der Generalbundesanwalt das Bundeskriminalamt mit der Wahrneh-mung der Strafverfolgung der Täter. Um 19.23 Uhr fand eine Polizeistreife aufgrund eines Hinweises aus der Bevölkerung das Fluchtfahrzeug, den weißen VW-Bus, in einer Tiefgarage des Hauses Wiener Weg 1b in Köln. In dem Bus war eine Nachricht der Entführer hinterlegt: »an die bundesregierung – sie werden dafür sorgen, daß alle öffentlichen fahndungsmaßnahmen unter-bleiben oder wir erschießen schleyer sofort, ohne daß es zu verhandlungen über seine freilassung kommt. raf.«

Am 6. September, um 15.20 Uhr, fand die Tochter eines evangelischen Dekans in Wiesbaden im Briefkasten einen Umschlag mit der Anschrift: »an die bundesregierung«. Der Brief hatte folgenden Wortlaut:

»am montag, den 5. 9. 77, hat das kommando siegfried hausner den präsidenten des arbeitgeberverbandes und des bundesverbandes der deutschen industrie, hanns martin schleyer, gefangengenommen. zu den bedingungen seiner freilassung wiederholen wir nochmal unsere erste mittelung an die bundesregierung, die seit gestern von den sicherheitsstäben, wie wir das inzwischen kennen, unterschlagen wird.

das ist die sofortige einstellung aller fahndungsmaßnahmen oder schleyer wird sofort erschossen.

sobald die fahndung gestoppt wird, läuft schleyers freilassung unter folgenden bedingungen:

1. die gefangenen aus der raf andreas baader, gudrun ensslin, jan carl raspe, verena becker, werner hoppe, karl-heinz dellwo, hanna krabbe, bernd rösner, ingrid schubert, irmgard möller werden im austausch gegen schleyer freigelassen und reisen aus in ein land ihrer wahl. günter sonnenberg, der seit seiner festnahme wegen seiner schußverletzung haftunfähig ist, wird sofort freigelassen. sein haftbefehl wird aufgehoben. günter wird zusammen mit mit den anderen 10 gefangenen, mit denen er sofort zusammengebracht wird und sprechen kann, ausreisen.

2. die gefangenen sind bis mittwoch, 8 uhr früh, auf dem flughafen frankfurt zusammenzubringen. sie haben bis zu ihrem abflug um 12 uhr mittags jederzeit uneingeschränkt die möglichkeit, miteinander zu sprechen. um 10 uhr vormittags wird einer der gefangenen das kommando in direktübertragung durch das deutsche fernsehen über den korrekten ablauf ihres flugs informieren.

3. in der funktion öffentlicher kontrolle und garantie für das leben der gefangenen während des transports bis zur landung und aufnahme sollen die gefangenen – wie wir vorschlagen würden – von payot, dem generalsekretär der internationalen föderation für menschenrechte bei der uno, und pfarrer niemöller begleitet werden. wir bitten sie, sich in dieser funktion dafür einzusetzen,

daß die gefangenen dort, wo sie hinwollen, lebend ankommen.

natürlich sind wir auch mit einem alternativvorschlag der gefangenen einverstanden.

4. jedem der gefangenen werden 100 000 dm mitgegeben.

5. die erklärung, die durch schleyers foto und seinen brief als authentisch identifizierbar ist, wird heute abend um 20.00 uhr in der tagesschau veröffentlicht, und zwar ungekürzt und unverfälscht.

6. den konkreten ablauf von schleyers freilassung legen wir fest sowie wir die bestätigung der freigelassenen gefangenen haben, daß sie nicht ausgeliefert werden, und die erklärung der bundesregierung vorliegt, daß sie keine auslieferung betreiben wird.

wir gehen davon aus, daß schmidt, nachdem er in stockholm demonstriert hat, wie schnell er seine entscheidungen fällt, sich bemühen wird, sein verhältnis zu diesem fetten magnaten der nationalen wirtschaftscreme ebenso schnell zu klären.

am 6. 9. 77

KOMMANDO SIEGFRIED HAUSNER

RAF«

Dem Brief war ein Begleitschreiben Schleyers beigefügt mit dem Inhalt: »Mir wird erklärt, daß die Fortführung der Fahndung mein Leben gefährde. Das gleiche gelte, wenn die Forderungen nicht erfüllt und die Ultimaten nicht eingehalten würden.

Mir geht es soweit gut, ich bin unverletzt und glaube, daß ich freigelassen werde, wenn die Forderungen erfüllt werden.

Das ist jedoch nicht meine Entscheidung.

6. 9. 77   Hanns Martin Schleyer«

Um 23.33 Uhr trat das Bundeskabinett zu einer Sondersitzung zusammen, an der auch die Partei- und Fraktionsvorsitzenden der Parteien des Deutschen Bundestages und die Repräsentanten der vier Landesregierungen teilnahmen, in deren Gefängnissen die freizupressenden Häftlinge einsaßen. Zugezogen wurden auch die Vorsitzenden der Konferenzen der Innen- und der Justizminister sowie der Vorstandsvorsitzende der Daimler-Benz AG und der Vizepräsident des Bundesverbandes der Deutschen Industrie. Bundeskanzler Helmut Schmidt gab einen Überblick über das bisherige Geschehen; der Bundesjustizminister berichtete über die rechts- und staatspolitische Bewertung des Vorgangs. Der Bundeskanzler faßte schließlich als Ergebnis der Beratungen zusammen, daß sich die zu treffenden Entscheidungen an folgenden Zielen zu orientieren hätten:

- Die Geisel Hanns Martin Schleyer lebend zu befreien;
- die Entführer zu ergreifen und vor Gericht zu stellen;
- die Handlungsfähigkeit des Staates und das Vertrauen in ihn im In- und Ausland nicht zu gefährden; das bedeute auch: die Gefangenen, deren Freilassung erpreßt werden sollte, nicht freizugeben.

In der Zeit zwischen der Entführung Hanns Martin Schleyers bis zu seiner Ermordung in der Nacht vom 18. zum 19. Oktober 1977 tagte der vom Bundeskanzler einberufene Krisenstab, die sogenannte »Kleine Lage«, mehrmals in der Woche. Regelmäßige Teilnehmer der Kleinen Lage waren – neben Helmut Schmidt – Bundesinnenminister Maihofer, Bundesjustizminister Vogel, Staatsminister Wischnewski, Regierungssprecher Bölling, BKA-Präsident Herold und Generalbundesanwalt Rebmann.

Neben der Kleinen Lage trat wiederholt ein sogenannter »Großer Politischer Beraterkreis« zusammen. Dazu gehörten u. a. der SPD-Vorsitzende Brandt, der CDU-Vorsitzende Kohl, der CSU-Vorsitzende Strauß, der SPD-Fraktionsvorsitzende Wehner und der FDP-Fraktionsvorsitzende Mischnick; der FDP-Vorsitzende Genscher nahm in seiner Eigenschaft als Mitglied der Bundesregierung teil.

Die häufigen Begegnungen der Mitglieder der Kleinen Lage erweckten den Eindruck, als ob die Bundesregierung in ihrer Handlungsfähigkeit begrenzt worden sei. Hans Jürgen Wischnewski äußerte sich dazu später: »Wenn es das Ziel der Terroristen war, den Regierungsapparat lahmzulegen, so haben sie das geschafft.«

Am 8. September richtete Regierungssprecher Klaus Bölling ein Schreiben an die Chefredakteure von Presse, Rundfunk und Fernsehen und an die Presseagenturen, in dem er um größtmögliche Zurückhaltung in der Berichterstattung über den Entführungsfall bat. Die Regierung wollte den Sicherheitsbehörden Raum für ihre Fahndungsmaßnahmen geben und vermeiden, daß ihre Entscheidungsfähigkeit durch eine detaillierte Berichterstattung beeinträchtigt werden könnte. Die angesprochenen Medien folgten dieser Bitte bis auf wenige Ausnahmen.

Auf Vorschlag der Terroristen, niedergelegt in ihrem ersten Ultimatum vom 6. September, hatte die Bundesregierung inzwischen Verbindung zu dem Genfer Anwalt Dennis Payot aufgenommen. Bis zum 13. September waren die Gefangenen, deren Freilassung gefordert wurde, befragt worden, in welche Zielländer sie ausgeflogen werden wollten. Sie nannten Algerien, Libyen, den Südjemen und Vietnam. Staatsminister Wischnewski wurde beauftragt, die Regierungen dieser Länder zu befragen, ob sie bereit seien, die gefangenen Terroristen aufzunehmen. Er bereiste die einzelnen Länder mit einer Sondermaschine der Luftwaffe. In Algerien lehnte man die Aufnahme mit der Begründung ab, daß erst vor wenigen Wochen eine Einladung der Regierung an Hanns Martin Schleyer in seiner Eigenschaft als Präsident des Bundesverbandes der Deutschen Industrie ergangen sei und man jetzt nicht Genossen seiner Entführer Asyl gewähren könne. Die libysche Regierung lehnte nach einem Gespräch Wischnewskis mit dem damaligen libyschen Innenminister Belkassem ebenfalls ab. Der Irak gab überhaupt keine Antwort. Später stellte sich heraus, daß die Tickets der Entführer der Lufthansamaschine »Landshut«, die am 13. Oktober von einem palästinensischen Kommando in Mallorca gekapert wurde, in Bagdad gekauft worden waren. Südjemen verweigerte die Aufnahme mit dem Hinweis auf die Erfahrungen mit den Entführern von Peter Lorenz. In Vietnam versicherte man Wischnewski, daß man der Bundesregierung im Kampf gegen den Terrorismus helfen wolle, »auch wenn möglicherweise einige der Gefangenen in der Vergangenheit für Vietnam demonstriert« hätten. Hans Jürgen Wischnewski hat in diesen Wochen rund 80 000 Flugkilometer zurückgelegt. Die Bundesregierung hatte Zeit gewonnen.

Am 29. September war im Bundestag das Kontaktsperregesetz mit 371 (und 21 Berliner-) Ja-Stimmen gegen 4 Nein-Stimmen bei 17 Enthaltungen angenommen worden.

Am 13. Oktober entführten vier palästinensische Terroristen, die sich Kommando »Martyr Halimeh« nannten und ihre Forderungen mit »Organisation Kampf dem Welt-Imperialismus« (»Struggle-Against-World-Imperialism-Organization«) unterzeichneten, in Mallorca die Lufthansamaschine »Landshut«. Sie forderten ebenfalls die Freilassung der von der RAF gewünschten Gefangenen und die Freilassung der palästinensischen »Genossen« der »Federation for the Liberation of Palestine« (FLP) Mahdi und Hussein, die in einem Gefängnis in Istanbul einsaßen. Darüber hinaus verlangten sie ein Lösegeld in Höhe von 15 Millionen Dollar. Diese Summe sollte vom Sohn des Entführten, Hanns Eberhard Schleyer, in das Hotel Intercontinental in Frankfurt gebracht werden.

Am 14. Oktober trat um 10.45 Uhr das Bundeskabinett zu einer Sondersitzung zusammen. Erörtert wurde u. a., daß den Gefangenen, die die RAF freipressen wolle, die Ermordung von 13 Menschen und Mordversuche an 43 weiteren Menschen zur Last gelegt werden müßten. Außerdem wurde die Tatsache hervorgehoben, daß den im Fall Lorenz freigelassenen Häftlingen zur Last gelegt werde, nach ihrer Entlassung vier, möglicherweise sogar neun Menschen ermordet und die Ermordung von sechs weiteren Menschen versucht zu haben. Das Kabinett beschloß, das alles unternommen werden solle, um – ohne eine Freilassung der Gefangenen – die Geiseln zu retten.

Am 15. Oktober um 8.06 Uhr wurde in der Kleinen Lage Einvernehmen erzielt, den in der Deutschen Bank bereitliegenden Lösegeldbetrag nicht an Hanns Eberhard Schleyer auszuhändigen. Der Präsident des Bundeskriminalamtes, Horst Herold, hatte darauf hingewiesen, daß eine solche Operation auch das Leben von Hanns Eberhard Schleyer gefährden würde. Dies gelte deshalb vor allem, weil schon am Vortag die geplante Geldübergabe bekanntgeworden sei. Die Zentrale der dpa in Hamburg hatte tatsächlich am 14. Oktober zwischen 17 und 18 Uhr von ihrem Stuttgarter Büro eine Meldung mit allen Details der vorgesehenen Operation erhalten. dpa hatte allerdings nach Rückfrage bei ihrem Bonner Büro zunächst davon abgesehen, die Meldung zu verbreiten.

Der Große Politische Beraterkreis machte sich um 9.20 Uhr die Auffassung des Krisenstabes zu eigen. Bundesjustizminister Vogel wurde beauftragt, Hanns Eberhard Schleyer zu unterrichten. Das geschah um 9.30 Uhr. Herr Schleyer nahm die Mitteilung des Justizministers entgegen und erklärte, daß er unter diesen Umständen nicht nach Frankfurt fahren werde. dpa meldete dann um 9.40 Uhr, daß der »Schleyer-Sohn Eberhard« im Hotel Intercontinental um 12 Uhr 15 Millionen amerikanische Dollar an die Entführer übergeben solle. Aufgrund dieser Veröffentlichung kamen um diese Zeit mehr als 100 Journalisten in dem Hotel zusammen.

Am 15. Oktober beantragte Hanns Eberhard Schleyer im Namen seines Vaters beim Bundesverfassungsgericht den Erlaß einer einstweiligen Anordnung gegen die Bundesregierung, daß diese den Forderungen der Entführer stattzugeben habe. Am Sonntag, dem 16. Oktober, um 5.45 Uhr, lehnte der Erste Senat des Bundesverfassungsgerichtes unter Vorsitz des BVG-Präsidenten Dr. Ernst Benda den Erlaß einer einstweiligen Anordnung ab.

Mittlerweile war die »Landshut« nach Zwischenlandungen in Rom, Larnaca (Zypern) und Bahrein um 5.51 Uhr am 14. Oktober in Dubai gelandet. Die Entführer forderten, die Maschine aufzutanken. Nach längeren Verhandlungen und der wiederholten Drohung, den Flugkapitän und zwei Passagiere sowie alle fünf Minuten einen weiteren Passagier zu erschießen, kam der Staatssekretär im Verteidigungsministerium der Vereinigten Arabischen Emirate, der die Verantwortung auf dem Flugfeld übernommen hatte, der Forderung der Palästinenser nach. Um sechs Uhr morgens am Sonntag, dem 16. Oktober, wurde die Maschine aufgetankt. Um 12.19 Uhr flog die »Landshut« weiter nach Aden. Sie landete dort auf einer Sandpiste, weil die Regierung des Südjemen die Rollbahn gesperrt hatte. Als Flugkapitän Jürgen Schumann die Maschine von außen inspizieren wollte, zwangen ihn die Terroristen niederzuknien und töteten ihn mit einem Genickschuß. Das war um 15.55 Uhr. Seine Leiche ließen sie in der Maschine liegen. Um 2.02 Uhr am 17. Oktober startete die »Landshut« nach Mogadischu. Dort landete sie um 4.34 Uhr. Die Entführer erneuerten ihr Ultimatum an die Bundesregierung und teilten mit, daß der Pilot erschossen worden sei. Die Leiche des Flugkapitäns wurde über eine Notrutsche aus der Maschine geschafft.

Um 8.10 Uhr bat Bundeskanzler Schmidt den Botschafter Somalias in der Bundesrepublik zu einem Gespräch. Um 11.44 Uhr landete eine Lufthansamaschine mit Staatsminsiter Wischnewski und Sicherheitsexperten an Bord in Mogadischu. Wischnewski erläuterte dem Staatschef Somalias, Generalmajor Sidi Barre, der von Helmut Schmidt schon in einem einstündigen Telefongespräch informiert worden war, die Vorstellungen der Bundesregierung. Sidi Barre stimmte zu, in Zusammenarbeit mit somalischen Streitkräften eine Befreiungsaktion vorzubereiten. In Verhandlungen mit den Entführern gelang es, ihr Ultimatum zunächst um 30 Minuten und später bis auf 1.30 Uhr in der Nacht zum 18. Oktober zu verlängern. Um 0.05 Uhr befreite ein Sonderkommando der GSG 9 unter Führung von Oberst Ulrich Wegener die 87 Passagiere und die Besatzung der »Landshut«. In dem Feuergefecht wurden die drei männlichen Terroristen erschossen, das weibliche Mitglied des Kommandos »Martyr Halimeh« überlebte schwerverletzt. Die Aktion dauerte sieben Minuten. Um 2.10 Uhr gab Staatssekretär Bölling dieses Ergebnis in einer Erklärung der Bundesregierung vor Presse, Funk und Fernsehen bekannt. Um 8.58 Uhr meldete dpa, daß sich Andreas Baader und Gudrun Ensslin im Gefängnis in Stuttgart-Stammheim das Leben genommen hätten. Jan Carl Raspe starb um 9.40 Uhr an der Schußverletzung, die er sich beigebracht hatte.

Am 19. Oktober um 16.21 Uhr teilte das RAF-»Kommando Siegfried Hausner« in einem Telefonanruf an das Stuttgarter Büro der dpa mit, daß Hanns Martin Schleyer erschossen worden sei. Um 21.11 Uhr wurde seine Leiche in Mülhausen im Elsaß gefunden.

Das Drama hatte anderthalb Monate gedauert. Die Terroristen des »Kommandos Siegfried Hausner« hatten sechs Ultimaten gestellt. Die Entführer hatten 24 Nachrichten an die Bundesregierung übermittelt. Die Bundesregierung hatte den Entführern fünfundzwanzig Nachrichten zukommen lassen.

Die Bundesregierung hatte schon einen Tag nach der Entführung entschieden, der Forderung der Entführer nicht nachzugeben und sich nicht erpressen zu lassen. Sie blieb bei dieser Entscheidung trotz der Tatsache, daß Andreas Baader und Gudrun Ensslin am 8. Oktober – glaubhaft – versichert hatten, sie würden nicht in die Bundesrepublik zurückkehren und keine Gewaltakte mehr begehen und obwohl diese beiden Gefangenen wie auch Jan Carl Raspe mit Selbstmord für den Fall der Ablehnung ihrer Forderungen gedroht hatten. Auch die Entführung der Lufthansamaschine »Landshut« mit 91 Geiseln, die den Druck auf die Bundesregierung erheblich verstärkte, änderte nichts an dieser Generallinie. Die Geiseln in Mogadischu wurden befreit, Hanns Martin Schleyer wurde ermordet, die Hauprädelsführer der RAF verübten in Stammheim Selbstmord. Der Staat hatte gesiegt. Die Terroristen hatten eine Niederlage erlitten, von der sie sich über Jahre nicht erholen konnten.

Obwohl die entschiedene Haltung der Bundesregierung von der überwiegenden Mehrheit der Bevölkerung begrüßt wurde, sind bis heute Diskussionen nicht verstummt, die in der Frage gipfeln, ob der Staat nicht verpflichtet sei, unter Hintansetzung der »Staatsräson« das Leben des einzelnen unter allen Umständen zu schützen. Zu dieser Diskussion hat auch beigetragen ein Fahndungsfehler, der in den ersten Tagen der Entführung Schleyers geschah.

Die Polizei war aufgefordert, alle verdächtigen Objekte an die vorgesetzte Behörde, an das Bundeskriminalamt und an ein Sonderkommando zu melden, das unter Leitung eines Beamten des BKA in Köln eingerichtet war und dort vom 6. bis 9. September operierte. Der Oberkreisdirektor Bergheim als zuständige Polizeibehörde für Erftstadt-Liblar hatte dem Koordinierungsstab beim Polizeipräsidenten in Köln und dem Regierungspräsidenten in Köln durch Fernschreiben am 9. September um 17.30 Uhr mitgeteilt, daß die Wohnung Nr. 104 in Erftstadt-Liblar, Zum Renngraben 8, als »einschlägig verdächtiges Objekt« gelten müsse. Dieses Fernschreiben hat dem 14. Kommissariat des Polizeipräsidenten in Köln vorgelegen. Eine Ausfertigung muß auch an die Sonderkommission Köln gegangen sein. Diesem Hinweis ist nicht rechtzeitig nachgegangen worden. Das Original des Fernschreibens beim Koordinierungsstab konnte später nicht mehr aufgefunden werden. Eine Abfrage der in diesem Fernschreiben enthaltenen Objekt- und Personenangabe im Polizeicomputersystem PIOS ist nicht erfolgt. Andernfalls wäre bekanntgeworden, daß es sich bei der angeblichen Mieterin der Wohnung, Frau Annerose Bückler, geb. Lottmann, um eine Person handelte, die im Computer des Landesamtes für Verfassungsschutz in Hamburg gespeichert war. Dort war festgehalten, daß eine Frau Lottmann-Bückler im Jahre 1976 als Angehörige der »Schwarzen Hilfe« in einer Kommune in Hamburg gewohnt hatte und seit 1972 vier Bundespersonalausweise und 1970 sowie 1975 je einen Reisepaß als verloren gemeldet hatte. Nach diesem Sachstand hätte angenommen werden müssen, daß Annerose Lottmann-Bückler ihren Ausweis tatsächlich einer Anmieterin der Wohnung in Erftstadt-Liblar zur Verfügung gestellt hatte.

Erst bei Nachermittlungen im November 1977 konnte festgestellt werden, daß Hanns Martin Schleyer tatsächlich vom Tatort in der Vincenz-Statz-Straße in die Wohnung in Erftstadt-Liblar gebracht worden war. Unter dem Doppelbett im Schlafzimmer fand man einen Manschettenknopf, der später von Frau Schleyer als Manschettenknopf ihres Mannes identifiziert werden konnte. Neben der Eingangstür befand sich ein Abstellraum mit zusammengerollten Schaumstoffplatten, die rund sechs Zentimeter dick waren. Dieser Raum hatte als Gefängnis für Schleyer gedient. Aus dem Stromverbrauch und den Stromablesefrequenzen konnte geschlossen werden, daß die Wohnung vom 30. Juli 1977 bis spätestens zum 16. September 1977 genutzt wurde. Hanns Martin Schleyer war vom 5. September bis zum 15. September in dieser Wohnung.

Die späteren Ermittlungen, die der Aufklärung des Tathergangs dienen sollten, machten auch deutlich, mit welcher Risikobereitschaft und Planungstreue die RAF ihre Vorbereitungen zur Entführung von Hanns Martin Schleyer getroffen hatte. Schon damals hätten Hinweise anfallen können, deren Verwertung die Tat unter Umständen zumindest erschwert hätte. Am 23. und am 25. Juli 1977 kauften zwei Mitglieder der RAF in Rösrath und in Kalscheuren bei Köln zwei Pkw, die von den Tätern später bei dem Anschlag benutzt wurden. Am 27. Juli mietete ein weibliches RAF-Mitglied eine Wohnung im sechsten Stock des Hochhauses Wiener Weg 1b in Junkersdorf an. In der zu dem Hochhaus gehörenden Garage fanden Polizeibeamte später den weißen VW-Bus, mit dem Schleyer vom Tatort abtransportiert worden war.

Am 30. Juli war Jürgen Ponto erschossen worden. Trotzdem setzte die RAF ihre Vorbereitungen zur Entführung von Hanns Martin Schleyer exakt nach dem Plan fort, den die Polizei in den Unterlagen des am 30. November 1976 verhafteten Siegfried Haag gefunden hatte. An dem Mordtag von Ponto nämlich stahl ein RAF-Mitglied in Porz den gelben Mercedes 300 D, der später in Köln-Braunsfeld benutzt wurde, um den Wagen Schleyers und das Begleitfahrzeug zu stoppen.

In dieses Bild der Planungstreue paßt auch der Ankauf eines gebrauchten Mercedes, in dem Schleyer nach Verlassen des weißen VW-Kombis nach Erftstadt transportiert wurde. Die Entführer hatten in die Rückwand dieses Fahrzeuges eine Öffnung geschnitten, damit man den Entführten im Kofferraum besser kontrollieren konnte.

Auch die Anmietung einer weiteren Wohnung, nämlich des Appartements 2601 im 26. Stock des Kölner Uni-Centers, hätte auffallen können. Die Anmieterin akzeptierte ohne weiteres den verhältnismäßig hohen Mietpreis von 620,– DM und zahlte die verlangte Kaution in Höhe von 1050,– DM aus ihrer Handtasche.

Wenige Tage vor der Entführung, nämlich am 1. September, waren der Polizei am Raderthalgürtel in Köln-Zollstock zwei junge Frauen aufgefallen, die aus einem Fahrzeug den Verkehr beobachteten. Eine Abgleichung der Personendaten der beiden Frauen mit dem PIOS-Computer war nicht möglich, weil die betreffende Datenbank an diesem Tage ausgefallen war. Bei den beiden Mädchen handelte es sich – wie sich später herausstellte – um zwei bekannte RAF-Mitglieder.

Das Bundeskriminalamt und die Bundesanwaltschaft sind der Überzeugung, daß an der Entführung Schleyers 14 Personen beteiligt waren. Unter den rund 250 000 Spuren, die zum Teil erst im Laufe der Nachermittlungen gesichert werden konnten, befanden sich zahlreiche Fingerabdrücke, Unterschriften unter Mietverträgen von Wohnungen, Ergebnisse von Stimmenanalysen und Hinweise von Zeugen, nach denen diese 14 Personen als Täter identifiziert gelten müssen. Verurteilt wegen der Beteiligung an den Morden an Schleyer und seinen Begleitpersonen sowie an der Vorbereitung der Entführung wurden Peter-Jürgen Boock, Christian Klar, Brigitte Mohnhaupt, Adelheid Schulz, Rolf Klemens Wagner und Stefan Wisniewski. Das Strafmaß belief sich jeweils auf lebenslange Haft. Das Verfahren gegen Christiane Kuby, die wegen zweifachen Mordversuches an Hamburger Polizisten und wegen Zugehörigkeit zu einer kriminellen Vereinigung eine lebenslange Freiheitsstrafe verbüßt, wurde im Hinblick auf den Fall Schleyer mangels Beweises eingestellt. Rolf Heißler und Angelika Speitel, die sich mit einer an Sicherheit grenzenden Wahrscheinlichkeit ebenfalls an den Vorbereitungen der Entführung beteiligten, sind nicht wegen dieser Straftat verurteilt worden.

Willy-Peter Stoll, ebenfalls ein Beteiligter an der Schleyer-Entführung, wurde am 6. September 1978 in einem Düsseldorfer Lokal von Polizeibeamten gestellt und erschossen, als er zur Waffe griff.

Knut Detlef Folkerts wurde zu einer lebenslangen Freiheitsstrafe verurteilt, aber nicht wegen seiner Beteiligung an der Entführung und Ermordung von Hanns Martin Schleyer, sondern wegen seiner Beteiligung an der Ermordung von Jürgen Ponto. Folkerts hatte in Holland einen Polizisten erschossen und war dort zu 20 Jahren Haft verurteilt worden. Die Niederlande hatten ihn im Oktober 1978 an die Bundesrepublik ausgeliefert unter der Bedingung, daß er nicht wegen seiner Mittäterschaft am Schleyer-Anschlag vor Gericht gestellt werden dürfe. Die Ermordung von Schleyer wurde von den Niederlanden als politisches Delikt angesehen.

Als Mittäter an der Entführung und Ermordung von Hanns Martin Schleyer werden noch gesucht Monika Helbing, Friederike Krabbe und Silke Maier-Witt.

Siegfried Haag, der federführend für den Plan »Big Rausholeȫ gewesen war und zu 15 Jahren Haft verurteilt wurde, hat sich nach zehn Jahren im Gefängnis von der RAF getrennt. Er hat später auch die weiteren Gewaltverbrechen der RAF verurteilt wie etwa den Mord an dem Industriemanager Dr. Zimmermann und an dem Siemens-Vorstandsmitglied Prof. Beckurts. Er erklärte, daß die Behauptung der RAF, mit solchen Anschlägen würden »Pfeiler des Systems« getroffen, absurd sei: »Ein solcher Anschlag kann nichts anderes sein als ein Symbol, weil es vielleicht 10 000 oder 30 000 Personen mit einer vergleichbaren Bedeutung gibt. Schon deshalb sind solche Anschläge sinnlos, auch nach den eigenen Kriterien der RAF, die ihrer eigenen Ideologie aufsitzt, wenn sie behauptet, sie würde einen Pfeiler des Systems brechen oder zerstören, was einfach nicht stimmt. Bei solchen Aktionen handelt es sich lediglich um eine symbolische Handlung, und als solche ist sie auch nicht mehr zu vermitteln. Denn übrig bleibt allein die Tötung eines Menschen.«

Die schon damals vieldiskutierte Frage, inwieweit die RAF ihr revolutionäres Ziel durch derartige Gewaltverbrechen noch »vermitteln« könne, beschäftigte auch Angelika Speitel. Sie ist in Köln-Ossendorf inhaftiert und hat sich ebenfalls von der RAF losgesagt. Sie erklärte: »Der Ponto hatte ja nicht nur eine Position, sondern war auch ein Mensch, über den ich jedenfalls nichts wußte. Heute glaube ich, daß wir Menschen immer nur in Schubladen gesteckt haben. Ich habe begriffen, weshalb uns die Gegenseite immer als einheitlichen Terroristenhaufen eingestuft hat, der über Leichen geht.«

IV. Die »Revolutionären Zellen«

1. Entwicklung und Strategie

Die Welle von Bombenanschlägen der RAF im Jahre 1972 hatte zu kontroversen Diskussionen in der undogmatischen Linken geführt. Der Charakter der Operationen sollte es an sich anderen Organisationen und Gruppierungen der revolutionären Neuen Linken ermöglichen, sich mit der RAF zu solidarisieren. Diese Solidarisierung blieb aus. Das lag vor allen Dingen an der Tatsache, daß bei dem Anschlag auf das Springer-Hochhaus 38 Personen zum Teil schwer verletzt wurden. Bei ihnen handelte es sich um Arbeiter, also um den Teil der Bevölkerung, für den die RAF zu kämpfen vorgab. Die Basis in der militanten Linken, über die die RAF anfänglich verfügte, versagte die Resonanz. Das Sympathisantenfeld begann schon damals zu schrumpfen. Kleingruppen der Neuen Linken, die ebenso wie die RAF die Revolution wollten, suchten nach neuen Wegen und nach neuen Formen der »revolutionären Praxis«. Aus dieser Entwicklung entstanden die »Revolutionären Zellen« (RZ).

Im November 1973 wurden in Berlin und in Nürnberg an zwei aufeinanderfolgenden Tagen je ein Sprengstoffanschlag gegen Tochtergesellschaften des amerikanischen Konzerns ITT durchgeführt. Bei beiden Anschlägen kam es zu hohen Sachschäden. In einem Schreiben an das Landesbüro der dpa in Düsseldorf erklärte sich eine »Revolutionäre Zelle« für die Attentate verantwortlich. In den Jahren 1974 und 1975 folgten weitere Anschläge, von denen ein Attentat gegen das Bundesverfassungsgericht in Karlsruhe am 4. März 1975 und zwei Bombenanschläge auf die Industrie- und Handelskammern in Mainz und in Ludwigshafen sowie auf das Gebäude der Berliner Ausländerpolizei im Bezirk Kreuzberg am 29. und 30. April 1975 das größte Aufsehen erregten. Wiederum erklärten sich »Revolutionäre Zellen« in Bekennerbriefen an verschiedene Zeitungsredaktionen für diese Aktionen verantwortlich. Das Attentat auf das Bundesverfassungsgericht wurde gerechtfertigt mit der Entscheidung des Gerichtes zur Neufassung des § 218 StGB. Die Aktionen gegen die Industrie- und Handelskammern und gegen die Ausländerpolizei wurden damit erklärt, daß der bevorstehende 1. Mai als »Kampftag der Arbeiterklasse« neu herausgehoben werden müsse. In der entsprechenden Stellungnahme hieß es: »Die Geschichte der Arbeiterbewegung ist die Geschichte des Kampfes gegen diese Arbeit mit allen Mitteln, mit Krankfeiern, mit Langsamarbeiten, mit kleinen und großen Streiks, mit Demonstrieren, mit Fabrikbesetzungen, mit Barrikaden, Sabotage, bewaffneten Aktionen.«

Im Jahre 1976 folgte ein Anschlag gegen das Oberlandesgericht Hamm, gegen ein Industriebüro in Köln und gegen einen Offiziersclub der US-Streitkräfte in Frankfurt. Im Jahre 1977 verübten die RZ Bombenanschläge gegen Gebäude der Firma MAN und der Bundesärztekammer in Köln. Im Jahre 1978 explodierten Bomben der RZ vor dem Arbeitsamt in Frankfurt, vor dem Bundesbüro für den Zivildienst in Köln und vor einer US-Kaserne in Garlstedt bei Bremen. 1979 entzündeten die RZ eine Bombe an den Gebäuden einer israelischen Exportfirma in Frankfurt. 1980 detonierten Sprengsätze der RZ vor den Gebäuden der Bundesanstalt für Arbeit in Nürnberg und vor einem Büro der Bundeswehr in München. Im Juni 1982 führten die RZ kleinere Anschläge gegen das Hauptquartier des V. US-Corps in Frankfurt durch und gegen US-Offiziersclubs in drei bayerischen Kleinstädtchen, neun Tage vor dem Besuch Präsident Reagans in Deutschland. Im Juli 1982 wurden Einrichtungen der Firma IBM, Control-Data und ITT mit Bomben angegriffen. Am Tage vor der Ankunft Präsident Reagans erhielten neun Vertretungen amerikanischer Firmen in Deutschland Briefbomben von den RZ. Die Sprengsätze konnten rechtzeitig entschärft werden. Ebenfalls im Juli wurde in einem Gebäude in Düsseldorf, das bis zum Frühjahr 1982 eine amerikanische Bank beherbergt hatte, Feuer gelegt. Drei Büros von US-Firmen in Hamburg wurden mit Bomben angegriffen. Ein Sprengstoffanschlag gegen eine US-Kaserne in Schwäbisch-Gmünd verursachte einen Schaden in Höhe von

20 000 Dollar. Ein Offiziersclub der US-Armee in Karlsruhe wurde durch eine Feuerbombe schwer beschädigt.

Die strategischen Konzepte der RZ waren von Anfang an davon bestimmt, gegenüber der RAF eine eigenständige Position zu beziehen. Die RZ wollen im Gegensatz zur RAF-Theorie, nach der studentische Eliten die Revolution bestimmen, eine Rückkoppelung zu den »Massen«. Das sollte dadurch geschehen, daß man die einzelnen revolutionären Aktionen an konkrete gesellschaftliche Konflikte anknüpfte. Aus dieser Grundüberzeugung entwikkelte sich die sogenannte »Anknüpfungsstrategie«. Deren erste Devise lautet: »Aktionen primär unter dem Gesichtspunkt der Vermassung durchzuführen, d. h. sie dort anzusetzen und mit den Mitteln durchzuführen, die sie für die Leute machbar machen bzw. mit denen sie sich identifizieren können.«

Dieses Zitat, in dem sich die bisher gültige Strategie der RZ kristallisiert, findet sich in der vierten Ausgabe der theoretischen Zeitung der RZ, die den Namen »Revolutionärer Zorn« trägt. Sie erschien im Januar 1978.

Die erste Ausgabe von »Revolutionärer Zorn« erschien Anfang Mai 1975 mit zwölf Druckseiten im DIN-A3-Format. Sie veröffentlichte unter anderem eine »Anschlagstafel«, aus der sich die künftigen Zielobjekte der RZ ergaben, und Stellungnahmen dazu. Außerdem fanden sich in dem Papier die zu den bis dahin durchgeführten Anschlägen herausgegebenen Erklärungen sowie ein Interview, das ein »Kämpfer« der RZ einer österreichischen Untergrundzeitung im Februar 1973 gegeben hatte. Danach lassen sich die Aktionen der RZ in drei Bereiche einteilen:

- »Anti-imperialistische Aktionen« (insbesondere gegen die Politik der USA und ihrer Verbündeten),
- »Aktionen gegen die Filialen und Komplizen des Zionismus in der BRD«,
- »Aktionen, die den Kämpfen von Arbeitern, Jugendlichen, Frauen weiterhelfen sollen, die ihre Feinde bestrafen und angreifen«.

Der revolutionäre Kampf soll dabei auf drei Ebenen durchgeführt werden:

84

- Die politisch-militärischen Kerne der Stadt-Guerilla, die einen illegalen Apparat aufbauen müßten.
- Den offenen oder halblegal zu führenden Kampf gegen »bürgerliche Legalität«; darunter sind Hausbesetzungen, Schwarzfahrten in öffentlichen Verkehrsmitteln und Diebstahl zu sehen.
- Die offene Mitarbeit in der Front der Kernkraftgegner und der Bürgerinitiativen, in der Frauenbewegung und in Betriebsgruppen.

Diese drei Ebenen von RZ-Operationen, die von einem gemeinsamen Konzept getragen werden, machen die Methode der RZ deutlich, nämlich den Versuch, legale und illegale Arbeit miteinander zu verbinden.

In dem Interview, das aus der österreichischen Untergrundzeitung in der ersten Ausgabe von »Revolutionärer Zorn« nachgedruckt wurde, finden sich auch Aussagen über die Motivation und die Ziele der Mitglieder der RZ. Es heißt dort, daß die Gruppe erst entstanden sei, als es die RAF und die »Bewegung 2. Juni« schon gegeben habe. Zu diesen beiden Organisationen grenzen sich die RZ ab, kritisieren sie aber nur begrenzt. Es heißt, daß die RAF die erste Organisation gewesen sei, die den bewaffneten Kampf aufgenommen habe. Sie habe eine historisch wichtige und notwendige Funktion gehabt. Ohne die RAF würde es die RZ nicht geben.

In dem Interview wird ausdrücklich hervorgehoben, daß die RZ bisher (das heißt bis 1973) keine programmatischen Erklärungen veröffentlicht habe. Das Programm der RZ sei heute, revolutionäre Gelegenheiten wahrzunehmen, was zur Voraussetzung habe zu wissen, was eine revolutionäre Gelegenheit sei. Dabei finden sich schon erste Hinweise auf die »Anknüpfungsstrategie« der RZ. Im einzelnen heißt es dazu: »Die Revolutionäre Zelle will ihre Anschläge und Aktionen mit aktuellen politischen Kämpfen in allen Bereichen unmittelbar verbinden.« Dies ist ein Programm, das in ihrer Theorie zunächst auch die RAF angestrebt hatte. Auch sie wollte die Verbindung legaler und illegaler Aktivitäten, konnte das aber nicht verwirklichen, weil die Aufgaben für den Aufbau einer Logistik und die Vorbereitung von Anschlägen alle Kräfte in Anspruch nahmen. Darüber hinaus wurde der Kampf der RAF von Personen geführt, die bekannt waren und die gesucht wurden.

Die vierte Ausgabe der RZ-Zeitung »Revolutionärer Zorn« brachte die sorgfältigste Ausarbeitung der ideologischen Grundlagen der Organisation. In ihrer Bewertung der politischen und ökonomischen Entwicklung der letzten Jahre konzentrierte sie sich auf die Politik der »Multinationalen Konzerne«, die für sie zum Inbegriff des Imperialismus wurden. Die partielle Industrialisierung der Dritten Welt durch das internationale Kapital habe die frühere indirekte Abhängigkeit von den Investitionsentscheidungen der großen Konzerne verwandelt. Außerdem habe sie dem transnationalen Kapital die Möglichkeit eröffnet, nur einen geringfügigen Anteil der in den Ländern der Dritten Welt arbeiteten Gewinne dort zu re-investieren und den größten Teil in die »Metropolen« zu transferieren.

Die notwendige Verbindung zu den Massen wurde immer wieder angesprochen. Ulrike Meinhof hatte noch das ursprüngliche Konzept der RAF für eine Stadt-Guerilla dahingehend revidiert, daß man mit größeren und aufsehenerregenden Gewaltanschlägen eine Überreaktion des Staates herbeiführen könne, die breite Teile der Bevölkerung auf die Seite der RAF bringen könnten. Die RZ entwarfen demgegenüber die These von der »Allgegenwart des revolutionären Subjektes«, das nur motiviert werden könne durch Anschläge gegen Objekte – nicht gegen Personen –, die man der Bevölkerung zu »vermitteln« in der Lage sei. In einem Beitrag in der Frankfurter Alternativzeitung »Pflasterstrand« vom 31. Januar 1979 erklärten sie unter dem Titel »Hunde, wollt ihr ewig bellen . . .!«: »Die Isolierung der Guerilla, in die sie sich mit der Form ihrer Organisierung begibt, ist nicht hauptsächlich durch ›gewaltige Schläge‹ zu überwinden, sondern durch die Zustimmung zu ihrer Politik, durch die politische Weiterentwicklung der Vielen, durch eine Vermassung ihrer Organisations- und Aktionsformen, durch die Entstehung vieler selbständiger politisch-militärischer Kerne, kurz: durch eine revolutionäre und d. h. auch militante Bewegung des Volkes.« Während Ulrike Meinhof noch gefordert hatte, vom Bewußtsein der Massen abzusehen, sagten die RZ: »Die militanten Aktionen müssen deswegen auch in einem genauen Verhältnis zum öffentlichen Bewußtsein stehen und erfahren von daher auch ihre Akzente und Begegnungen.«

Die Taktik der RZ wurde dementsprechend an der legalen Arbeit ausgerichtet. Die Mitglieder der RZ sollten einer normalen unverdächtigen Tätigkeit nachgehen, etwa als Studenten, als Auszubildende oder als Hausfrauen. Sie sollten darüber hinaus vermeiden, sich in ihrem legalen Umfeld politisch zu exponieren. Diese Arbeitsweise und das in aller Strenge praktizierte Abschottungssystem von Kleinzellen, die in der Regel fünf und kaum mehr als acht Mitglieder haben, erschwert bis heute den Sicherheitsbehörden die Aufklärung erheblich.

Erste größere Einblicke in die Struktur und in die Arbeitsweise der RZ erhielt die Polizei, als der Student Hermann Feiling sich am 23. Juni 1978 in Heidelberg beim Experimentieren mit einer selbstgebastelten Bombe erheblich verletzte. Die Bombe, die beim argentinischen Konsulat in München eingesetzt werden sollte, explodierte vorzeitig und verwundete den 26jährigen Feiling so schwer, daß ihm beide Unterschenkel amputiert werden mußten und er fast das Augenlicht verlor. Im Krankenhaus erklärte Feiling später Vertretern der Staatsanwaltschaft, daß seine »Zelle« sich intensiv mit Menschenrechtsverletzungen in Argentinien beschäftigt habe; er sei bauftragt worden, den Anschlag gegen das argentinische Konsulat durchzuführen. Das Zellensystem der Organisation sei so aufgebaut, daß etwa fünf Personen jeweils eine Zelle bildeten. Die Kontakte unter den Zellen würden von jeweils nur einem Beauftragten wahrgenommen. Jede Zelle operiere weitgehend selbständig ohne Erkenntnisse über Planungen und Einsätze der anderen Zellen.

Eine neue Ausgabe von »Revolutionärer Zorn« erschien erst wieder im April 1980. Sie kritisierte – wohl im Hinblick auf die Aussagen von Feiling – die Versuche staatlicher Institutionen, Personen, die in terroristische Aktivitäten verstrickt waren, zum Abfall von ihrer Organisation zu bewegen.

Im Januar 1981 erschien die bisher letzte reguläre Ausgabe von

»Revolutionärer Zorn«. Sie räumte ein, daß in der Vergangenheit Fehler gemacht worden seinen und daß die RZ in den letzten Jahren eine Krise durchlaufen hätten. Diese Krise sei inzwischen überwunden. Es sei jetzt notwendig, die Verbreiterung des bewaffneten Widerstandes mit Methoden der Subversivität zu verbinden. Jegliche Art von Militanz und Verweigerung sei gefragt, wie zum Beispiel »Klauen, Plündern, Schwarzfahren, Häuser besetzen . . .«.

Im Herbst 1982, als sich die Stationierung der Mittelstreckenraketen der NATO ankündigte, versprachen die RZ, den bewaffneten Kampf wieder aufzunehmen, falls es zu einer Stationierung kommen würde. Im Jahre 1983 verübten die RZ sechs Anschläge gegen Einrichtungen der Bundeswehr und der NATO. Sie begründeten diese Begrenzung in einem Diskussionspapier, das gegen Jahresende 1983 herausgegeben wurde, mit umfassenden inhaltlichen Kontroversen in der Bewegung, deren Tragweite ihnen erst im Laufe der Zeit bewußt geworden sei. Tatsächlich hatte das linke Umfeld der RZ inzwischen die Frage gestellt, wo die Erfolge der Organisation geblieben seien. Wortführer der Kritik war zunächst die Zeitschrift »radikal«, die seit Ende 1983 nicht mehr erschienen ist. Die Kernpunkte der von ihr postulierten linken Skepsis haben nach wie vor Gültigkeit. Sie gipfeln in der Feststellung, daß die RZ mit ihren Aktionen die angestrebte Massenbasis nicht gefunden habe. Spätere linke Kommentare sagten, die RZ hätten die derzeitige politische Entwicklung in der Bundesrepublik, die auf eine Veränderung des gesellschaftlichen Systems durch Reformen, d. h. durch eine mögliche Allianz zwischen Grünen und SPD, und nicht auf eine revolutionäre Situation hinauslaufe, falsch eingeschätzt. Auch sie seien – wie die RAF – auf dem Wege, in elitärer Arroganz zu verkümmern.

Diese Kritik wurde von Mitgliedern der Autonomen Linken aufgenommen. In verschiedenen Zeitungsartikeln kommentierten sie, daß das Fehlen der Basisnähe inzwischen die RZ daran hinderten, eine echte Massenbewegung zu entwickeln. Die RZ müßten sich deshalb wieder als militanter Teil der gesamten linksradikalen Bewegung verstehen und sich in ihren Aktionen an deren Zielen orientieren.

Dementsprechend war damals bei den RZ eine Art von ideologischem Windbruch zu verzeichnen. Die letzte reguläre Ausgabe von »Revolutionärer Zorn« war im Januar 1981 erschienen. Danach waren noch vier Kernpapiere konzipiert worden, die zum Teil in der linken Tagespresse veröffentlicht wurden. Es handelte sich um eine »Aufarbeitung gegen die Startbahn West« in Frankfurt (August 1983), um eine Bewertung der Friedensbewegung (Dezember 1983), um ein Diskussionspapier zur 35-Stunden-Woche (März 1984) und um ein Interview des Frauensektors der RZ, »Rote Zora«, in der Zeitschrift »emma« (Juni 1984).

Das Diskussionspapier über die Zukunft der Friedensbewegung hat als Grundlage eine gescheite Analyse der geopolitischen Situation, die Kritik an den Entwicklungen im Ostblock nicht ausspart. Es erklärt beispielsweise, daß die Sowjetunion mangels ökonomischer Potenz in der Dritten Welt sehr schnell an ihre Grenzen stoßen werde und sich auf die »Reklamation eines weltpolitischen Idealismus« im Namen der Völkerfreundschaft oder aber auf rein militärische Formen der Sicherung von Einflußzonen« beschränken werde. Was bleibe, sei »im wesentlichen Waffenhilfe für nationale Befreiungsbewegungen, die nach ihrem Sieg – wie Nicaragua – auch im Interesse der Sowjetunion versuchen müssen, einen dritten Weg zu gehen; denn diese (die Sowjetunion) kann sich weder ökonomisch noch machtpolitisch weitere Kubas leisten«.

Die Bewertung der Friedensbewegung selbst verrät deutlich resignative Züge. Nach der Stationierung der Pershing II würden, so führt das Papier aus, »die radikale Linke und zentrale Inhalte ihres (der Friedensbewegung) bisherigen Selbstverständnisses auf der Strecke bleiben«.

Der »zunehmende Einfluß der Grün-Alternativen, der Kirchen, der traditionellen Kommunisten und Sozialisten und schließlich der Integrationsapostel aus den Reihen der Sozialdemokratie« würde einer »Transformation der Friedensbewegung in einen neuen Befreiungssozialismus« entgegenwirken. Revolutionäre Gewalt sei inzwischen nicht nur unerwünscht, sondern werde auch bei der radikalen Linken zunehmend abgelehnt.

Aus dieser Selbsteinschätzung der RZ hatte sich zunächst eine bemerkenswerte Zurückhaltung im operativen Bereich entwikkelt. Informationen des Verfassungsschutzes wiesen darauf hin, daß die Planungen zu Anschlägen durch eine Phase von Diskussionen ersetzt worden seien. Die Überlegungen innerhalb der RZ gipfelten in der Frage, ob ein politisch subversiver Kampf auf die Dauer – zumindest in der derzeitigen politischen Situation – nicht mehr Erfolg verspreche als »revolutionäre Akte«.

In dieser Phase praktischer Abstinenz schrumpften die Mitgliederzahlen der RZ. Im Jahre 1983 hatten die Verfassungsschutzbehörden die Anzahl der Mitglieder der RZ auf insgesamt rund 200 geschätzt. Ende 1984 bezifferten die Verfassungsschützer die Mitglieder aller RZ auf etwa 50, höchstens auf 80. Schwerpunkte der Organisation lagen damals und liegen heute im Rhein-Main-Gebiet, in Nordrhein-Westfalen und in Berlin.

2. Aktionen und unterschiedliche Konzepte

Die Festnahme des Studenten Hermann Feiling im Sommer 1978, der sich bei der Herstellung einer Bombe schwer verletzt hatte, war für die RZ der erste größere Schlag gewesen, den sie erlitten hatten. Ihrer Strategie entsprechend nahmen sie weiterhin aktuelle politische Probleme zum Anlaß für ihre Gewaltaktionen. Ihre Anschläge richteten sich gegen Objekte und nicht gegen Personen. Menschen sollten nicht getötet werden. Auch sollte vermieden werden, Menschen zu verletzen. Verletzte und getötete Personen hätten – wie bei der RAF – zu einer Isolierung im linken Sympathisantenfeld führen können.

Einen Brandanschlag mit Millionenschaden auf dem Gelände der Delta-Werke in Worms im Jahre 1979 begründeten die RZ mit dem angeblich verschärften Spannungsverhältnis zwischen Kapital und Arbeiterschaft in der Phase der weltweiten Defensive des Imperialismus. Sie versuchten, ihren bewaffneten Kampf auch mit der Kampagne der Kernkraftgegner zu verbinden. Nach einem Sprengstoffanschlag auf einen Windmeßturm des geplanten Kern-

Element-Zwischenlagers in Ahaus verfaßten sie ein Bekenner-schreiben, das offensichtlich militante Kreise der Kernkraftgegner ansprechen und für ähnliche Anschläge motivieren sollte.

Im Jahre 1980 richteten sich Aktionen der RZ von überörtlicher Bedeutung gegen die Bundesanstalt für Arbeit in Nürnberg und gegen das Bundesarbeitsgericht in Kassel. Den entsprechenden Bekennerschreiben folgend sollte damit für die sozialen Belange der Arbeiter demonstriert werden. Ein Brandanschlag auf das Kommunikationszentrum des deutsch-amerikanischen Clubs in Osterholz-Scharmbeck wurde als Angriff auf die NATO erklärt. Ein Brandanschlag auf die Stadtsparkasse in Worms wurde als Protest gegen die Baupolitik dieses Instituts und als »kleine Demonstration proletarischer Gegenmacht« gerechtfertigt.

Im Jahre 1981 überschritten die RZ die selbstgesetzte Begren-zung, nur Objekte und keine Personen anzugreifen. Am 11. Mai töteten sie den hessischen Minister für Wirtschaft und Technik, Heinz-Herbert Karry. Unbekannte Täter, auf einer Leiter im Garten stehend, schossen dem Minister durch das Schlafzimmer-fenster in den Bauch. Sie hatten vorher das Telefon im Haus blockiert, so daß die Ehefrau Karrys erst ihre Nachbarn wecken mußte, um Polizei und eine Ambulanz rufen zu lassen. Trotz sofortiger Bluttransfusion konnte das Leben des Ministers nicht mehr gerettet werden.

Etwa eine Stunde später wurde in der Nähe des Grundstücks die Tatwaffe gefunden. Es handelte sich um eine Pistole, die am 19. November 1970 aus einer Waffenkammer der amerikanischen Kaserne in Butzbach gestohlen worden war.

Die RZ verschickten erst am 28. Mai 1981 zwei identische Bekennerschreiben an die Alternativzeitung »Pflasterstrand« und an eine Offenbacher Buchhandlung. Aus dem Inhalt der Beken-nerschreiben und aus ihrer verspäteten Übermittlung schlossen die Sicherheitsbehörden, daß es innerhalb der RZ zu Diskussio-nen über die »Rechtfertigung« dieses Mordes gekommen war. In den Erklärungen heißt es, der Tod Karrys sei »nicht beabsichtigt« gewesen. Es sei nicht richtig, daß dieser Anschlag auf die Bewe-gung zurückfallen müsse. Karry sei verantwortlich gewesen für die Erweiterung des Kernkraftwerks Biblis und für den Ausbau der

Startbahn West. Er habe deshalb bestraft werden müssen. Dieses hätte durch einen »Knieschuß« geschehen sollen.

Die RZ hatte schon einmal eine »Knieschuß«-Operation durchgeführt. Im Mai 1978 hatten sie den Pflichtverteidiger in einem Strafverfahren gegen Mitglieder der »Bewegung 2. Juni«, den Rechtsanwalt Hohla, in Berlin mit gezielten Pistolenschüssen in die Beine verletzt. Diese Aktion war als Ergebnis der engen Verbindung zwischen den Berliner RZ und der »Bewegung 2. Juni« interpretiert und als Ausnahmetatbestand gewertet worden. Insofern wurde die Ermordung von Heinz-Herbert Karry von den Autonomen Linken und vom Sympathisantenfeld der RZ als eklatanter Bruch mit der bisherigen Konzeption der RZ angesehen.

Im Jahre 1981 unterstützten die RZ den Hungerstreik der RAF-Gefangenen, der vom 2. Februar bis zum 18. April dauerte. Sie verübten eine Serie von Anschlägen gegen Kaufhäuser und Behörden, vorwiegend im Frankfurter Raum. Gleichzeitig aber warfen sie in ihren Erklärungen der RAF Selbstüberschätzung, Vermessenheit und Realitätsverlust vor.

Im Jahre 1982 erreichten die Terrorakte der RZ mit insgesamt 38 vollendeten oder versuchten Brand- und Sprengstoffanschlägen einen Höhepunkt. Wiederum versuchten sie, ihre Operationen auf »Massenmilitanz« auszurichten. Sie reagierten flexibel auf aktuelle politische Entwicklungen und Ereignisse, indem sie sich zum Beispiel auf den Widerstand gegen den Bau der Startbahn West in Frankfurt konzentrierten und hauptsächlich Anschläge gegen Firmen verübten, die als Zulieferer für den Flughafenbau tätig waren. Im Zusammenhang mit dem Besuch des amerikanischen Präsidenten in der Bundesrepublik und mit der NATO-Gipfelkonferenz im Juni 1982 in Bonn führten die RZ allein in einer Nacht eine Serie von acht Sprengstoffanschlägen gegen amerikanische militärische Einrichtungen und gegen Zweigniederlassungen amerikanischer Unternehmen in Bamberg, Berlin, Düsseldorf, Frankfurt, Gelnhausen, Hanau und Hannover durch.

Das Bundeskriminalamt bewertete die »Revolutionären Zellen« dementsprechend im Mai 1984 als eine »terroristische Vereinigung«, die »gegenwärtig das stärkste und gefährlichste terroristische Gewalttäterpotential« darstelle. In der Analyse heißt es weiter: »Die Zahl der von ihr seit 1973 verübten Gewalttaten übersteigt bei weitem den Umfang der kriminellen Tätigkeit der ›Bewegung 2. Juni‹ und der ›Roten Armee Fraktion‹, deren Brutalität sie bisher allerdings nicht erreicht hat. Dank ihrer Struktur, die nach dem Prinzip weitgehend unabhängig voneinander operierender und gegeneinander abgeschotteter Kleingruppen aufgebaut ist, konnte es ihr bisher gelingen, sich bis auf geringe Ausnahmen dem polizeilichen Zugriff zu entziehen.«

Bemerkenswert ist, daß die RZ im Zusammenhang mit der »Offensive 84/85« der RAF keine terroristischen Aktionen durchgeführt haben. Eine Erklärung der RZ, die am 13. Februar 1985 – nach dem Ausbruch des Hungerstreiks der RAF-Gefangenen – in der linksorientierten »taz« veröffentlicht wurde, stieß in den Reihen der eigenen Anhänger auf Widerspruch. Offensichtlich hatten die RZ in ihrem Bemühen, sich von der Ideologie und von der Strategie der RAF abzugrenzen, noch keine einheitliche Linie gefunden.

In der in der »taz« veröffentlichten Erklärung der RZ hieß es, daß die Bilanz – nach Abbruch des Hungerstreiks – schlimmer sei, als die RZ geahnt hätten. Zwei Leute seien ermordet worden, bei deren Tod keiner aufatmen könne. Das »Gespenst einer westeuropäischen kommunistischen Guerilla« diene jetzt als »Vorwand für eine neue Stufe der deutsch-französischen Innenaufrüstung«. Aber der Krieg spiele sich anders ab, als die Genossen der RAF sagen würden. Die RZ hätten jedenfalls nicht »die Absicht, den radikalisierten Flügel der Friedensbewegung zu spielen«.

Im Widerspruch zu dieser Stellungnahme wurde am 21. Februar 1985 in der »taz« ein »Leserbrief« veröffentlicht, der von »einigen, den Revolutionären Zellen sehr nahestehenden Genoss/inn/en« unterzeichnet war. Darin wird die Authentizität der vorher veröffentlichten RZ-Erklärung bestritten.

Erst nach dem Zusammenbruch des Hungerstreiks der RAF-Gefangenen gingen die RZ erneut zu Operationen über. Mit vier Bombenanschlägen »bestraften« sie Firmen, die durch ihre Politik oder mit ihren Geschäftsbeziehungen angeblich die streikenden britischen Bergarbeiter bekämpft hatten.

Am 28. April 1985 brachten sie mittels Zeitzünder mehrere Sprengsätze zur Explosion am Gebäude des Arbeitgeberverbandes und an der Niederlassung der Chemiefirma Hoechst in Köln sowie am Gebäude der Hauptniederlassung der Deutschen Bank in Düsseldorf.

Am 30. Mai 1985 sprengten sie die unterirdische Ölpipeline der NATO in der Nähe von Frankfurt/Main in die Luft.

In den ersten Monaten des Jahres 1986 verübten die RZ zwei Terrorakte im Zusammenhang mit Rassenunruhen in Südafrika und mit der amerikanischen Militäraktion gegen Ziele in Libyen. Am 1. Juni leitete sie eine Anschlagsserie ein, die sich gegen die »Asylantenpolitik« der Regierungen von Bund und Ländern richtete und die bis heute anhält. Höhepunkte waren zunächst Sprengstoffattentate auf das Bundesverwaltungsamt in Köln und das Oberverwaltungsgericht in Lüneburg am 31. August, gegen die Ausländerbehörden in Hamm und in Hagen am 25. September, gegen die Kölner Lufthansa-Hauptverwaltung am 28. Oktober und eine »Knieschuß-Aktion« gegen den Leiter der Berliner Ausländerbehörde, Harald Hollenberg, am gleichen Tage.

Ende Oktober 1986 faßten die RZ ihre Erklärungen zu diesen Anschlägen zur »Asylantenproblematik« in einer Sonderausgabe ihrer seit 1981 nicht mehr erschienenen Schrift »Revolutionärer Zorn« zusammen. Sie vermittelten dadurch den Eindruck eines koordinierten Vorgehens der einzelnen RZ in dieser Anschlagsserie. Anschläge und Erklärungen machten darüber hinaus deutlich, daß sich die RZ nach wie vor kontinuierlich an das von ihnen verfolgte Konzept halten, durch Bezugnahme auf aktuelle und in der breiten Öffentlichkeit diskutierte Problemstellungen Anhänger für das Ziel einer »sozialen Revolution« zu gewinnen.

Die offensichtlich am Vorbild der italienischen »Roten Brigaden« orientierte »Knieschuß-Aktion«gegen Harald Hollenberg ist möglicherweise durch die besondere Militanz der Berliner RZ zu erklären. Ein weiteres Indiz für die Sonderstellung der Berliner Organisation brachte das Attentat gegen den Richter am Bundesverwaltungsgericht, Günter Korbmacher, den Mitglieder der RZ am 1. September 1987 durch gezielte Schüsse in die Beine schwer verletzten. In fünfseitigen Selbstbezichtigungsschreiben an zwei

Nachrichtenagenturen bezeichneten die RZ den beim Bundesverwaltungsgericht für Asylverfahren zuständigen Günter Korbmacher als »Schreibtischtäter« und als verantwortlich für die Folter und den drohenden Tod abgelehnter Asylbewerber.

Parallel zu den Anschlägen gegen die »Asylantenpolitik« der Bundesregierung verübt die Frauenorganisation der RZ, »Rote Zora«, seit 1986 Attentate gegen Institutionen, die sich – nach Meinung der RZ – mit Humangenetik beschäftigen. Am 5. August 1986 verübte die »Rote Zora« einen Brandanschlag gegen das »Institut für Humangenetik« in Münster, am 20. September einen Sprengstoffanschlag gegen die »Gesellschaft für biotechnologische Forschung« in Braunschweig/Stöckheim, und am 18. Oktober versuchten sie einen Sprengstoffanschlag gegen das »Biotechnische Institut« in Berlin. In der Bio- und Gentechnologie sieht die »Rote Zora« eine entscheidende Schlüsseltechnologie, mit der der »westliche Imperialismus« die Länder der Dritten Welt ausbeuten und von sich abhängig machen wolle.

Im August 1987 ging die »Rote Zora« zu einer »konzertierten Aktion« gegen die Bekleidungsfirma Adler über. Die Adler-Bekleidungswerke haben etwa 6000 Beschäftigte in der Bundesrepublik, Österreich und der Schweiz. Sie beschäftigen ferner etwa 3200 Mitarbeiter in Produktionsstätten in Südkorea und in Sri Lanka. Schon am 23. Juni hatte die »Rote Zora« einen Anschlag gegen die Zentrale der Adler-Gruppe in Haibach bei Aschaffenburg versucht. Der Brandsatz wurde jedoch von der Polizei vorzeitig entdeckt. Am 15. und 16. August führten Mitglieder der »Roten Zora« Brandanschläge gegen neun Filialen der Adler-Werke (Hamburg, Oldenburg, Bremen, Isernhagen, Holzwickede, Neuss, Aachen, Kassel und Frankfurt) durch. Ein Sachschaden in Höhe von rund 35 Millionen DM entstand. In dem Selbstbezichtigungsschreiben der »Roten Zora«, das zwei Tage später an Nachrichtenagenturen und Zeitungen verschickt wurde, heißt es unter der Überschrift »Adler flambiert!«: »Die Frauen bei Adler in Südkorea kämpfen gegen die Ausbeutung ihrer Arbeitskraft und setzen sich gegen den alltäglichen Sexismus zur Wehr. Sie rufen zur Unterstützung ihres Kampfes in der BRD auf.« Die »Rote Zora« forderte: »Wiedereinstellung der Entlassenen!

16,5 Prozent mehr Lohn!... Kampf dem imperialistisch-patri-
archalen System!«.

Am 12. September erklärte die Konzernleitung, daß Entlassun-
gen in den Zweigwerken in Südkorea zurückgenommen und
beträchtliche Lohnerhöhungen gewährt würden. Der Verwal-
tungsratsvorsitzende der Bekleidungsfirma verteidigte dieses
Nachgeben mit dem Satz: »Heldentum ist nicht unser Job!« Seit
der Serie von Brandanschlägen habe »die Verunsicherung unter
Kunden und Mitarbeitern immer mehr zugenommen«.

Dieser Erfolg der »Roten Zora« hat das Konzept der RZ
gestärkt. Am 1. November 1987 zerstörten die RZ mit Brandanschlägen in Wesel fünfzehn Sattelschlepper der Firma REWE.
Ein Sachschaden von vier Millionen DM entstand. Die RZ
begründeten das Attentat mit dem Vorwurf, das Unternehmen
mache Geschäfte mit Südafrika.

Weitere ähnliche Operationen werden folgen. Die »Knieschuß-
Aktionen« in Berlin werden Einzelfälle bleiben. Sie sind auch
dadurch zu erklären, daß nach der Selbstauflösung der »Bewegung 2. Juni« mehrere Aktivisten aus dieser Organisation in die
RZ in Berlin abwanderten und ihnen zu einer besonderen Militanz
verhalfen.

Insgesamt gesehen haben sich die RZ an ihre selbstgewählte
Begrenzung gehalten. Auf der anderen Seite sind Aktivisten, die
sich nicht auf Operationen nur gegen Objekte beschränken wollten, in der Vergangenheit immer wieder aus den RZ zu internationalen Terroreinheiten gestoßen, die von Anfang an die Verletzung und Tötung von Menschen als Methode revolutionärer
Gewalt angewandt haben.

Eine Vorübergehende Schwächung erfuhren die RZ durch eine
überregionale Polizeiaktion, die am 16. und 17. Dezember 1987
durchgeführt wurde. In Hamburg, Niedersachsen und Nordrhein-
Westfalen wurden insgesamt zwölf Personen festgenommen und
erkennungsdienstlich behandelt. Gegen eine Frau aus Hamburg
erging Haftbefehl wegen des Verdachts auf Mitgliedschaft in einer
terroristischen Vereinigung. Die ersten Vernehmungen der Festgenommenen ergaben weitere Anhaltspunkte über die Organisationsstruktur der RZ und der »Roten Zora«.

V. Rechtsextremistischer Terrorismus

1. Entwicklungsphasen des Rechtsextremismus

Zu Beginn der achtziger Jahre zogen auch Terroristen der extremen Rechten eine blutige Spur durch die Bundesrepublik Deutschland. Die Bewertung dieser Gewalttaten setzt einen Rückblick auf einige Entwicklungs- und Verfallsphasen des deutschen Rechtsextremismus in der Nachkriegszeit voraus.

In der Bundesrepublik war der Rechtsextremismus zu keiner Zeit eine gestaltende oder auch nur mitbestimmende politische Kraft. In einigen Situationen war er jedoch eine Art Seismograph für die politische Entwicklung des Landes. Seine relativen Erfolge zu Beginn der fünfziger und in der zweiten Hälfte der sechziger Jahre markieren diese Eigenschaft und zeigen ihn zugleich als ein Element der Reaktion, sowohl als rückwärts gewandtes Engagement als auch als Reagenz für den Stand der Bewältigung des Nazismus.

Nach der Niederlage und dem Zusammenbruch von 1945 befand sich Deutschland gegenüber der Situation nach dem Ersten Weltkrieg in einer vollkommen anderen Lage. Nach 1918 wurde die Niederlage weithin geleugnet. Die Legende vom Dolchstoß in den Rücken der unbesiegten Front verdeckte die Wirklichkeit. Noch vor Ablauf eines Jahres nach Kriegsende wurde ein Friedensvertrag unterzeichnet, der zum Beispiel in der Frage der Reparationen außerordentliche Auflagen erhielt. Deren Vollzug zu bekämpfen, galt als gute Sache.

Im Jahre 1945 war jedem Deutschen die unbestreitbare Niederlage bewußt. Der Zusammenbruch der Verhältnisse nahm für viele Bürger das Ausmaß einer Katastrophe an. Vertreibung, Besetzung des Landes, Übernahme der Regierung und Verwaltung durch die Sieger, andauernde Gefangenschaft für viele Menschen prägten die damalige Zeit. Die nun voll aufgedeckten Schrecken hinter der Fassade der totalen Mobilisierung entlarvten das Regime der unmittelbaren Vergangenheit als verbrecherisch.

Dennoch war nicht zu erwarten, daß das Potential des Rechtsextremismus – die Ideologien und die Personen – gleichsam über Nacht aus dem Denken getilgt und aus den sich schließlich neu bildenden politischer Formationen absolut ausgeschlossen waren. Dies galt umso mehr, als demokratisches Verhalten und Denken überhaupt erst in der Breite entwickelt und verankert werden mußten.

Ein Anstoß für die ersten Entwicklungen des organisierten Rechtsextremismus ergab sich aus weltpolitischen Geschehnissen. Die Korea-Krise und der kalte Krieg bewirkten die Beendigung der Kriegsverbrecherprozesse, die Begnadigung vieler Verurteilter und die Diskussion über eine neue deutsche Armee. Schon kurz vorher war die Entnazifizierung eingestellt worden, die mehr bürokratisch als gerecht oder in die Tiefe wirkend durchgeführt worden war.

In der Wahl zum ersten Deutschen Bundestag vom 14. August 1949 wurde der Anhang der rechtsextremistischen Organisationen in der Bundesrepublik – welche Motive er auch immer hatte – zum erstenmal gemessen. Die Rechtsextremisten erhielten etwa 5 Prozent der gültigen Stimmen. Sie gewannen 17 Sitze im Bundestag. Die im Norden der Bundesrepublik angesiedelte »Deutsche Reichspartei« (DRP) war die rechtsextremistische Organisation, aus der die stärksten organisierten Kräfte für den künftigen Rechtsextremismus hervorgingen. Nach der Bundestagswahl zerbrach ihre deutsch-nationale und konservative Fassade, als einige ihrer Funktionäre die »Sozialistische Reichspartei« (SRP) gründeten. In dieser Formation wurden Geist und Bild des Nazismus wiederbelebt. Das Bundesverfassungsgericht löste die SRP auf Antrag der Bundesregierung am 23. Oktober 1952 auf.

Bis 1963 durchlief der organisierte Rechtsextremismus dann eine Phase der Stagnation, der Zersplitterung und schließlich des Zerfalls. Das Verbot der SRP hatte ihm eine eindeutige Grenze gesetzt, die durch weitere Verbote von Fortführungshandlungen und von Ersatzorganisationen gesichert wurde. Neben dieser wirksamen Entscheidung des Verfassungsgerichtes entzog aber auch die Entwicklung der Lebensverhältnisse in der Bundesrepublik dem Rechtsextremismus den Boden. Das Land war 1953 voll in seine wirtschaftliche Aufbauphase eingetreten. Diese Entwicklung zog das unmittelbare Interesse der Menschen auf sich. Der Prozeß des Aufschwungs war darüber hinaus begleitet von Entscheidungen im sozialen Bereich, welche Not und Unzufriedenheit auch von Bevölkerungsteilen zu bekämpfen begannen, die durch den Krieg besonders hart getroffen worden waren. Zwei Gesetze vor allem sind hier zu nennen: das Lastenausgleichsgesetz von 1952, mit dem man Kriegs- und Vertreibungsfolgen begegnete, und die Rentenreform von 1956, mit der die dynamische Rente eingeführt wurde.

Im Jahre 1953 fanden Bundestagswahlen statt. Die Gruppen des Rechtsextremismus versuchten, sich unter dem Schlagwort einer »nationalen Opposition« zu vereinigen. Ein geschlossenes Auftreten scheiterte jedoch.

Für den Zeitabschnitt von 1959 bis 1963 liegen zuverlässige, miteinander vergleichbare Zahlen über die Zersplitterung und den Zerfall des organisierten Rechtsextremismus vor. 1959 gab es 56 200 Mitglieder in 85 Organisationen. 1963 waren es noch 24 600 Mitglieder in 123 Organisationen.

Die potentielle Anhängerschaft nationalistischer rechtsradikaler Ideen und Parolen war aber auch in diesem Zeitabschnitt nicht verschwunden. Vielmehr kam in einigen demokratischen Parteien regional ein gleichsam schwarz-weiß-roter Nationalismus auf. Betroffen waren die »Deutsche Partei« (DP), die über ihre Wurzel als niedersächsische Landespartei hinausgewachsen war und daher kein sicheres Selbstverständnis gewinnen konnte, aber auch die »Freie Demokratische Partei« (FDP), in der sich schon 1952 alte Liberale und eine schwarz-weiß-rote Opposition gegenüberstanden. In Nordrhein-Westfalen im Ansatz, wirksamer in Niedersachsen kamen Kräfte nach vorn, die sich nicht eindeutig von rechten Extremisten und der Epoche des Nazismus distanzierten.

Ein besonderes Phänomen bildete der »Bund der Heimatvertriebenen und Entrechteten« (BHE), in dem ehemalige Nationalsozialisten schnell führende Positionen einnahmen. Diese Partei verfolgte zunächst jedoch opportunistische Ziele zugunsten von Positionen für ihre führenden Mitglieder. Erst später tauchten in ihren programmatischen Aussagen auch Ideen auf, die Anklänge an die Positionen der extremistischen Rechten enthielten.

Im Herbst 1963 gelang es einem Zusammenschluß von DP, DRP und BHE, in der Wahl zur Bremischen Bürgerschaft mit 5,2 Prozent der Stimmen vier Mandate zu erringen. Dieses »Bremer Modell« signalisierte für den Vorsitzenden der DRP, Adolf von Thadden, die Möglichkeit für eine neue erfolgreiche Konzentration der rechtsextremistischen Kräfte. Adolf von Thadden gründete am 28. November 1964 die »Nationaldemokratische Partei Deutschlands« (NPD). Diese Partei gewann in mehreren Schüben bis zum Jahre 1966 etwa 25 000 Mitglieder und bis Ende 1967 rund 28 000 Mitglieder. Es gelang ihr, Mandate in mehreren Landtagen zu gewinnen, nicht jedoch im Bundestag. Ihre letzten Landtagssitze verlor sie erst 1972.

Die Mitgliederentwicklung der NPD und ihre Erfolge in Wahlen von 1966 bis 1969 belegen eine Regeneration des Rechtsextremismus, deren Aspekte vielfältig untersucht worden sind. Diese Untersuchungen zeigen, daß sich in den Wahlerfolgen vor allem Proteste in einer wirtschaftlichen Rezession und gegenüber der Koalition zwischen CDU/CSU einerseits und der SPD andererseits manifestierten. Komplexer Hintergrund dieses Geschehens waren darüber hinaus tiefgreifende Veränderungen der politischen Gesamtsituation der Bundesrepublik, die in der Mitte der sechziger Jahre voll ins Bewußtsein der Bürger getreten waren.

Der Prozeß des wirtschaftlichen Aufstiegs der Bundesrepublik war begleitet vom Entstehen und allmählichen Verschwinden von Illusionen. Mitte 1963 setzte ein anhaltendes Klima politischer Ernüchterung ein, für das Kurzformeln wie »Ende der Adenauer-Ära« oder »Ende der Nachkriegszeit« gefunden wurden.

Die USA strebten unter der Präsidentschaft von John F. Kennedy einen Ausgleich mit der Sowjetunion an. Die Bundesrepublik erschien als potentielles Hindernis für dieses amerikanische Hauptinteresse. Betroffen war die Politik der Wiedervereinigung. Die DDR begann, sich nach dem Bau der Berliner Mauer am 13. August 1961 zu konsolidieren. Die Sowjetunion forderte in einer offensiven Politik die Anerkennung der »Ergebnisse des Zweiten Weltkrieges«.

Die Integration Europas stockte. Die Europäische Gemeinschaft blieb in der wirtschaftlichen Zusammenarbeit stecken. Der Versuch, diese Art von Integration wenigstens räumlich auszudehnen, wurde damals durch Frankreich unterbunden. Frankreich hatte die militärische Allianz der NATO verlassen und gab ein Beispiel für den Erfolg einer nationalorientierten und öffentlich nationalbegründeten Politik.

Die außenpolitischen Wirkungen der deutschen Diskussion über die Verjährung der Kapitalverbrechen des Nazismus machten den Bürgern der Bundesrepublik erneut klar, daß sie nicht nur mit den materiell-politischen, sondern auch mit den psychologischen Ergebnissen der Hitler-Epoche weiterzuleben hatten.

Diese klimatisch politische Lage war begleitet von Pessimismus und Unzufriedenheit, weil wirtschaftlich strukturelle Probleme existenzielle Folgen für ganze Gruppen von Arbeitnehmern hatten und weil die Regierung auf die Veränderung der Lage lange Zeit keine Antwort fand. Sie behauptete Positionen, die in sich schon unterminiert waren, und das wohl weniger aus Blindheit für die Lage als mangels Entschlußkraft. Sie zog es vor, sich durch die Ereignisse auf neue Positionen drängen zu lassen.

In diesem Klima trat die NPD mit Appellen an Ressentiments und mit opportunistisch kalkulierten Forderungen auf. Nationalistische Parolen richteten sich gegen die Verbündeten, ausländische Arbeiter, ausländische Investitionen, Entwicklungshilfe, Kriegsverbrecherprozesse, Schuld der Deutschen am Zweiten Weltkrieg. Angesprochen wurden besonders die Bauern, Vertriebene, die Jugend und bestimmte Gruppen des selbständigen Mittelstandes. Im Jahre 1967 erreichten die Kräfte des organisierten Rechtsextremismus mit insgesamt 41 500 Mitgliedschaften ihren bisherigen Höhepunkt. Dominierende Kraft in diesem Spektrum war die NPD.

Das Scheitern der NPD in der Bundestagswahl von 1969 leitete ihren Niedergang ein. Die folgenden zwei Jahre bewiesen nachträglich, daß ihre Wahlerfolge vor allem Ergebnisse von Protestaktionen von Wählern waren, denn die außenpolitischen und deutschlandpolitischen Ziele der Koalitionsregierung von SPD und FDP schienen der NPD Ansätze für einen intensiven Kampf für politische Ziele zu bieten, für die allein einzustehen sie vorgab. Dieser Kampf aber scheiterte schon in seinen Ansätzen, weil auch die von der NPD besonders angesprochenen Vertriebenen ihr nicht folgten. Damit erwies sich auch die NPD als eine extremistische Partei, die keine Basis hatte und die kein vitales Interesse irgendeines relevanten Teils der Bevölkerung vertrat.

Im Herbst 1979 gründete die NPD eine »Aktion Widerstand«. Ihre Führung hoffte, eine breite nationale Bewegung gegen die Ostpolitik der Bundesregierung entfachen und damit gleichzeitig der beginnenden Deklination ihrer Partei begegnen zu können. In der »Aktion Widerstand« sollten zuerst alle rechtsextremistischen Organisationen zusammengefaßt werden, um dann als außerparlamentarische nationale Opposition weitere Anhänger zu gewinnen und zu mobilisieren. In dieser Widerstandskampagne gaben vor allem junge Mitglieder der NPD den Ton an. Diese versuchten, nach dem Vorbild der studentischen Bewegung der Neuen Linken durch Demonstrationen und durch kalkulierte Störungen politisch zu wirken. Das brachte sie in Konflikt mit der Parteiführung und führte endlich zu Auseinandersetzungen in der NPD, welche die Partei zusätzlich schwächten. Die Wahlergebnisse in den Landtagswahlen des Jahres 1971 fielen noch unter die Ergebnisse von 1970. Die Bundestagswahl von November 1972, vor der entscheidend auch um die Ostpolitik der SPD/FDP-Koalition gestritten wurde, bewies dann eindeutig, daß die »nationalen« Forderungen der NPD keine Wähler mobilisieren konnten. Nur noch 207 465 Wähler stimmten für die Partei.

In den Programmen der NPD gab es zu keiner Zeit Aussagen zu Grundfragen der Gesellschaft, zu Fragen der Sozialpolitik, der Mitwirkung oder Mitbestimmung, der Bildung und Ausbildung, die auf der Grundlage einer grundsätzlichen Analyse einen Weg in die Zukunft hätten weisen können. Die jungen Mitglieder der NPD, die sich in der »Aktion Widerstand« hervorgetan hatten, spürten sehr bald diesen Mangel. Wie die sehr viel breitere Protestbewegung der Studenten von 1966 bis 1968 hatten sich auch diese Gruppen, die sich als »Neue Rechte« oder »Junge Rechte«

bezeichneten, zunächst auf Aktionen konzentriert. Sie distanzierten sich von den älteren NPD-Mitgliedern und von der NPD-Führung, die sie als eine »reaktionäre NPD-Clique« brandmarkten, und von den »vergangenheitsbezogenen Sehnsüchten« der Vertreter der »Alten Rechten«. Sie propagierten einen »progressiven« Nationalismus in Varianten vom Sozialreformismus bis zum national-revolutionären Sozialismus.

Es kam zu Absplitterungen und zur Gründung von Organisationen, die ihre Struktur und viele Elemente ihrer politischen Programmatik linksextremistischen Vorbildern nachgestalteten. Die Namen der neuen Organisationen bezeugen den Aktionismus und die Verwirrung in dieser Phase des deutschen Rechtsextremismus: »Partei der Arbeit« (PdA), »Außerparlamentarische Mitarbeit« (APM) oder »Solidaristische Offensive« (SOL).

Andere junge Aktionisten und militante Mitglieder der NPD wechselten direkt zu Organisationen über, die sich in offener Konfrontation mit der »verbürgerlichten« NPD befanden. Bis Ende der siebziger Jahre gingen die Mitgliederzahlen der NPD auf rund 8000 zurück. Heute hat die NPD nur noch 6500 Mitglieder. Die Anzahl der Mitglieder von neo-nazistischen Gruppen stieg demgegenüber von 900 im Jahre 1977 bis auf 1400 im Jahre 1979 an. Einige dieser Neo-Nazi-Organisationen gingen im Jahre 1979 und mit Beginn der achtziger Jahre zu terroristischen Gewaltaktionen über. Der Terrorismus der extremen Rechten entstand aus dem Verfall der NPD und aus dem Übertritt von einigen ihrer besonders militanten Anhänger in diese neu-nazistische Utopie.

2. Ideologie und Motivation

Schon mit Beginn der achtziger Jahre verringerte sich der Unterschied zwischen den ideologischen Positionen und den Zielen der Terrorgruppen der extremen Linken und der extremen Rechten. Der Neo-Nazi Eduard Wolfgram, der im Oktober 1981 in München bei dem Versuch, sich seiner Festnahme zu entziehen, von der Polizei erschossen wurde, sagte kurz vor seinem Tod: »Die Anarchisten haben die gleichen Ziele wie wir. Sie wollen diesen

Staat zerstören, und wir haben exakt die gleichen Ziele.« Flugschriften der Neuen Rechten und Selbstbezichtigungsschreiben linksextremistischer Terroristen gewannen mehr und mehr Ähnlichkeit. Die Veröffentlichungen der terroristischen Neuen Rechten richteten sich gegen den »Sowjet- und US-Imperialismus«. Die RAF und die RZ konzentrierten ihre Aktion gegen den »US-Imperialismus« und gegen die »Multinationalen Konzerne«. Die Mitglieder der »Kexel/Hepp-Gruppe« kämpften für einen »anti-imperialistischen Nationalismus zur Befreiung Deutschlands«. Sie sagten: »Wir haben die gleichen Ziele wie die IRA, die ETA, die PLO und wie Ghaddafi.« Sie verstanden sich selbst als »National-Revolutionäre« und als »Nationalsozialisten«. Die Vorbilder, denen sie folgen wollten, waren nicht Hitler und Göring, sondern Gregor Strasser und Ernst Röhm, also die Führer des sozialrevolutionären Flügels der Nationalsozialisten. Walter Kexel und Odfried Hepp schrieben in einem gemeinsamen Brief: »Wir sind weder rechts noch links. Wir wünschen weder einen anderen amerikanischen Staat noch eine andere Sowjetrepublik in Deutschland.«

Die extreme Rechte hat sicherlich nicht die gleiche überzeugende Ideologie wie linksextreme Orientierungen. Die Anziehungskraft der neo-marxistisch-leninistischen und maoistischen Ideologie für junge Menschen ist auch in der Tatsache begründet, daß sie einen Schlüssel für anscheinend wissenschaftlich begründete Kritik, erfolgreiche Diskussion und wirksame Agitation bietet, die sich mit einem absoluten moralischen Engagement leicht verbinden können. Geschlossenheit des Systems und Dialektik sind besonders in ihren groben Rastern ein leicht erlernbares Operationsmittel.

Eine intellektuell gültige und gleichartige überredende rechtsextremistische Ideologie hat es niemals gegeben. Ideologische Elemente zur Abstützung einer rechtsextremistischen Politik sind im Klima einer dialektisch-»rationalen« politischen Diskussion weit schwerer als vor einigen Jahrzehnten zu finden und wirksam zu machen. Die historische Dimension des politischen Denkens ist geschrumpft. Die Überlieferung ist abgerissen. Die traditionellen Bindungen des einzelnen zur Gemeinschaft oder zum Staat wurden während des Nazireichs in einer Phase demagogisch gesteigerten Überengagements korrumpiert.

Politisch wirksame Theorien über Rassenideologien haben keine Chance in einer Welt fortschreitender Gleichheit. Daß die Nationen gleiche Rechte haben sollen, ist ein Postulat, das eine der Grundlagen der Vereinten Nationen darstellt. Der Prozeß der Entkolonialisierung ist praktisch abgeschlossen. Die in die Selbständigkeit entlassenen Staaten haben seit dem letzten Krieg die Interessenlage für die mittleren Mächte und auch für die Großmächte folgenreich verändert. Abgesehen von Südafrika – und dies wahrscheinlich nur auf Zeit – kann heute kein Land Ideologien rassistischer Überlegenheit vertreten. Das gilt in besonderem Maße für Länder, die wegen der Struktur ihrer Wirtschaft auf lebendige Außenbeziehungen angewiesen sind.

Damit sind individuelle Empfindungen und individuelles Denken nicht grundlegend verändert. Rechtsextremistische Politik aber, die rassistische Ideen zur programmatischen Maxime erheben wollte, wäre schon im Ansatz gescheitert, weil sie sich gegen das für jedermann einsehbare gegenwärtige Interesse des Staates richten würde. Jede Übersteigerung des völkischen Prinzps aber würde unmittelbar in ein Denken in rassistischen Kategorien übergehen. Damit ist eine wichtige Quelle rechtsextremistischer Ideologie nicht mehr nutzbar.

Der Versuch, die extremste Form rassistischen Denkens und völkischer Ideologie, den Antisemitismus, neu zu beleben, wäre wegen der tiefen, ins Mark wirkenden Erfahrungen ausgeschlossen. Ebenso ausgeglüht ist die Herrschaftsidee des »Reiches«. Ihre Perversion durch den Nationalsozialismus würde jeden Versuch einer Säkularisierung schon im Ansatz zerstören.

Für den Nationalismus aber gilt dies nicht. Seine geschichtsbewegende Kraft ist keineswegs erschöpft. Er ist ein historisches Interferenz-Phänomen ersten Ranges und verbindet sich in dieser Eigenschaft mit unterschiedlichen Prozessen geschichtlicher Energieentfaltung. Deutlich ist heute, daß Nationalismus sich nicht nur mit rechtsextremen Positionen verbindet.

Der vom Nationalismus motivierte Terrorismus der extremen Rechten hat eine weit größere Tendenz, sich in Einzelgruppen

aufzusplittern als der Terrorismus der Linken. Es gibt zum Beispiel keinen »Schwarzen Terror« der Rechten in Italien, der
vergleichbar wäre mit dem zentralistisch orientierten und »diszi-
plinierten« Terrorismus der Kolonnen der Roten Brigaden. Das
gleiche gilt für das Verhältnis etwa der RAF und der RZ auf der
einen Seite und der – inzwischen aufgelösten – »Volkssozialistischen Bewegung Deutschlands/Partei der Arbeit« und der – ebenfalls aufgelösten – »Aktionsfront Nationaler Sozialisten/Nationale
Aktivisten« auf der anderen Seite. Dies erschwert im übrigen auch
die Arbeit der Nachrichtendienste und der Polizei. Terrorakte aus
der extremen Rechten gingen bisher immer nur von kleinen
Gruppen und Einzeltätern aus.

Auch das Persönlichkeitsbild neo-nazistischer Terroristen
unterscheidet sich deutlich von den Profilen linksextremistischer
Gewalttäter. Psychologische und psychiatrische Untersuchungen
von mehreren Rechtextremisten, die als Täter von Brand- und
Sprengstoffanschlägen gefaßt wurden, ordnen diese Gewaltverbrecher in die Kategorie schizophrener Selbstmörder ein. Nach
diesen Analysen sind Neo-Nazis bzw. Rechtsextremisten bereit,
größere persönliche Risiken auf sich zu nehmen als Linksextremisten, die eine größere Organisation und eine zukunftsweisende
Ideologie hinter sich wissen. Dementsprechend sind auch die
üblichen vorbeugenden Sicherheitsmaßnahmen – Leibwächter
oder Gegenobservation – in der Regel nicht ausreichend gegenüber einem Terroristen, der den Verlust des Lebens oder Verhaftung einkalkuliert, wenn er seine Zielperson tötet oder töten will.

Ernst von Salomon, der deutsche Schriftsteller, der in die
Ermordung des deutschen Außenministers Walter Rathenau im
Jahre 1922 verwickelt war, erläuterte das schon in seinen autobio-
graphischen Notizen: »Ich bin bereit, für die Nation zu sterben.
Alles, was in mir lebt, lebt nur für die Nation. Wie kann ich mein
persönliches Schicksal gestalten, wenn es anders wäre. Ich tue,
was ich tun muß, weil ich jeden Tag sterbe. Weil alles das, was ich
tue, für diese Macht getan wird, wurzelt alles das, was ich tue, in
dieser Macht. Diese Macht verlangt Zerstörung, und ich zer-
störe... Ich weiß, daß ich selbst nichts bin und daß ich fallen
werde, wenn diese Macht mich verläßt.«

Diese Formulierungen kennzeichnen auch eine Art von Masochismus, der für rechtsextremistische Terroristen typisch ist. In vielen Fällen ist die eigene Welt eines solchen Terroristen zerstört, und zwar sowohl sozial als auch moralisch. Bitterkeit und Haß mischen sich mit der Überzeugung, zerstören zu müssen. Dafür ist ein Terrorist dieser Art auch bereit, sein Leben zu geben. Er ist der Überzeugung, daß die ureigensten Werte, für die er zu leben glaubte, nicht mehr gültig sind: Nationalismus, die Hierarchie einer elitären Gemeinschaft, nationale oder rassische Reinheit oder Sauberkeit und daß sein »Vaterland« durch fremde Kräfte gedemütigt worden ist. Die Wertvorstellungen einer sozialen oder liberalen Demokratie sagen ihm nichts. Er fühlt sich entwurzelt. Deshalb will er Rache nehmen an dem gesamten neuen sozialen und politischen System.

Im Gegensatz zu linksextremistischen Terroristen benötigt er keine Rechtfertigung für seine Methoden, die er zur Erreichung dieses Zieles anwendet. Für ihn rechtfertigt das Ziel die Mittel.

Aus Statistiken des Bundeskriminalamtes ergibt sich darüber hinaus, daß der durchschnittliche Rechtsextremist ein geringeres Bildungsniveau hat als Linksextremisten. Abgesehen von den Führern neo-nazistischer Gruppen, die zum Terror übergingen, sind und waren die meisten ihrer Anhänger ungelernte Arbeiter, die ihre Motivation aus einer diffusen mystischen Ersatzideologie bezogen und mehr emotional als rational orientiert waren.

Die Unterschiede in Persönlichkeitsbild und Motivation zwischen Rechtsextremisten und Linksextremisten kennzeichnen auch die Unterschiede in den Zielen und Methoden ihrer Terroranschläge. Terroraktionen von Linksextremisten richten sich in der Regel gegen Objekte und Personen, die die staatliche oder »staatsmonopolistische« Autorität verkörpern. Der Tod von »unschuldigen« Passanten soll grundsätzlich vermieden werden. Die so fixierten Zielobjekte sollen es dem Umfeld der linksextremistischen Terroristen ermöglichen, sich mit der Aktion, zumindest mit den Motiven der Terroristen, zu identifizieren. Rechtsextremistische Terroristen nehmen in fast allen Fällen keine Rücksicht auf Sympathisanten. Ihre Aktionen gipfelten häufig – in völliger Verachtung der öffentlichen Meinung – in Massenmorden, wie etwa bei dem Anschlag auf die Bank für Landwirtschaft in Mailand 1969, bei dem Bombenanschlag auf der Theresienwiese in München im September 1980 und bei dem Sprengstoffattentat im Bahnhof von Bologna im Jahre 1983.

3. Organisationen und Aktionen

Im Jahre 1979 gingen Neo-Nazis zum ersten Mal zum offenen Terror über. Damals existierten 23 neo-nazistische Gruppen – die meisten davon hatten weniger als 20 Mitglieder –, die an die Weltanschauung und an das Programm der NSDAP anknüpften und die die Errichtung eines der NS-Diktatur vergleichbaren Systems anstrebten. Die entschiedenen Maßnahmen der Strafverfolgungsbehörden hatten zunächst ein deutliches Nachlassen der Aktivitäten einiger Neo-Nazi-Gruppen gebracht. Auf der anderen Seite führte der Druck von Polizei und Staatsanwaltschaften dazu, daß einige Neo-Nazis – wie sie sagten –»die Uniform auszogen und in den Untergrund gingen«. Neo-Nazis lernten von den Verhaltensweisen linksextremistischer Terroristen und befleißigten sich größerer Konspiration als bisher.

Initiativen zu Gewaltaktionen, die auch die Verletzung und Tötung von Menschen einkalkulierten, gingen vor allen Dingen von drei Organisationen aus: von der »Aktionsfront Nationaler Sozialisten/Nationale Aktivisten« (ANS/NA), die von dem ehemaligen Bundeswehrleutnant Michael Kühnen geführt wurde, von der »Volkssozialistischen Bewegung Deutschlands/Partei der Arbeit« (VSBD/PdA) unter Leitung des Druckers Friedhelm Busse und von der »Wehrsportgruppe Hoffmann«.

Anhänger der ANS/NA hatten am 19. Dezember 1977 einen Raubüberfall gegen die Filiale der Hamburger Sparkasse in Hamburg-Volksdorf durchgeführt und in einem Depot der Bundeswehr einen Soldaten niedergeschlagen, um sich dessen Waffe zu beschaffen. Im sogenannten »Bückeburger Prozeß« wurden am 13. September 1979 die Angeklagten Lothar Schulte (ein ehemaliger Stabsunteroffizier der Bundeswehr), Uwe Rohwer, Dieter Puls, Lutz Wegener und Manfred Börm zu Freiheitsstrafen zwischen vier und elf Jahren wegen gemeinschaftlichen schweren Raubes, gemeinschaftlicher räuberischer Erpressung, gefährlicher Körperverletzung sowie wegen Verstoßes gegen das Waffengesetz verurteilt. Der Führer der ANS/NA, Michael Kühnen, erhielt eine Freiheitsstrafe von vier Jahren wegen Volksverhetzung, Aufstachelung zum Rassenhaß und wegen Verherrlichung von Gewalt; von dem Vorwurf der Rädelsführerschaft in einer terroristischen Vereinigung wurde er mangels Beweisen freigesprochen. Er hatte sich an den beiden Überfällen nicht beteiligt.

Die Jahre 1980 und 1981 wurden zu den bisher blutigsten Jahren des Rechtsextremismus. Am 26. September 1980 brachte Gundolf Köhler im Eingangsbereich des Oktoberfestes auf der Münchener Theresienwiese eine Bombe zur Explosion, die ihn selbst und zwölf weitere Menschen tötete und 211 Personen zum Teil schwer verletzte. Köhler war Alleintäter. Im Jahre 1976 stand er mit dem Leiter der »Wehrsportgruppe Hoffmann«, Karl-Heinz Hoffmann, in Verbindung. Zeitweilig unterhielt er auch Kontakte zu dem rechtsextremistischen »Hochschulring Tübinger und Reutlinger Studenten«.

Im gleichen Jahr konnten nach umfangreichen Vorermittlungen durch den Verfassungsschutz die Täter verschiedener rechtsextremistischer Gewaltverbrechen verhaftet werden. Es handelte sich um Sprengstoffanschläge auf das Landratsamt in Esslingen am 21. Februar, die Landratswohnung in Ostfildern am 18. April, die Janusz-Korczak-Schule in Hamburg am 27. April, das Ausländerlager in Zirndorf am 30. Juli und das Asylantenheim in Lörrach am 17. August sowie um Brandanschläge gegen Ausländerunterkünfte in Leinfelden am 7. August und in Hamburg am 22. August. In Hamburg starben zwei Vietnamesen an den durch zwei Molotow-Cocktails verursachten Brandwunden. Täter waren 16 Angehörige der »Deutschen Aktionsgruppen« (DA). Der Leiter der DA, Rechtsanwalt Manfred Röder, hatte sich schon 1978 mit gefälschten Ausweispapieren ins Ausland abgesetzt, war aber Anfang 1980 heimlich wieder in die Bundesrepublik Deutschland zurückgekehrt und hatte in einer konspirativen Wohnung in Hannoversch-Münden Unterschlupf gefunden. Röder hatte schon als Leiter der von ihm gegründeten »Deutschen Bürgerinitiative«

(DBI) in den Jahren 1974 und 1975 zur Gewalt aufgerufen. Er hatte gefordert, die Demokratie müsse »mit Stumpf und Stiel« ausgerottet werden. Am 28. Juni 1982 verurteilte das Oberlandesgericht Stuttgart die Attentäter von Hamburg, Raimund Hörnle und Sibylle Vorderbrügge, wegen Mordes zu lebenslangen Freiheitsstrafen sowie Manfred Röder und Dr. Heinz Colditz wegen Rädelführerschaft bzw. Mitgliedschaft in einer terroristischen Vereinigung zu 13 bzw. sechs Jahren Freiheitsstrafe.

Am 19. Dezember 1980 wurden in Erlangen der jüdische Verleger Shlomo Lewin und dessen Lebensgefährtin Frida Poeschke erschossen. Der Tat verdächtig ist Uwe Behrendt, Mitglied der »Wehrsportgruppe Hoffmann«, der während seines Aufenthaltes in einem von der Al Fatah betriebenen Ausbildungslager für die Wehrsportgruppe mit einer an Sicherheit grenzenden Wahrscheinlichkeit ermordet wurde. Karl-Heinz Hoffmann wurde nach einem Prozeß, der im September 1984 begann und am 39. Juni 1986 endete, von der Anstiftung zum Mord mangels Beweises freigesprochen und wegen Geldfälschung, Waffenbesitzes, Freiheitsberaubung und Körperverletzung zu 9½ Jahren Gefängnis verurteilt.

Am 24. Dezember 1980 erschoß der Neo-Nazi Frank Schubert, der im März 1977 aus der DDR geflohen war und seit 1979 in Frankfurt wohnte, an der schweizerisch-deutschen Grenze einen Schweizer Polizeibeamten und einen Schweizer Zollbeamten. Zwei weitere Beamten wurden schwer verletzt. Schubert beging anschließend Selbstmord. Schubert hatte Waffen und Munition aus der Schweiz über den Rhein in die Bundesrepublik schleusen wollen. Bis zum Sommer 1980 war er Mitglied der Frankfurter Gruppe VSBD/PdA gewesen.

Am 28. Mai 1981 tötete Friedhelm Enk, der kurz vorher aus Strafhaft entlassen worden war, auf einem Acker in der Nähe von Hamburg ein anderes Mitglied der ANS/NA mit zahlreichen Messerstichen. Beteiligt an der Tat waren vier weitere ANS/NA-Angehörige. Die Täter hatten dem Opfer vorgeworfen, homosexuell zu sein und Verrat geübt zu haben. Das Schwurgericht des Landgerichtes Lübeck ahndete diesen Femenmord am 3. Juni 1982 mit einer lebenslangen Freiheitsstrafe gegen Friedhelm Enk und mit Jugendstrafen gegen die Mittäter zwischen zehn Monaten und anderthalb Jahren.

Am 20. Oktober 1981 stellte die Polizei in München fünf Neo-Nazis – darunter einen Franzosen –, weil sie verdächtig waren, schwere Straftaten vorzubereiten. Die Neo-Nazis zündeten bei ihrer Festnahme eine Handgranate. Die Polizei schoß in Notwehr. Zwei der Täter, Klaus-Ludwig Uhl und Kurt Wolfgram, wurden tödlich verletzt. In dem Pkw der Neo-Nazis lagen mehrere Handgranaten, Maschinenpistolen und andere Schußwaffen.

Uhl und Wolfgram hatten sich 1980 nach Frankreich abgesetzt, um sich ihrer Strafverfolgung zu entziehen. Sie hatten mit ihren drei Gefährten in München eine Besprechung mit dem Vorsitzenden der VSBD/PdA, Friedhelm Busse, gehabt. Busse wurde ebenfalls festgenommen. In seiner Garage fand die Polizei große Mengen Sprengstoff. Am 25. November 1983 wurde Friedhelm Busse vom Bayerischen Obersten Landesgericht in München zu drei Jahren und neun Monaten Freiheitsstrafe verurteilt. Die drei anderen festgenommenen Mitglieder seiner Organisation wurden wegen Verstoßes gegen das Waffen- und Sprengstoffgesetz zu Jugendstrafen von vier beziehungsweise drei Jahren verurteilt.

Die latente Gewaltbereitschaft von Rechtsextremisten Anfang der achtziger Jahre wurde auch deutlich durch umfangreiche Funde von Waffen und Sprengstoffen. Herausragend bei diesen Ermittlungsergebnissen war die Entdeckung eines Waffenlagers am 26. Oktober 1981 in Hanstedt bei Uelzen. Waldarbeiter stießen zufällig auf eines von insgesamt 33 Erddepots, in denen unter anderem 156 Kilogramm Sprengstoff, 230 Sprengkörper, 50 Panzerfäuste, 258 Handgranaten, 13 520 Schuß Munition, 15 automatische Schußwaffen und größere Mengen chemischer Stoffe gelagert waren. Diese Waffenlager hatte der in der Nähe des Fundortes wohnhafte Forstwirtschaftsmeister Heinz Lembke, ein bekannter Rechtsextremist, angelegt. Zu der Herkunft der Waffen machte er keine Angaben. Am 1. November 1981 erhängte er sich in der Untersuchungshaft.

Auch im Jahre 1982 setzten sich die Gewaltverbrechen von Neo-Nazis fort. Am 25. Juni erschoß der Neo-Nazi Helmut Oxner nach einer Auseinandersetzung in einer Nürnberger Diskothek einen farbigen US-Soldaten und einen farbigen amerikanischen Zivilisten. Eine Koreanerin und ein Türke wurden bei der Schießerei verletzt. Anschließend lief Oxner auf die Straße und schoß mit dem Ruf »Es lebe der Nationalsozialismus« auf weitere Ausländer. Ein junger Ägypter wurde tödlich getroffen und ein libyscher Staatsbürger schwer verletzt. Nach einem Schußwechsel mit der Polizei, bei dem Oxner verletzt wurde, beging er Selbstmord.

Am 4. August wurde der deutsche Neo-Nazi Ekkehard Weil in Österreich unter dem Verdacht festgenommen, daß er in der Zeit vom Februar bis zum Juli 1982 in Wien und in Salzburg fünf Sprengstoffanschläge auf jüdische Wohnungen und Geschäfte verübt hatte. Weil hatte 1970 einen sowjetischen Soldaten am Ehrenmal in Berlin-Tiergarten durch Schüsse verletzt und 1977 einen Brandanschlag auf die Geschäftsstelle der »Sozialistischen Einheitspartei West-Berlin« (SEW) verübt. Am 2. April 1984 verurteilte das Landgericht Wien Ekkehard Weil zu einer Freiheitsstrafe von fünf Jahren ohne Bewährung.

In der Bundesrepublik wurden im Jahre 1982 insgesamt 20 Sprengstoff- und Brandanschläge von Rechtsextremisten verübt. Diese Aktionen richteten sich alle gegen Wohnungen, Unterkünfte und Kraftfahrzeuge, die von Ausländern benutzt wurden.

Im Jahre 1983 gab es keine Gewaltakte, die erkannten rechtsextremistischen Gruppen zugerechnet wereden konnten. Im Mittelpunkt der Exekutivmaßnahmen gegen Rechtsextremisten standen die Verhaftungen der wichtigsten Mitglieder der rechtsextremistischen Untergrundgruppe Hepp/Kexel. Am 15. Februar 1983 konnten in einer konspirativen Wohnung in Frankfurt die Neo-Nazis Dieter Sporleder, Wulf-Helge Blasche und Hans-Peter Fraas festgenommen werden. Am 18. Februar verhaftete die britische Polizei auf Bitten der deutschen Behörden in der Nähe von London Ulrich Tillmann und Walter Kexel. Alle gehörten der Untergrundgruppe an, die von dem Elektroinstallateur Kexel und dem zunächst noch flüchtigen ehemaligen Studenten Odfried Hepp geführt wurde. Odfried Hepp konnte erst im April 1985 in Paris im Zusammenhang mit einer Razzia gegen die palästinensische »Palestine Liberation Front« (PLF) festgenommen werden.

Hepp und Fraas waren als Mitglieder der sogenannten »Libanon-Gruppe« der »Wehrsportgruppe Hoffmann« im Nahen Osten durch Palästinenser im Gebrauch von Waffen und Sprengstoffen ausgebildet worden. Im Dezember 1982 hatte die Hepp/Kexel-Gruppe drei Mordanschläge auf Angehörige der US-Armee in Frankfurt, Butzbach und Darmstadt durchgeführt. Zwei US-Soldaten wurden schwer verletzt. Die bei diesen Anschlägen benutzten Sprengkörper waren unter den Fahrersitzen der Privatfahrzeuge der US-Soldaten deponiert und in zwei Fällen durch Druckkontakt bei der Belastung der Fahrersitze gezündet worden. Der dritte Sprengkörper kam nicht zur Explosion. Die Gruppe hatte bei fünf Banküberfällen von April bis Dezember 1982 im Raum Erlangen, Gießen und Frankfurt rund 630 000 DM erbeutet. Bei den Ermittlungen, die der Festnahme folgten, entdeckte die Polizei Erddepots und Verstecke in konspirativen Wohnungen mit insgesamt 13 Schußwaffen, rund 800 Schuß Munition, Geld und gefälschten Ausweisen. Die Gruppe hatte nach dem Vorbild linksextremistischer Terroristen einen Grad von Konspiration erarbeitet, der bis dahin in der rechtsextremistischen Terrorszene noch nicht beobachtet werden konnte.

Am 15. März 1985 verurteilte das Oberlandesgericht Frankfurt Walter Kexel zu 14 Jahren Gefängnis sowie die Gruppenmitglieder Blasche, Fraas, Sporleder und Tillmann zu Freiheitsstrafen zwischen fünf und zehn Jahren. Kexel nahm das Urteil an und beging kurz darauf im Gefängnis Selbstmord. Odfried Hepp wurde am 6. November 1986 vom Appellationsgericht in Paris wegen des Besitzes von gefälschten Pässen zu einer Freiheitsstrafe von zwei Jahren verurteilt. Gleichzeitig wurde er mit einem Aufenthaltsverbot von fünf Jahren für Frankreich belegt. Am 29. Januar 1987 wurde er der deutschen Polizei und dem Ermittlungsrichter beim Bundesgerichtshof in Karlsruhe überstellt. Während der Untersuchungshaft legte er ein umfassendes Geständnis ab und sagte sich vom Neo-Nationalsozialismus los. Am 27. Oktober 1987 verurteilte ihn das Oberlandesgericht in Frankfurt wegen versuchten Mordes, Mitgliedschaft in einer kriminellen Vereinigung, Beteiligung an einem Sprengstoffdelikt sowie an vier Banküberfällen zu zehneinhalb Jahren Haft.

Im Jahre 1983 versuchten Neo-Nazis erstmals, Bündnispartner und Hilfstruppen unter potentiellen Gewalttätern der politikfreien Szene zu gewinnen. Im Oktober 1983 waren Neo-Nazis aus allen Teilen der Bundesrepublik nach Berlin gereist, um mit Rockern, Skinheads und Drop-Outs ein Fußball-Länderspiel zwischen Deutschland und der Türkei zu sprengen. Geplant war eine »Schlacht« mit den als Zuschauer erwarteten türkischen Gastarbeitern. Die Präsenz von 3000 Polizeibeamten verhinderte die Auseinandersetzung. Zahlreiche Neo-Nazis und Rowdys wurden festgenommen. Schon vorher – am 27. Oktober – hatte die Polizei zweiundvierzig Wohnungen von Neo-Nazis in Berlin durchsucht, Waffen und Propagandamaterial sichergestellt und mehrere Personen festgenommen.

Im Jahre 1984 verfaßte der Vorsitzende der »Deutschen Bürgerinitiative« (DBI), Manfred Röder, 1982 wegen Rädelsführerschaft in der terroristischen Vereinigung »Deutsche Aktionsgruppen« zu einer Freiheitsstrafe von 13 Jahren verurteilt, Rundbriefe zur Gründung einer neuen Partei, die »eine echte grüne Partei ohne ideologische Verrenkungen und ohne feministische Bauchschmerzen« werden sollte. Die neue Organisation – so Röder – habe nur zwei Hauptforderungen: »Erhaltung der Natur und Erhaltung der Völker«. Aufgrund dieser Aktivitäten leitete die Staatsanwaltschaft Frankfurt ein neues Ermittlungsverfahren gegen Röder und gegen seine Ehefrau wegen Verbreitens nationalsozialistischen Gedankengutes ein.

Bei Ermittlungen und Hausdurchsuchungen im Jahre 1984 konnten die Sicherheitsbehörden feststellen, daß sich gewaltorientierte Rechtsextremisten nach wie vor mit der Planung von Terrorakten befaßten. Bei mehreren Neo-Nazis wurden Terroranleitungen von Linksextremisten gefunden, die als Vorbild für eigene Aktionen dienen sollten.

Am 7. Januar 1984 wurde ein Brandanschlag auf eine Münchener Diskothek verübt. Sieben Personen wurden zum Teil schwer verletzt. Eine Frau verstarb an den Folgen der erlittenen Verletzungen. Für die Tat verantwortlich bezeichnete sich eine »Gruppe Ludwig«. In ihrem Selbstbezichtigungsschreiben, das mit einem Hakenkreuz gekennzeichnet war, bekannte sich diese Organisation offen zum Nationalsozialismus und machte deutlich, daß sich ihr Kampf unter anderem gegen den Sittenverfall in der derzeitigen Gesellschaft richte.

Die »Gruppe Ludwig« hatte seit 1977 von sich reden gemacht. Die Identität ihrer Mitglieder war der Polizei ein Rätsel geblieben. Die Gruppe hatte zwischen 1977 und 1984 fünfzehn bestialische Morde verübt. Sie hatte auf grausame Weise einen Zigeuner, einen Homosexuellen, einen Drogensüchtigen, eine Prostituierte, sechs Besucher eines Sexkinos, einen Vagabunden, eine Angestellte einer Diskothek und drei Mönche getötet.

Am 4. März 1984 schließlich wurden der 27jährige Wolfgang Abel aus München und der 26jährige Italiener Marco Furlan bei dem Versuch festgenommen, die Diskothek »Melamara« in Castiglione delle Stiviere bei Brescia in Brand zu stecken. Die Diskothek war zu diesem Zeitpunkt von fast 400 Menschen besucht. Da die Täter ähnlich vorgegangen waren wie bei dem Brandanschlag gegen die Münchener Diskothek am 7. Januar, setzte sich die italienische Polizei mit den deutschen Behörden in Verbindung. Bei Hausdurchsuchungen in Abels Münchener Wohnung und in den Zimmern von Abel und Furlan in Italien wurden zahlreiche Unterlagen sichergestellt, die bewiesen, daß die beiden Täter für die Anschläge der »Gruppe Ludwig« verantwortlich waren und daß sie allein die »Gruppe Ludwig« gebildet hatten.

Ein Gericht in Verona verurteilte die beiden am 11. Februar 1987 zu jeweils dreißig Jahren Gefängnis.

Seit 1984 haben die Gewaltaktionen von Rechtsextremisten deutlich nachgelassen. Zu dieser Entwicklung haben die entschiedene Haltung der Regierungen von Bund und Ländern und die Erfolge der deutschen Sicherheitsbehörden beigetragen. Im Januar 1980 verbot der damalige Bundesinnenminister Gerhard Baum die Wehrsportgruppe Hoffmann. Am 26. Januar 1982 verbot der Bundesinnenminister die VSBD/PdA des Friedhelm Busse und ihre Jugendorganisation »Junge Front«. Am 7. Dezember 1983 verbot Bundesinnenminister Dr. Zimmermann die ANS/NA des früheren Bundeswehrleutnants Michael Kühnen.

Im März 1984 war Michael Kühnen in die Schweiz geflohen und später von dort nach Frankreich. Ein Haftbefehl gegen ihn war noch nicht erlassen. Am 2. Juli machte der »Stern« in Paris ein Interview mit Kühnen. In dem begleitenden Artikel wurde Kühnen als ein »Führer« beschrieben, der seine Kameraden im Stich gelassen habe. Die Mitglieder seiner Organisation in der Bundesrepublik begannen sich zu fragen, weshalb sie hier unter den Problemen der Illegalität leiden sollten, während ihr Chef in Paris mit französischer Küche und Wein ein gutes Leben genoß. Kühnen versuchte, diese Angriffe durch »Briefe aus dem Exil« zu parieren, die er in seiner illegalen Zeitschrift »Die Neue Front« veröffentlichen ließ. Er erklärte, sein Auslandsaufenthalt sei zeitlich begrenzt. Er werde die ANS/NA von Frankreich aus reorganisieren und 1985 nach Deutschland zurückkehren. Am 5. Oktober 1984 wurde Kühnen von den französischen Behörden ausgewiesen. Beamte des Bundeskriminalamtes verhafteten ihn auf dem Flugplatz Köln/Bonn. Am 14. November 1984 eröffnete das Landgericht in Frankfurt ein Verfahren wegen verfassungswidriger Propaganda gegen Kühnen und verurteilte ihn am 25. Januar 1985 zu einer Freiheitsstrafe von drei Jahren und vier Monaten. Demnächst wird sich Kühnen wegen weiterer Straftaten vor anderen Gerichten (Hamburg, Flensburg und Braunschweig) zu verantworten haben. Inzwischen versucht er, seine Organisation durch »Briefe aus der Haft« am Leben zu erhalten.

Zu den Erfolgen der Sicherheitsbehörden gegenüber dem rechtsextremistischen Terrorismus kam es auch, weil Neo-Nazis in ihren Vernehmungen in der Regel eine größere Aussagebereitschaft und Geständnisfreudigkeit zeigen als linksextremistische Terroristen. Auch dies hat möglicherweise dazu beigetragen, daß die deutschen Justizbehörden den Neo-Nazis manchmal emotionsloser begegneten als Linksextremisten. Auf Beifallskundgebungen von Anhängern zugunsten der Angeklagten reagierten manche Richter nur mit Ermahnungen statt – wie häufig bei Linksextremisten – mit Ausschluß der Öffentlichkeit. Dies mag auch damit zusammenhängen, daß die Neo-Nazis grundsätzlich die geltenden Umgangsformen vor Gericht beachten. Sie stehen auf, wenn der verhandlungsführende Richter eine Frage an sie richtet und adressieren den Richter mit dem ihm zustehenden Titel. Die jeweiligen Angeklagten sind in der Regel korrekt gekleidet und tragen einen unauffälligen Haarschnitt. Einige Richter erweckten durch ihre Zurückhaltung den Eindruck, als ob sie Hygiene als Indiz für Verfassungstreue ansehen würden.

Insgesamt ist der deutsche rechtsextremistische Terrorismus heute noch deutlicher als früher ohne überzeugende Konzeption. Seine Anhänger verwechseln persönliche Neigung zu Gewalt mit politischem Engagement. Die Vordenker und Führer des deutschen Rechtsextremismus sind den Gerichten zugeführt und zu zum Teil langjährigen Freiheitsstrafen verurteilt worden. Damit sind die verbliebenen Mitglieder der einzelnen neo-nazistischen Gruppen ohne Zukunft. Vom rechtsextremistischen Terrorismus droht für die nächsten Jahre keine größere Gefahr.

VI. Internationale Verbindungen

1. Bündnisse nach rechts –
Hilfen aus Nahost für den Schwarzen Terror

Deutsche rechtsextremistische Gewalttäter versuchten schon sehr früh, ihren latenten Antisemitismus in Bündnisse mit Palästinensern zu kanalisieren. Nach dem Sechstagekrieg in Israel gründete der rechtsextremistische »Bund Heimattreuer Jugend« im Frühjahr 1967 ein »Hilfskorps Arabien«, um den Kampf der Palästinenser gegen Israel zu unterstützen. Die Zusammenarbeit einiger weniger Mitglieder dieses »Hilfskorps« mit der Al Fatah war kein Erfolg.

Initiator von erfolgreicheren Operationen war der Programmierer Udo Albrecht, der Ende der fünfziger Jahre aus der DDR in die Bundesrepublik Deutschland kam. Er gründete zunächst ein »Freikorps Adolf Hitler« und kämpfte im Jahre 1970 mit zwölf Mitgliedern dieser Organisation auf der Seite der PLO gegen die Truppen König Husseins, die im »Schwarzen September« dieses Jahres die Kampfeinheiten der Palästinenser aus Jordanien vertrieben.

Albrecht ist ein Abenteurer und hat eine lange Liste von Vorstrafen. Er wird von einigen Analytikern westlicher Geheimdienste für einen sowjetischen Einflußagenten gehalten, der in der Bundesrepublik rechtsextremistische Strömungen zum Aufbau terroristischer Kleingruppen nutzte, um eine »Renaissance des Faschismus« nachzuweisen. Seit 1958 war er insgesamt etwa 17 Jahre in Untersuchungs- und Strafhaft. Er flüchtete achtmal aus verschiedenen Strafanstalten. Das letzte Mal entkam er den deutschen Sicherheitsbehörden, als er der Polizei am 30. Juli 1981 ein angebliches Waffenversteck in der Nähe von Schlutup an der Demarkationslinie zeigen sollte. Er floh in die DDR. Als die Staatsanwaltschaft sich zur Vorbereitung eines Auslieferungsersuchens bei DDR-Stellen nach seinem Verbleib erkundigte, wurde ihr geantwortet, Udo Albrecht habe das »Hoheitsgebiet der DDR« wieder verlassen. Albrecht hält sich zur Zeit vermutlich im Nahen Osten auf.

Seine Verbindungen zur PLO wurden erstmals bekannt, als er im Jahre 1970 in Zürich vorübergehend festgenommen und in seinem Besitz ein Ausweis der Al Fatah gefunden wurde. Es gelang ihm, nach Österreich zu fliehen. Im Jahre 1975 versuchte er, mit drei »Kameraden« einen Mercedes-Pkw über Jugoslawien »als Geschenk für die PLO« in den Libanon zu bringen. An der italienisch-jugoslawischen Grenze wurde der Wagen festgehalten, weil die jugoslawischen Grenzbeamten bei der Durchsuchung neo-nazistische Flugschriften in dem Pkw gefunden hatten. Die drei Neo-Nazis und Albrecht wurden verhaftet und später ausgewiesen. Albrecht konnte beim Rücktransport in die Bundesrepublik wieder entfliehen.

Im Jahre 1976 hatte Albrecht mehrere Deutsche als Söldner für die kämpfenden Einheiten der PLO angeworben. Vier dieser Neo-Nazis desertierten zur libanesischen Falange. In einer Pressekonferenz, die von der Falange organisiert war, erklärten sie, daß sie in einem Ausbildungslager der PLO für den Kampf gegen Israel ausgebildet worden seien. Danach erhielten sie von der deutschen Botschaft in Beirut neue Pässe, um das Land verlassen zu können. Auf ihrem Weg zum Flugplatz wurden sie von einer PLO-Streife festgenommen. Sie wurden befragt, danach kahlgeschoren und »des Landes verwiesen«. Nach dieser Pressekonferenz der Falange organisierte auch die PLO eine ähnliche Veranstaltung, in der sie angebliche deutsche Überläufer der Falange präsentierte, die in deren Trainingscamps für den Kampf gegen die PLO ausgebildet worden sein sollten. Die Journalisten, die an dieser Pressekonferenz teilnahmen, konnten bald feststellen, daß ihnen Märchen erzählt wurden: Die angeblichen Söldner der Falange kannten noch nicht einmal das Emblem ihrer Organisation, die Zypresse.

In den frühen siebziger Jahren überredete Udo Albrecht den Chef der »Deutschen Bürgerinitiative«, Manfred Röder, Verbindungen zu palästinensischen Organisationen aufzunehmen.

Zwischen 1976 und 1978 war Albrecht in Hamburg in Untersuchungshaft. In dieser Zeit reiste Manfred Röder in den Libanon und traf dort mit Abu Jihad zusammen, Stellvertreter Arafats in der Al Fatah und damals verantwortlich für den »westlichen Sektor des mittleren Ostens«. Abu Jihad lehnte eine Zusammenarbeit mit Röder ab. Udo Albrecht erklärte später, daß es wahrscheinlich zu einer Kooperation gekommen wäre, wenn Röder statt Abu Jihad seinen Kontrahenten Abu Ayat getroffen hätte.

Abu Ayat wurde am 15. Mai 1980 als Vertreter Arafats in der Al Fatah durch Abu Jihad ersetzt. Abu Ayat ist nach wie vor Mitglied des Zentralkomitees der Al Fatah und Chef der »Vereinigten Sicherheitsdienste« der PLO. Er stand häufig in Opposition zu der in seinen Augen moderaten Politik Arafats. Die Unterstützung, die die »Wehrsportgruppe Hoffmann« von seiten der PLO erhielt, ist auf seine Initiative zurückzuführen.

Der Chef der im Januar 1980 verbotenen »Wehrsportgruppe Hoffmann«, Karl-Heinz Hoffmann, ging schon Ende 1979 mit 15 Mitgliedern seiner Organisation nach Beirut. Mit Unterstützung der »Vereinigten Sicherheitsdienste« der PLO baute er in den Jahren 1980 und 1981 eine paramilitärische Gruppe auf, die den Kader für einen späteren bewaffneten Kampf in der Bundesrepublik bilden sollte. Geplant und zum Teil vorbereitet wurden Anschläge auf Personen und Einrichtungen im Bundesgebiet und im Nahen Osten. Ausbildung in der Herstellung von Sprengstoffen und im bewaffneten Kampf erhielten die Deutschen von PLO-Offizieren. Wegen der harten Disziplin, die Hoffmann exerzierte, desertierten schon im September 1980 vier Mitglieder der Gruppe und flohen zurück nach Deutschland. Hoffmann hatte das Gruppenmitglied Bergmann wegen geringer Verstöße gegen die von ihm verordnete Disziplin brutal zusammengeschlagen, einsperren lassen und auf Hungerrationen gesetzt. Später wurde Bergmann gefoltert, weil Hoffmann glaubte, Bergmann sei ein Verräter. Bergmann ist möglicherweise an den Folgen der Folterung gestorben.

Der Mord an dem jüdischen Verleger Shlomo Lewin und seiner Lebensgefährtin Frida Poeschke am 19. Dezember 1980 geht wahrscheinlich auf einen Befehl von Karl-Heinz Hoffmann zurück. Mutmaßlicher Täter ist Uwe Behrendt. Die Anstiftung konnte Karl-Heinz Hoffmann in dem späteren Strafverfahren vor dem Schwurgericht in Nürnberg nicht nachgewiesen werden. Uwe Behrendt hatte nach dem Mord an Lewin und Poeschke und nach seiner Rückkehr in den Libanon aber einige Andeutungen in dieser Richtung gemacht.

Nachdem Manfred Röder mit seinen Kontaktversuchen bei der PLO gescheitert war, reiste er nach Itatataja in Brasilien. Dort traf er mit Mitgliedern der deutschen Kolonie zusammen, die meisten davon ältere Anhänger des Nationalsozialismus. Er hielt Vorträge und wurde dafür bezahlt. Von Brasilien aus reiste er in die Vereinigten Staaten. Dort traf er mit Mr. Duke von den »Knights of the Ku-Klux-Klan« und mit Mr. Wilkinson vom »Invisible Empire« zusammen. Vor Anhängern des Klu-Klux-Klan hielt er ebenfalls Vorträge gegen Entgelt.

Im Jahre 1980 reiste Röder nach Syrien und in den Iran. Seine erneuten Versuche, Verbindungen zur Al Fatah, zur PLO und zur PFLP zu knüpfen, scheiterten. Im Iran versuchte er, eine Zusammenkunft mit Ayatollah Khomeini zu erreichen. Er konnte aber nur mit Vertretern des Regimes sprechen, die weitaus geringere Ränge hatten. Die Regierung des Iran lehnte eine Zusammenarbeit mit Röder ab.

Am 20. Januar 1982 wurden zwei Mitglieder der »Wehrsportgruppe Hoffmann«, Hubel und Bojarski, in Avezzano in der Nähe von Rom festgenommen und später in die Bundesrepublik ausgewiesen. Ein drittes Mitglied der Organisation, Paul, konnte sich der Festnahme entziehen.

Am 10. Januar 1982 wurden vier Mitglieder der VSBD/PdA, Klaus und Kristin Hewicker, Gerhard Töpfer und Ernst Balke, von der belgischen Polizei an die deutschen Sicherheitsbehörden übergeben. Sie wurden später wegen Mitgliedschaft in einer terroristischen Vereinigung und wegen bewaffneten Banküberfalls verurteilt.

Andere Mitglieder der VSBD/PdA hatten in Frankreich Unterschlupf gefunden. Klaus Ludwig Uhl, Kurt Wolfgram und Peter Faber lebten einige Wochen im Hause eines französischen Rechtsextremisten, Monsieur Loubet, in Metz und im Hause von Dr. Iffrig, einem Arzt in der Nähe von Straßburg.

Die VSBD/PdA hatte über längere Zeit Kontakte zu der französischen Neo-Nazi-Organisation »Fédération d'Action Nationale et Européenne« (FANE) und zum belgischen »Vlaamse Militante Orden«. Die FANE ist inzwischen verboten worden.

Die Verbindungen militanter und terroristischer Neo-Nazis zu ausländischen Gesinnungsgenossen und zu internationalen Terrororganisationen sind durch administrative Verbotsmaßnahmen und durch entschiedene Strafverfolgung heute weitgehend zerschlagen.

2. Allianzen und Söldner – Die roten Linien

Die ersten Kontakte deutscher Gewalttäter zur Palästinensern entwickelten sich schon im Jahre 1969. Junge Männer und junge Frauen um Dieter Kunzelmann und Fritz Teufel reisten im Herbst jenes Jahres nach Italien, um dort Verbindungen zu Gesinnungsgenossen aufzunehmen. Am 23. September 1969 setzten die Berliner Gruppenmitglieder die Reise über Jugoslawien, Bulgarien, die Türkei, den Libanon und Syrien nach Jordanien fort. Am 4. Oktober 1969 trafen sie in der jordanischen Hauptstadt Amman ein. Zum ersten Mal bildeten Funktionäre der Al Fatah Deutsche in der Handhabung von Sprengstoffen und Zeitzündern aus. Auf Manöverplätzen der Al Fatah wurde Scharfschießen trainiert. Fritz Teufel selbst hatte es abgelehnt, an der Reise zur Al Fatah teilzunehmen.

Nach ihrer Rückkehr nach Deutschland Ende 1969 sammelten sich die reisenden Gewalttäter in verschiedenen Kommunen in Berlin. Die Baader-Meinhof-Bande war noch nicht entstanden. Einige der Jordanien-Reisenden stießen aber später zur RAF und zur »Bewegung 2. Juni«, so zum Beispiel Ingrid Siepmann, Albert Fichter und Georg von Rauch. Andere folgten aus den Kommunen, so zum Beispiel Holger Meins, Thomas Weissbecker und Irmgard Möller.

Die RAF nahm erst 1970 Verbindung zu Palästinensern auf.

Andreas Baader war am 14. Mai befreit worden. Die Gruppenmitglieder gingen in den Untergrund. Am 8. Juni 1970 flog die erste Gruppe der RAF von Berlin-Schönefeld mit einer Linienmaschine der DDR-Luftfahrtgesellschaft »Interflug« nach Beirut. Die Tickets hatte Said Dudin gebucht, ein Verbindungsmann zur marxistisch orientierten »Volksfront für die Befreiung Palästinas« (PFLP), der in West-Berlin als Student gemeldet war. Hans-Jürgen Bäcker, Brigitte Asdonk, Manfred Grashof, Wolfgang Thomas, Petra Schelm und Heinrich Jansen waren als Studenten gebucht und zahlten 470 DM je Ticket. Horst Mahler war zu alt für diesen Sondertarif und mußte 550 DM bezahlen.

In der vorletzten Juniwoche brachte Dudin Andreas Baader, Gudrun Ensslin und Ulrike Meinhof in das Trainingslager in der Nähe von Amman, in dem die erste Gruppe schon eingetroffen war.

Die Deutschen hielten der harten militärischen Ausbildung unter den extremen Bedingungen des Wüstenklimas nicht lange stand. Schon bald brachen zwischen den Anführern der RAF Differenzen auf über die Strategie und die Taktik des künftigen Kampfes. Während sich die bewaffneten Palästinenser auf die endgültige Auseinandersetzung mit den jordanischen Truppen vorbereiteten, die im »Schwarzen September« mit der Vertreibung der Fatah aus Jordanien enden sollte, entwickelten sich die Diskussionen unter den Deutschen zu Streitigkeiten. Die RAF brach ihre Ausbildung in Jordanien ab. Horst Mahler, der nach seiner Rückkehr Anfang August 1970 nur noch zwei Monate in Freiheit war, zog in seiner Schrift »Über den bewaffneten Kampf in Westeuropa« ein Resümee, indem er schrieb: »Eine kämpferische Gruppe kann auch nur durch den Kampf selbst entstehen. Alle Versuche, die Gruppe außerhalb der Bedingungen des ›Ernstfalls‹ organisieren, ausbilden und trainieren zu wollen, führen zu äußerst lächerlichen Resultaten – manchmal mit tragischem Ausgang.«

Es muß davon ausgegangen werden, daß die DDR-Behörden schon bei der Hinreise der RAF-Mitglieder in den Nahen Osten über ihre Identität und über ihre bis dahin begangenen Straftaten orientiert waren. Andreas Baader, Gudrun Ensslin und Ulrike

Meinhof hatten am 21. Juni 1970 in Ost-Berlin übernachten müssen. Ihr Flug von Berlin-Schönefeld nach Damaskus am Nachmittag des 21. Juni war gestrichen worden.

Auf der Rückreise ist den Grenzbeamten der DDR die Identität der West-Berliner Terroristen mit Sicherheit bekanntgeworden. Hans-Jürgen Bäcker war als Kundschafter nach West-Berlin vorausgeschickt worden, um festzustellen, welche konspirativen Wohnungen noch benutzt werden konnten. Bäcker stand noch nicht auf der Fahndungsliste. Auf dem Flughafen Schönefeld wurde er von Beamten des Staatssicherheitsdienstes der DDR festgehalten und vernommen. Beim Verhör zeigte sich, daß die Beamten über die Baader-Meinhof-Bande informiert waren und jeden Namen der Reisenden kannten. Sie wußten auch, wer bei der Befreiung Baaders geschossen hatte. Die Decknamen, die von den RAF-Mitgliedern im Nahen Osten benutzt worden waren, und ihre Ausbildung im jordanischen Trainingslager waren den Behörden der DDR bekannt. Nach 24 Stunden schob der Staatssicherheitsdienst Bäcker am Übergang Friedrichstraße nach West-Berlin ab. Kurz vorher überreichten die Beamten ihm noch die Pistole, die Bäcker aus Amman mitgebracht hatte und die von den Beamten zunächst beschlagnahmt worden war.

Nach dieser ersten Kontaktaufnahme, die von der RAF als Fehlschlag empfunden wurde, vermied es die Rote Armee Fraktion bis in die jüngste Zeit, sich anderen Terror-Organisationen anzuschließen. Sie hielt zwar über lange Zeit lose Verbindungen, die man als »diplomatische Beziehungen« bezeichnen könnte, zunächst zur Al Fatah und später wiederum zur »Volksfront für die Befreiung Palästinas/Special Command« (PFLP/SC). Zu gemeinsamen geplanten und organisierten Operationen kam es aber nicht. Auch die spätere Entführung der Lufthansa-Maschine »Landshut« von Mallorca nach Mogadischu war vorher mit der RAF nicht abgesprochen worden. Die für diese Operation verantwortliche palästinensische Gruppe wollte offensichtlich nur die Situation, die durch die Entführung von Hanns Martin Schleyer entstanden war, zu ihrem eigenen Vorteil nutzen und zwei Mitglieder der PFLP, die in türkischen Gefängnissen einsaßen, freipressen und eine Lösegeldsumme von der deutschen Regierung einfordern.

Die RAF als Organisation hat erst 1984 mit dem Versuch, eine »anti-imperialistische Front in Westeuropa« aufzubauen, auf Bündnisse mit anderen Terroreinheiten gezielt. Die Zurückhaltung der RAF, mit Palästinensern zu kooperieren, ist möglicherweise auch durch den unterschiedlichen Operationsstil zu erklären. Palästinensische Terrorgruppen vermeiden grundsätzlich, ihre Führer in die bewaffnete Aktion zu schicken. Bei der RAF hat sich im Prinzip jedes Mitglied an den Anschlägen der Organisation zu beteiligen.

Alle deutschen Terroristen, die mit palästinensischen Terrororganisationen zusammenarbeiteten, kamen entweder aus den RZ oder boten ihre Dienste den fremden Organisationen erst an, nachdem sie ihre eigene Gruppe verlassen hatten oder nachdem ihre Organisation – wie zum Beispiel die »Bewegung 2. Juni« – zerschlagen war und sich aufgelöst hatte.

Die Mitglieder der »Bewegung 2. Juni«, die durch die Entführung des CDU-Politikers Peter Lorenz im Februar 1975 freigepreßt worden waren, wurden nach dem Südjemen ausgeflogen. Dort erhielten sie nach einer kurzen Phase der Erholung eine militärische Ausbildung in einem Lager in der Nähe von Aden. Später stießen andere deutsche Terroristen zu ihnen. Weitere deutsche Terroristen arbeiteten als Ausbilder in diesem Lager. Dazu gehörte Hans Joachim Klein von den RZ, der später während des Anschlags gegen die Versammlung der OPEC in Wien im Dezember 1975 schwer verwundet wurde.

Mitglieder der RZ waren ohnehin schon frühzeitig in Anschläge verwickelt, die von internationalen Terrorgruppen durchgeführt worden waren. An den Vorbereitungen für die Geiselnahme der israelischen Olympiateilnehmer in München 1972 waren Mitglieder der RZ beteiligt. Zu einer direkten Zusammenarbeit zwischen RZ-Mitgliedern und internationalen Terroristen kam es erst 1975. Iljitsch Ramirez Sanchez (»Carlos«) rekrutierte zwei deutsche Terroristen, um eine El-Al-Maschine auf dem Platz in Orly bei Paris mit einer Rakete abzuschießen. Der Anschlag schlug fehl. An dem Attentat gegen die OPEC-Konferenz in Wien war neben Hans-Joachim Klein auch Gabriele Kröcher-Tiedemann beteiligt, früher »Bewegung 2. Juni«. Die RZ-Mitglieder Brigitte Kuhlmann und Wilfried Böse wurden im Jahre 1976 von »Carlos« für die Entführung der Air-France-Maschine nach Entebbe angeworben. Beide wurden bei der Befreiungsaktion durch eine israelische Militäreinheit getötet.

Die »Bewegung 2. Juni« war führend beteiligt an einer internationalen Großoperation in Stockholm im Jahre 1977, mit der die schwedische Ministerin für Einwanderungsfragen, Anna-Greta Leijon, entführt werden sollte. Mit dieser Geiselnahme sollten acht deutsche Terroristen freigepreßt werden. Eine Million Dollar Lösegeld sollten gezahlt werden.

Norbert Kröcher, der frühere Ehemann von Gabriele Kröcher-Tiedemann, hatte sich Ende 1972 aus der Bundesrepublik nach Schweden abgesetzt. Er stand im Verdacht, zusammen mit seiner damaligen Frau im Februar 1972 die Diskontobank in Berlin beraubt zu haben. Beide waren Mitglieder der »Bewegung 2. Juni«. Als Verdächtiger dieses Banküberfalls galt auch der Schriftsteller Peter Paul Zahl. Dieser wurde am 14. Dezember 1972 festgenommen. Gabriele Kröcher-Tiedemann blieb nur kurze Zeit in Schweden und kehrte bald wieder in die Bundesrepublik zurück.

Im Jahre 1975 begann Norbert Kröcher eine Reihe junger Leute um sich zu sammeln und die Entführung vorzubereiten. Die für die Aktion notwendigen Geldmittel beschaffte er sich durch verschiedene Banküberfälle mit wechselnden Mittätern. Im Jahre 1976 war die Bande auf 25 Personen angewachsen. Darunter befanden sich auch drei Mexikaner, die als Flüchtlinge nach Schweden gekommen waren und von denen einer eine Guerilla-Ausbildung in Nordkorea hinter sich hatte, ein Tunesier, ein Kolumbianer und ein staatenloser Einwanderer aus Südafrika. Ein Österreicher, ein Engländer und eine Griechin waren weitere Mitglieder. Chef der Organisation war Norbert Kröcher. Ihm zur Seite stand der Deutsche Manfred Adomeit.

Die verhältnismäßig große Anzahl der Bandenmitglieder und die mangelnde Konspiration der an den Vorbereitungen der Operation beteiligten Schweden führten zu ersten Informationen für die schwedische Polizei. Am 1. April 1977 wurden alle Mitglieder der Gruppe festgenommen. Schon wenige Tage später wurden die nichtschwedischen Bandenmitglieder in ihre Heimatländer zurückgeflogen. Die schwedische Regierung wollte keine fremden Terroristen auf ihrem Territorium behalten. Offensichtlich befürchtete sie Repressalien anderer internationaler Terroristen. Die Ausweisung der Mexikaner machte Schwierigkeiten, weil sie – von Kuba kommend – mit Pässen nach Schweden eingereist waren, die mit Betreten des »Gastlandes« ihre Gültigkeit verloren hatten. Gegen Norbert Kröcher und Manfred Adomeit hatte der Ermittlungsrichter beim Bundesgerichtshof Haftbefehl erlassen.

Am 29. Juni 1978 wurden fünf schwedische Mitglieder der Terrorgruppe zu Strafen zwischen drei Monaten und 4½ Jahren Gefängnis verurteilt. Die anderen Mitglieder der Bande wurden freigesprochen.

Norbert Kröcher wurde am 10. Februar 1981 vom Oberlandesgericht Düsseldorf zu elf Jahren und sechs Monaten Haft verurteilt. Zu diesem Zeitpunkt verbüßte seine Ehefrau Gabriele Kröcher-Tiedemann in der Schweiz eine 15jährige Freiheitsstrafe wegen Mordversuchs an schweizerischen Grenzbeamten. Norbert Kröcher wurde nach Verbüßung von zwei Dritteln seiner Strafe am 3. Dezember 1984 aus der Justizvollzugsanstalt Bielefeld entlassen. Er hat dem bewaffneten Kampf inzwischen abgeschworen und lebt jetzt in Berlin.

Manfred Adomeit wurde vom Oberlandesgericht Düsseldorf am 10. Februar 1981 zu 6½ Jahren Freiheitsstrafe verurteilt. Er erhielt Haftverschonung. Seit seiner Heirat am 9. September 1983 führt Adomeit den Familiennamen seiner Frau. Er ist ebenfalls aus dem bewaffneten Kampf ausgestiegen.

Deutsche Terroristen sind in den siebziger Jahren in Ausbildungslagern im Libanon trainiert worden. In Algerien existierten über eine lange Zeit zwei Trainingscamps, in denen Korsen, Bretonen, Nordiren und Basken eine militärische Ausbildung erhielten. Vorübergehend sollen sich auch Deutsche in diesen Lagern aufgehalten haben.

Berichte über eine Zusammenkunft internationaler Terroristen im Jahre 1978 in Beirut und im November 1981 in Lausanne konnten nicht bestätigt werden. Ebenfalls unbestätigt blieb eine

Information über ein Zusammentreffen zwischen RAF-Mitgliedern und Genossen der »Roten Brigaden« am Gardasee in Italien im Jahre 1981.

Nach der Entführung von US-General James Lee Dozier am 17. Dezember 1981 erschienen in der italienischen Presse Meldungen über eine Beteiligung der RAF an dieser Operation. Tatsächlich war für die Entführung nur die norditalienische Sektion der »Roten Brigaden« verantwortlich. Weder die RAF noch die ETA – wie es in einigen Meldungen auch geheißen hatte – noch andere internationale Terroreinheiten waren in die Tat verwickelt. Die Haltung der »Roten Brigaden« gegenüber internationaler Zusammenarbeit wird deutlich durch ihre Flugschrift Nr. 4, die im Frühjahr 1978 auch in der Bundesrepublik verbreitet wurde: »Die Notwendigkeit einer kontinentalen Strategie des Klassenkampfes sollte nicht vermischt werden mit einer Entfaltung der Richtung auf gemeinsame taktische Maßnahmen der verschiedenen regionalen Fraktionen der Guerilla.« Diese Feststellung gilt grundsätzlich auch heute noch.

3. Die Position der Sowjetunion

Die Sowjetunion hat die deutschen Terrorgruppen RAF, »Bewegung 2. Juni« und RZ niemals finanziert, organisatorisch betreut oder unmittelbar mit Waffen beliefert.

Die meisten Terror-Organisationen allerdings sehen sich weltweit in einer gemeinsamen Front gegen das internationale Kapital und den angeblichen Imperialismus der Vereinigten Staaten. Diese Grundüberzeugung beruht zum Teil auf ihren Ideologieansätzen im Marxismus-Leninismus oder Maoismus. Bei einigen Kader-Organisationen des Terrors – wie zum Beispiel bei der »Demokratischen Front für die Befreiung Palästinas« von Nayef Hawatmeh und bei der »Volksfront für die Befreiung Palästinas« von George Habbash – gehört die Einordnung in eine derartige Allianz ohnehin zum Selbstverständnis. Aber auch nationalistisch oder separatistisch motivierte Terrorgruppen, wie zum Beispiel die baskische ETA, die nordirische IRA und die PLO, haben die

Vision, zusammen mit anderen Kämpfern in anderen Ländern gegen die gleichen Ziele zu operieren.

Verbindungen zwischen diesen Gruppen stellen sich dar in der Bewertung von Aktionen der jeweils anderen Organisationen, die als motivierend für den eigenen Kampf empfunden werden. Von Fall zu Fall kommt es dabei auch zu Kontakten zwischen Führungsmitgliedern der einzelnen Gruppen. Echte Bündnisse sind selten. Zu gemeinsamen Operationen ist es bisher nur zwischen Terroreinheiten aus dem Mittleren Osten und der deutschen RAF und der französischen »Action Directe« (AD) gekommen.

Die Operationsmethoden im internationalen Terrorismus sind ähnlich. Die Kampftaktik der westeuropäischen Terrorgruppen beruht im wesentlichen auf dem Minihandbuch des brasilianischen Stadt-Guerilleros Carlos Marighella. Die Übereinstimmung der Zielobjekte der meisten Terror-Organisationen mit dem strategischen Konzept der Sowjetunion, die kapitalistischen Länder zu destabilisieren und den Boden für revolutionäre Bewegungen zu bereiten, liegt auf der Hand.

Aus dieser Kongruenz schließen einige Autoren, die sich seit Jahren mit dem Studium von Ursachen und Auswirkungen des internationalen Terrorismus beschäftigen, daß die Sowjetunion weltweit Terrorgruppen nicht nur unterstützt, sondern auch beeinflußt und steuert. Die entsprechenden Untersuchungen, deren Schlußfolgerungen in einigen Fällen nur hypothetischen Charakter haben, vermuten in der Sowjetunion eine Organisationszentrale, von der Einflußmöglichkeiten ausgehen und Koordinierungsmechanismen versucht werden. Sie weisen diese Aufgabe dem KGB zu.

Bekannt geworden durch solche Studien sind Jillian Becker, Roberta Goren und Claire Sterling. Der frühere Chef des französischen Auslandsnachrichtendienstes DGSE, Alexandre Comte de Marenches, äußert sich in seinem 1986 erschienenen Buch »Dans le secret des princes« mit größerer Zurückhaltung: »Ich glaube, daß die Sowjets, die effektiv und pragmatisch sind, eine gewisse Anzahl von terroristischen Organisationen benutzen, um diese Art von Krieg zu führen.«

Beweise für eine unmittelbare Einflußnahme sowjetischer

Instanzen auf den internationalen Terrorismus sind selten. Das Gegenteil wäre verwunderlich. In der Welt des Terrorismus hängen Erfolge wesentlich von der Konspiration ab.

Schon während der Ära Chruschtschows wurde die Politik der »Friedlichen Koexistenz« wieder aus den Argumentationsschablonen Lenins hervorgeholt. Sie gewann große Bedeutung in der Phase der Entspannung, die einherging mit der neuen Ostpolitik der sozial-liberalen Koalition in Deutschland Anfang der siebziger Jahre.

Westliche Politiker griffen die Formulierung begierig auf. Sie klammerten sich an die Worte »Frieden« und »Zuammenleben«. Sie verdrängten die Erklärungen, mit denen bis heute sowjetische Politiker und Propagandisten dieses Postulat ergänzen. Danach ist »Friedliche Koexistenz« die Fortsetzung des Klassenkampfes auf einer anderen Ebene und mit anderen Mitteln. Kriege mit den kapitalistischen Ländern sind – nicht zuletzt wegen der atomaren Abschreckung – nicht mehr möglich. Wirtschaftliche Zusammenarbeit und Austausch von Technologien (bisher eine Einbahnstraße in Richtung Sowjetunion) müssen gefördert werden, um die Wettbewerbsmöglichkeiten der Länder des realen Sozialismus mit dem Westen zu verbessern. Das Konzept der Weltrevolution wird nicht aufgegeben. Die kommunistischen Parteien in den Zielländern, unterstützt von der Sowjetunion, bereiten den Boden für gewaltsame Veränderungen zum »Siege des Sozialismus« vor.

Anerkennung und Bewahrung des Status quo ist für die Sowjetunion nicht möglich. Marxismus-Leninismus ist keine Ideologie zur Stabilisierung des Erreichten, sondern eine Anleitung zum Handeln für künftige Ziele. Selbstbeschränkung und Verzicht auf Expansion bedeutet Selbstaufgabe.

Dieser Grundsatzüberlegung folgend haben die Sowjets immer wieder Bewegungen unterstützt, die ihrer imperialistischen Politik dienen konnten. Im Zuge der Entkolonialisierung sind sie in die entstehenden Leerräume vorgestoßen und haben dort neue Satellitensysteme etabliert. Das ist in Schwarzafrika und in Indochina der Fall.

Einige Analytiker haben aus dieser Entwicklung geschlossen,

daß die Sowjetunion niemals den »echten« Terrorismus unterstütze, sondern nur Beistand leiste für »nationale Befreiungsbewegungen« oder für »Freiheitskämpfer«. Solche semantischen Unterscheidungen sind Propaganda-Argumente. Fast alle »nationalen Befreiungsbewegungen« gebrauchen oder haben angewendet Maßnahmen des »echten« Terrorismus. Sie haben Gewalt benutzt, Menschen ermordet und bei ihren Gewaltakten den Tod unschuldiger Menschen billigend in Kauf genommen.

Die Sowjetunion hat der in ihrer Ideologie begründeten Verpflichtung, Befreiungskämpfer und insofern auch den internationalen Terrorismus zu unterstützen, sogar Verfassungsrang gegeben. In der 1977 revidierten Fassung von Art. 28 des sowjetischen Grundgesetzes heißt es, daß die Sowjetunion den »Volkskampf für Nationale Befreiung und Sozialen Fortschritt« überall in der Welt unterstützen müsse. Die Begriffsbestimmung dessen, was unter »nationaler Befreiung« zu verstehen ist, behält sich die Sowjetunion dabei selbst vor.

Sowjetische Politiker und kommunistische Theoretiker distanzieren sich formal immer wieder vom Terrorismus. Sie beziehen sich dabei gerne auf Lenin, »Der Linke Radikalismus, die Kinderkrankheit im Kommunismus«, der den Terrorismus als »kleinbürgerlichen Putschismus« bezeichnet. Diese Mahnung Lenins richtet sich aber nur an die kommunistischen Parteien und sollte nicht bedeuten, daß der internationale Kommunismus nicht Vorteil ziehen sollte aus Erfolgen terroristischer Organisationen.

Terroristische Aktionen und Guerilla-Operationen haben bisher nur in sehr seltenen Fällen dazu geführt, daß die betreffenden Organisationen die Staatsmacht erringen konnten. Zu solchen Ausnahmen gehören Algerien und Kenia. In den meisten Fällen haben Kaderparteien, wie die kommunistischen Parteien, die Früchte ernten können, die der Terrorismus gesät hat.

Der Gesamtkonzeption des Marxismus-Leninismus folgend sind alle Parteiinstanzen und staatlichen Behörden der Sowjetunion, die nach außen wirken, an der so gekennzeichneten expansiven Politik beteiligt. Das KGB, das von vielen westlichen Beobachtern als Schlüsselorganisation in dieser Frage angesehen wird, spielt dabei nur die Rolle eines Hilfsinstruments. Die wesentlichen Anstöße und die letzten Entscheidungen in dieser ständigen Offensive werden von der »Internationalen Abteilung« des ZK der KPdSU getroffen.

Von dieser Abteilung ging auch die Initiative aus, im Jahre 1966 eine »Trikontinentale Konferenz« nach Havanna auf Kuba einberufen zu lassen. Formell war Fidel Castro Schirmherr dieser Konferenz. Teilnehmer waren insgesamt 513 Delegierte, die 83 Organisationen aus der Dritten Welt vertraten. Sie beschlossen eine enge Zusammenarbeit zwischen den sogenannten »sozialistischen Ländern« und den »Nationalen Befreiungsbewegungen« in der Welt. Im Text ihrer Resolution rechneten sie zu den nationalen Befreiungsbewegungen auch die »demokratischen Arbeiter- und Studentenbewegungen« von Westeuropa und Nordamerika. In ihrer Abschlußerklärung forderten die Delegierten ein revolutionäres Konzept zur Bekämpfung der »globalen Strategie des amerikanischen Imperialismus«.

An der Veranstaltung nahmen revolutionäre Organisationen oder »Nationale Befreiungsbewegungen« aus folgenden Ländern teil: Anogla, Moçambique, Rhodesien, Südafrika, Südwest-Afrika, Nord- und Südjemen, Laos, Kambodscha, Süd-Korea, die Dominikanische Republik, Venezuela, Guatemala, Peru, Bolivien, Kolumbien, Panama und Zypern. Die PLO hatte eine eigene Delegation. In der Zwischenzeit sind aus diesen Ländern zu einem Drittel marxistisch-leninistische Staaten und sowjetische Satelliten geworden. Die Organisationen, welche als »Nationale Befreiungsbewegungen« auftraten, stellen in den betreffenden Ländern heute die allein regierende Staatspartei.

Die erste Ausbildung der »Freiheitskämpfer«, die sich an der Trikontinentalen Konferenz in Havanna beteiligten, begann auf Kuba. Wadim Kotschergin, KGB-Oberst und Chef der sowjetischen Botschaft in Havanna, gab die Weisung, Ausbildungslager in den Bergen im Süden der kubanischen Hauptstadt zu errichten. Sowjetische Spezialisten für Guerilla-Operationen bildeten dort in den sechziger Jahren rund 5000 Guerilleros und Terroristen aus. Heute wird das Training in diesen

Lagern von Offizieren des kubanischen Nachrichtendienstes DGI durchgeführt. Der kubanische Nachrichtendienst ist – nach mehreren Säuberungen – eine Dependance des sowjetischen Nachrichtendienstes KGB.

In den Jahren danach errichteten die Sowjetunion und ihre Satelliten Ausbildungslager für terroristische Aktivitäten in der Tschechoslowakei, in Bulgarien, in Ungarn und in der DDR. In diesen Lagern sind inzwischen mehr als 1500 Saboteure und Terroristen trainiert worden. Nach 1977 verschob sich das Schwergewicht in der Ausbildung von Terroristen auf Trainingscamps im Südjemen und in Algerien.

In der Sowjetunion existieren Ausbildungslager in der Region Moskau, in Baku, in Simferopol, in Taschkent und in Odessa. In Sanprobal auf der Krim liegt die »Akademie des Terrorismus«, in der die Stabsoffiziere von internationalen terroristischen Organisationen ausgebildet werden. Bis zur Besetzung des Süd-Libanon durch israelische Streitkräfte unterhielt die PLO dort auch Ausbildungslager, in denen die Stabsoffiziere, welche ihre Examen in Sanprobal gemacht hatten, als Instruktoren tätig waren.

Zwischen 1964 und 1982 konnte aus den Aussagen von zahlreichen Überläufern afrikanischer und arabischer Terror-Organisationen ein ziemlich klares Bild über das sowjetische Ausbildungssystem gewonnen werden. Die Rekruten für die »Befreiungskämpfe« kommen auf zwei Wegen: von der Straße des »orthodoxen Kommunismus« und über die »Nationalen Befreiungsbewegungen«. Die kommunistischen Kandidaten sind Mitglieder der moskautreuen Parteien und werden in der Hauptstadt des Weltkommunismus zunächst einer sechsmonatigen Ausbildung im Lenin-Institut unterzogen. Die Kandidaten der »Nationalen Befreiungsbewegungen« werden zu »akademischen« Kursen auf die »Patrice-Lumumba-Volks-Freundschaft-Universität« in Moskau geschickt. Diejenigen Kandidaten, die sich für das terroristische Handwerk zu eignen scheinen, finden sich später wieder in einem der oben genannten Ausbildungslager. Die Ausbildungsthemen umfassen Agitation und Propaganda, Schießen und Bombenanschläge, Sabotage, Straßenkampf und Tötungstechniken.

Das ganze System wird kontrolliert durch die »Internationale

Abteilung« des ZK der KPdSU. Bis 1985 war Boris Ponomarow, der seine ersten Erfahrungen noch in der Komintern gewann, Chef dieser Abteilung. Er gehörte mit 77 Jahren zur Gerontokratie, der Herrschaft der alten Männer im Kreml. Nach seiner Rückkehr aus den Vereinigten Staaten wurde der ehemalige sowjetische Botschafter in Washington, Anatoli Dobrinin, Chef der Abteilung.

Boris Ponomarow hatte auch die zweite große und bedeutende Internationale Konferenz, die sich mit Befreiungskämpfen befaßte, organisiert. Unter der Schirmherrschaft des früheren portugiesischen Präsidenten Costa Gomez trafen sich im November 1979 in Lissabon die »Nationalen Befreiungsbewegungen« von Schwarz-Afrika, Latein-Amerika, Asien und Europa zu einem »Weltkongreß für die Solidarität mit dem arabischen Volk«. Das Geld für die Konferenz wurde von Ghaddafi aufgewandt. Kassenbote war Omar el Hindi, Chef des »Kongresses des libyschen Volkes«. Die Delegation der PLO wurde geführt von Ibrahim el Sus und Omar Masalha, die im Jahre 1979 die PLO in Paris vertraten. Einige kommunistische Frontorganisationen hatten ebenfalls Delegierte entsandt, so zum Beispiel die »Internationale Studentenunion« und die »Welt-Föderation Demokratischer Frauen«. Der Kongreß beschloß unter anderem, alle »demokratischen und friedliebenden Kräfte« sollten Libyen gegen die Aggression von Ägypten unterstützten (dies war ein Zugeständnis an den Geldgeber Ghadaffi) und den Kampf gegen den »amerikanischen Imperialismus« und gegen »die zionistischen Machenschaften gegen das arabische Volk« fortsetzen.

Die Sowjetunion behandelt die PLO inzwischen nicht mehr als »Bewegung«, sondern als staatliche Einheit, deren »Regierung« im Exil lebt. Die PLO-Vertretung in Moskau, die dort vollen diplomatischen Status genießt, ist die quantitativ stärkste »Botschaft« der PLO außehalb des arabischen Raumes. Die Ausbildung, Betreuung und Beeinflussung von »Freiheitskämpfern« in Schwarz-Afrika und in Westeuropa liegt jetzt weitgehend in der Hand der PLO. Dieser »Export der Gewalt« ist für die Sowjetunion eine Waffe in ihrer expansionistischen Politik, die ohne große Risiken und mit nur geringen Kosten verbunden ist. Der

Sowjetunion ist eine unmittelbare Verbindung zu nationalistisch oder ideologisch motivierten Terrorgruppen heute kaum noch nachzuweisen.

Als Bundeskanzler Helmut Schmidt im Mai 1981 von einem Besuch Saudi-Arabiens zurückkam, bezeichnete er die PLO als eine »Partei am Friedensprozeß«. Er befürwortete die Anerkennung des Selbstbestimmungsrechtes der Palästinenser einschließlich des Rechtes, sich staatlich zu organisieren. Mit seinen arabischen Gastgebern war er sich darin einig, daß eine abweisende Haltung die PLO »stärker in Richtung Sowjetunion« drängen würde. Die Furcht vor einer solchen Entwicklung war überflüssig. Die PLO konnte auch 1981 nicht weiter auf Moskau zugeschoben werden, als sie seit Jahren ohnehin war. Sie steht Seite an Seite mit der UdSSR »im Kampf für den Frieden und gegen den amerikanischen Imperialismus«.

Das Bündnis zwischen der Sowjetunion und der PLO begann nach dem Sechs-Tage-Krieg in Israel 1967. Es wurde enger, als Anwar el-Sadat im Mai 1971 die sowjetischen Berater aus Ägypten hinauskomplimentierte und seine Verbindungen zur Sowjetunion einfrieren ließ. Einige Ägypter, die zu eng mit den Sowjets zusammengearbeitet hatten, wurden verhaftet. Der Chef des ägyptischen Nachrichtendienstes und enger Berater des Sadat-Vorgängers Nasser, Sami Sharaf, wurde zum Tode verurteilt und später von Sadat zu lebenslangem Zuchthaus begnadigt. Er war Agend des KGB. Danach wurde die PLO Moskaus verläßlichster Partner in der Nahost-Region. Inzwischen hat Syrien den gleichen Rang erhalten.

In den siebziger Jahren erhielten in zwei Ausbildungslagern der PLO im Südjemen nicht nur Palästinenser, sondern auch Deutsche, nämlich ehemalige Mitglieder der »Revolutionären Zellen« und frühere Aktivisten der »Bewegung 2. Juni«, waffentechnisches Training. Einige Ausbilder waren Offiziere der Nationalen Volksarmee der DDR. In Algerien existierten damals mindestens zwei Trainingscamps, in denen Mitglieder der baskischen ETA-militar, der nordirischen IRA, Korsen und Bretonen ausgebildet wurden. In Libyen wurden Mitglieder der PLO und der PFLP ideologisch geschult. Der IRA-Mörder von Lord Mountbatten,

Thomas McMahon, erhielt seine Fertigkeit in der Herstellung von ferngezündeten Bomben ebenfalls in einem libyschen Ausbildungslager. In den Palästinenserlagern im Libanon wurden »Freiheitskämpfer« an schweren Waffen, die aus der Sowjetunion stammten, gedrillt.

Die lateinamerikanischen Terroristen und Guerilla-Kämpfer, die argentinischen Montaneros etwa oder die Sandinistas, wurden in Kuba ausgebildet. Die letzten (erfolgreichen) Angriffsmanöver der Sandinistas in Nicaragua waren vom kubanischen Generalstab ausgearbeitet.

Der amerikanische Fernsehjournalist Herb Krosney ermittelte Teile dieses Spektrums in Interviews mit gefangenen und übergelaufenen Palästinensern. Der »Spiegel« zitierte das in seiner Ausgabe vom 17. September 1979. Die sowjetische Nachrichtenagentur TASS dementierte in einer Meldung vom 19. September 1979. Die für sowjetische Medien unübliche Eilfertigkeit des Dementis ist an sich schon eine Bestätigung. Sie kann allerdings auch darauf zurückzuführen sein, daß der frühere sowjetische Botschafter in der Bundesrepublik Deutschland, Valentin Falin, als stellvertrender Chef der damals neu gegründeten »Internationalen Informationsabteilung« (IID) des ZK der KPdSU, die sich mit der »Agitation aus dem kapitalistischen Ausland« beschäftigen sollte, besonders schnell reagierte.

Einige Terroraktionen und logistische Hilfsmaßnahmen, die vorher passierten, machen Verknüpfungen zwischen der Sowjetunion, der PLO und syrischen Interessen besonders deutlich. Abu Daoud, unmittelbar verantwortlich für die Geiselnahme der israelischen Olympia-Teilnehmer in München 1972, die in einem Massaker endete, erklärte am 24. März 1973 im jordanischen Fernsehen, daß die Vorbereitungen für diese Aktion im Hotel »Barakan« in Sofia getroffen worden seien. Die Weisung für diesen Anschlag sei von Abu Iyad gekommen, dem Sicherheitschef der PLO und engen Vertrauten von Yassir Arafat. Abu Iyad habe ebenfalls an den Vorbesprechungen im August 1972 in Sofia teilgenommen.

In der Nacht vom 4. auf den 5. September 1975 wurden vier Kombattanten der syrischen Terror-Organisation S'AIQA in Holland verhaftet, die geplant hatten, einen Zug mit jüdischen Emigranten aus der Sowjetunion zu kapern. In den Vernehmungen gestanden sie, daß der Attentatsplan von Zuhair Mohsen stamme, dem Chef der S'AIQA, der später (im Frühjahr 1979) an der Côte d'Azur ermordet wurde. Ein Mitglied der Gruppe ware 1972 in der Sowjetunion ausgebildet worden. Dieser Terrorist und ein weiteres Mitglied der Gruppe hatten ihre letzten Instruktionen in Budapest erhalten. Die beiden anderen Mitglieder hatten vorübergehend Unterstützung gefunden bei der linksextremistischen »Lotta Continua« in Mailand.

Am 29. November 1977 wurde die unter britischer Flagge fahrende »Power Stream« im Hafen von Antwerpen von den belgischen Sicherheitsbehörden sistiert. Als »Maschinen« deklariert wurden zahlreiche RPG-7-Raketen, Kalaschnikows, Anti-Tank-Raketen und Munition sowjetischen Ursprungs gefunden, die für die nordirische IRA bestimmt waren.

Am 9. Juli 1979 landete eine Maschine der »Young Cargo Airlines« – von Beirut kommend – auf dem Militärflughafen Bizerta in Tunesien, um Medikamente für Nicaragua zu laden. Tatsächlich sollten aber für die Sandinistas 47 Tonnen Waffen, die in Bizerta von der PLO bereitgestellt waren, verladen werden. Die amerikanische Crew weigerte sich, den Transport zu übernehmen.

Ende Oktober 1980 sickerte eine Kommandoeinheit der PLO nach Israel ein mit dem Auftrag, Juden zu ermorden. Die Terroristen töteten in Hebron sechs israelische Siedler, als diese nach dem Sabbat-Gottesdienst aus der Synagoge kamen. Die Mörder wurden gestellt und festgenommen. Der Führer des Kommandos, der 32jährige Palästinenser Adnan Jaber, erklärte sich später zu Aussagen gegenüber den israelischen Sicherheitsbehörden bereit. Jaber und die anderen Mitglieder des Kommandos waren im Frühjahr 1980 von Damaskus nach Skodnya geflogen worden, einer kleinen Stadt, die 30 Kilometer nordwestlich von Moskau liegt. Sie wurden in einem großen Steingebäude kaserniert und sechs Monate lang in Guerilla-Taktiken und in der Praxis des Terrorismus ausgebildet. Sie übten mit Handfeuerwaffen und Sprengstoff, sie lernten Kartenlesen und mußten kommunistische

Ideologie pauken. Ihre Ausbilder waren sowjetische Offiziere in Uniform, die nur Russisch sprachen und deren Anweisungen von sowjetischen Dolmetschern ins Arabische übersetzt werden mußten. Jabers Kurs bestand aus 21 Guerilla-Kämpfern aller palästinensischen Schattierungen: von der Al Fatah über die »Volksfront für die Befreiung Palästinas« (PFLP) bis hin zu der vom Irak abhängigen »Arabischen Befreiungsfront«.

Im Mai 1981 beschloß der Palästinensische Nationalrat, das oberste Gremium der PLO, in Damaskus, eine Eingreifgruppe gegen die »Einmischung der USA im Nahen Osten und gegen US-freundliche Verräter in der Region« aufzustellen. Dieser Beschluß war wahrscheinlich die indirekte Antwort der Sowjetunion auf eine neue Entwicklung der amerikanischen Politik im Mittleren Osten, die den Persischen Golf als unmittelbares Interessengebiet der USA bezeichnete und die der Sowjetunion vorwarf, den internationalen Terrorismus zu unterstützen.

Während des Prozesses gegen die Entführer des amerikanischen NATO-Generals James Lee Dozier in Verona im März/April 1982 kamen Verbindungen italienischer Terroristen mit Ostblockstaaten ans Tageslicht. Anführer der Dozier-Kidnapper war der Rotbrigadist Antonio Savasta, dem insgesamt 17 Morde zur Last gelegt werden. Savasta sagte aus, der bulgarische Geheimdienst habe schon seit längerer Zeit mit den »Roten Brigaden« in Verbindung gestanden. Er habe angeboten, Waffen an die Rotbrigadisten zu liefern. Dafür habe er Geld verlangt und antiisraelische Aktionen.

In den Papieren des Rotbrigadisten Mario Moretti, der maßgebend an der Entführung und anschließenden Ermordung des italienischen Ministerpräsidenten Aldo Moro beteiligt war, fand die Polizei ein halbes Dutzend Einreisegenehmigungen für die ČSSR. Vor Moretti war Universitätsprofessor Toni Negri als mutmaßlicher Terrorist verhaftet worden. Er war sechsmal in der Tschechoslowakei gewesen. Der italienische Verlagschef und Multimilionär Gian Giacomo Feltrinelli, der sich als Terrorist betätigt hatte und bei der Detonation einer selbstgebauten Bombe ums Leben kam, hatte 22mal die Tschechoslowakei besucht.

Zu den Kontakten mit dem Ostblock sagte der Ex-Rotbrigadist

Patrizio Pecci: »Während der ganzen siebziger Jahre wurden italienische Rotbrigadisten in der Tschechoslowakei ausgebildet. Pistolen, Maschinengewehre und Handgranaten kamen von der ČSSR über Österreich und Ungarn nach Italien.« Das Ausbildungslager für die Terroristen habe sich in der Nähe von Karlsbad befunden.

Zu den »Emissären des Terrors« gehörte auch der inzwischen schon zur Legende gewordene »Carlos« Iljitsch Ramirez Sanchez. Auch er hat an der Patrice-Lumumba-Universität in Moskau studiert. Seine Relegierung von der Hochschule war offensichtlich nur der vordergründige Versuch, seine sowjetischen Verbindungen bei künftigen Aktionen zu verschleiern. In Wirklichkeit arbeitete er weiter mit sowjetisch gesteuerten Führungsoffizieren, nämlich Kubanern, zusammen. Als er 1975 in Paris seinen Freund Moukarbal und zwei französische Polizeibeamte ermordete, erklärte die französische Regierung drei kubanische Diplomaten, die mit »Carlos« in Verbindung gestanden hatten, zur persona non grata und verwies sie des Landes.

In das Bild einer indirekten Verwicklung sowjetischer Stellen in terroristische Aktionen gehört auch der Anschlag gegen den Papst am 13. Mai 1981. Der Attentäter Ali Agca hat ausgesagt, er habe im Auftrag des bulgarischen Geheimdienstes und mit Unterstützung der türkischen Mafia gehandelt. Seine Angaben über seine Verbindungen zu den vor dem römischen Schwurgericht angeklagten Bulgaren sind zum Teil von anderen Zeugen bestätigt worden. Seine detaillierten Beschreibungen über Lebensgewohnheiten, Büros und Wohnungen einzelner Angeklagter sind nur daraus zu erklären, daß sich Ali Agca tatsächlich – wie von ihm behauptet – mehrfach in den betreffenden Räumlichkeiten aufgehalten hat. Gleichwohl reichten die Beweismittel nicht aus, das Gericht mit einer jeden Zweifel ausschließenden Wahrscheinlichkeit zu der Überzeugung zu führen, daß die bulgarischen Staatsbürger (darunter der ehemalige Militärattaché in Rom) in das Mordkomplott verwickelt waren. Die bulgarischen Angeklagten wurden mangels Beweises freigesprochen. Die Verdachtsmomente sind durch den Freispruch nicht ausgeräumt.

Bestätigt ist demgegenüber die Unterstützung, die die Sowjetunion der PLO für ihre terroristischen Gewaltakte leistet. Am 11. September 1979 erklärte der Vertreter der PLO bei den Vereinten Nationen in New York, Zehdi Labib Terzi, dem amerikanischen Fernsehen PBS, die »Sowjetunion und alle sozialistischen Länder« gäben der PLO ihre volle Unterstützung. Sie öffneten ihre Militärakademien dem Training der palästinensischen »Freiheitskämpfer«. Sprengstoff, Maschinengewehre, Munition und RPG-Raketen erhalte die PLO – ohne den Umweg über Drittstaaten – direkt von der Sowjetunion.

Der Repräsentant der PLO in Moskau, »Botschafter« Muhammed ash-Shader, bestätigte dieses Programm im Februar 1981: »Hunderte von palästinensischen Offizieren . . . sind bei sowjetischen Militärakademien akkreditiert, und Mitglieder der PLO gebrauchen Waffen, die in der Sowjetunion und in osteuropäischen Staaten hergestellt worden sind.«

Die Sowjetunion wird diese Lage weiter ausnutzen können, die zur Destabilisierung des kapitalistischen Westens beitragen soll. Sie ist nicht unmittelbar in die Aktionen der einzelnen Terrorgruppen verwickelt. Sie kann den »bewaffneten Kampf« den »Befreiungsbewegungen« überlassen, mit denen sie verbündet ist, und den Staaten, die den Terrorismus als Methode zum Ersatz kriegerischer Auseinandersetzungen benutzen.

VII. Die »westeuropäische Guerilla«

1. Die Neu-Ordnung der RAF

Nach der Entführung von Hanns Martin Schleyer hatte die Bundesregierung der Forderung der Terroristen, die RAF-Gefangenen freizulassen, nicht nachgegeben. Die Geiseln in der Lufthansa-Maschine »Landshut« waren durch die GSG 9 befreit worden. Die führenden Mitglieder der RAF hatten im Gefängnis Stuttgart-Stammheim Selbstmord begangen. Hanns Martin Schleyer war ermordet worden.

Nach dieser Entwicklung, die auch vom Umfeld der RAF als Niederlage empfunden wurde, brauchte die Organisation fast zwei Jahre, um sich erneut zu formieren. Den Operationen der folgenden Jahre blieb zunächst der Erfolg versagt.

Am 25. Juni 1979 versuchten Mitglieder der RAF, den damaligen NATO-Oberbefehlshaber in Europa, Alexander Haig, auf seinem Weg in das NATO-Hauptquartier bei Brüssel in die Luft zu sprengen. Der General entkam dem Attentat.

Am 31. August 1981 verübten Mitglieder der RAF einen Bombenanschlag auf das Luftwaffen-Hauptquartier der NATO in Ramstein (Pfalz). Achtzehn amerikanische Soldaten und zwei deutsche Zivilisten wurden verletzt.

Am 15. September 1981 schossen Mitglieder der RAF zwei RPG-7-Raketen ab auf den Pkw von Frederik J. Kroesen, Kommandierender General der US-Armee in Europa. Der Anschlag mißglückte.

Der Bombenanschlag in Ramstein zeigte schon die Diskrepanz zwischen Anspruch und Wirklichkeit, zwischen Zielsetzung und Durchführung: Das Luftwaffen-Hauptquartier der NATO, »Eckpfeiler des US-Imperialismus«, sollte aus den Angeln gehoben werden; zerstört wurde aber nur ein Pkw; verhältnismäßig geringer Sachschaden entstand; 20 Personen wurden verletzt.

Ähnliches gilt für das Attentat auf General Kroesen. Die Perfektion der Vorbereitung und das offensichtlich sorgsame Training der Attentäter sind sicherlich bemerkenswert. Experten betonen, daß auch ein guter Schütze vier Wochen Ausbildung brauche, um einen Pkw auf 120 Meter Entfernung mit einer RPG-7-Rakete zu treffen. Die Ausbildung hat wahrscheinlich im Nahen Osten stattgefunden. Trotz dieser Vorbereitung schlug der Anschlag fehl. Auch im Terrorismus zählt aber letztlich nur der Erfolg.

Diese fehlgeschlagenen Operationen waren begleitet worden durch propagandistische Kampagnen des RAF-Umfeldes. Die Gruppierungen dieses Umfeldes waren in den siebziger Jahren noch unter den Namen »Komitees gegen Folter« oder als »Antifa-Gruppen« aufgetreten. Nach der Ermordung Schleyers waren derartige Bezeichnungen weggefallen oder durch die Benennung als »Anti-Imperialisten«, kurz »Anti-Impis«, ersetzt worden. Diese Kleingruppen besetzten zum Beispiel Amerikahäuser und Kirchen oder publizierten »Materialien zum Hungerstreik politischer Gefangener«, die nachweisen sollten, daß der Staat die physische und psychische Vernichtung der Gefangenen betreibe.

In einer »anti-imperialistischen Aktionswoche« in Hamburg vom 4. bis zum 11. Juni 1980 verbreiteten die RAF-Anhänger eine Schrift mit der Aufforderung, die »politisch-militärische Aktion« gegen das Herz des Staates, nämlich die »Schaltzentralen und Köpfe des imperialistischen Machtapparates« zu richten.

Die Kommando-Ebene der RAF hatte damals die »Offensive 80« angeordnet. Ihr folgend beteiligten sich Mitglieder des RAF-Umfeldes an gewalttätigen Demonstrationen gegen die öffentliche Vereidigung von Bundeswehrrekruten und an der Kampagne gegen die Herbstmanöver der NATO. Die Propaganda-Aktionen gipfelten immer wieder in Aufrufen der RAF an die militante Linke, sich dem bewaffneten Kampf anzuschließen. Diese Bemühungen hatten jedoch keinen Erfolg.

Danach gingen die Anhänger der RAF – dem Beispiel der RZ folgend – ebenfalls zu einer Art »Anknüpfungsstrategie« über. Sie versuchten, auf die Demonstrationen gegen den Bau der Startbahn West in Frankfurt/Main Einfluß zu nehmen. An den Vorbereitungen zu den Gewaltdemonstrationen anläßlich des Besuchs von US-Vizepräsident Bush am 25. Juni 1982 in Krefeld waren Angehörige des RAF-Umfeldes beteiligt. Die RAF fand aber mit diesen Aktionen nicht die erhoffte Resonanz. Die angesprochenen Gruppen der militanten Linken wollten sich nicht an der Anti-Imperialismus-Theorie der RAF orientieren und lehnten deren dogmatische Festlegung ab.

Für die Kommando-Ebene waren inzwischen offensichtlich auch die für den »bewaffneten Kampf« notwendigen Geldmittel zusammengeschrumpft. Am 15. September 1982 verübten Christian Klar, Adelheid, Schulz, Inge Viett und Brigitte Mohnhaupt einen Überfall auf eine Bank in Bochum, bei der sie 126 000 DM erbeuteten. Klar fuhr das Tatfahrzeug; seine Fingerabdrücke wurden später im Wagen gefunden. Die drei Frauen führten den Überfall durch; sie waren mit Perücken und Gesichtsmasken verkleidet.

Am 11. November 1982 konnten Brigitte Mohnhaupt und Adelheid Schulz in einem Waldstück in der Nähe von Frankfurt festgenommen werden. Sie hatten sich einem Waffenversteck der RAF genähert, das seit Tagen unter der Beobachtung einer Spezialeinheit der GSG 9 stand. In dem Versteck fand die Polizei 18 Handfeuerwaffen und Maschinenpistolen, Handgranaten und Dynamit. Zwei der Pistolen wurden später als diejenigen identifiziert, mit denen der Bankier Jürgen Ponto und der Arbeitgeberpräsident Hanns Martin Schleyer ermordet worden waren. In dem Versteck fanden sich weiter 353 gefälschte Pässe, zum Teil schon versehen mit den Fotos von langgesuchten RAF-Terroristen, Identifizierungsausweise zum Betreten von US-Einrichtungen, Führerscheine und Kfz-Papiere, Aufzeichnungen über die Gefängnisse, in denen politische Gefangene der RAF einsaßen, »Todeslisten« von deutschen Politikern und Beamten der Sicherheitsbehörden sowie eine Zielliste für künftige Sprengstoffanschläge. Diese Liste enthielt im wesentlichen israelische und amerikanische Objekte in der Bundesrepublik. Außerdem lagen in dem Versteck noch 54 000 DM, die aus dem Bochumer Bankraum vom 15. September stammten.

Brigitte Mohnhaupt hatte sich nach dem Selbstmord von Baader, Ensslin und Raspe zur führenden Persönlichkeit in der RAF entwickelt. Sie war eines der wenigen Mitglieder der RAF, das alle Verstecke, konspirativen Wohnungen und Unterstützer kannte und über die internationalen Ansprechpartner im Bereich des Terrorismus orientiert war. Sie war schon einmal 1978 aufgrund eines Fahndungsersuchens des Bundeskriminalamtes in Zagreb/Jugoslawien mit drei anderen weiblichen Mitgliedern der RAF verhaftet worden. Aufgrund des Drucks der PFLP, mit der die RAF Verbindungen unterhielt, ließen die jugoslawischen Behörden die vier Terroristinnen nach Aden im Südjemen ausfliegen.

Am 16. November 1982 gelang es der Polizei, in einem Waldgelände im Osten von Hamburg Christian Klar festzunehmen. Beamte des Bundeskriminalamtes hatten Skizzen, die in dem Versteck bei Frankfurt gefunden waren, ausgewertet und daraus Hinweise auf ein weiteres Versteck bei Hamburg gezogen. Als Klar sich diesem Versteck näherte, wurde er überwältigt. Er trug eine Pistole und war mit falschen Ausweispapieren ausgerüstet. In dem Versteck fanden sich zwei Revolver, eine Maschinenpistole, ein Gewehr, eine große Menge Munition, 90 gefälschte Pässe und Personalausweise sowie 11 000 DM.

Im gleichen Zeitraum hatten Polizeieinheiten in Bayern, Baden-Württemberg, Hessen und Niedersachsen weitere Waffendepots entdeckt. In Bayern fand die Polizei drei Revolver, ein Gewehr, eine große Menge Munition sowie deutsche und ausländische Pässe. In Baden-Württemberg wurden Munition sowie gefälschte Führerscheine und Kfz-Papiere gefunden.

Diese Rückschläge versuchte die RAF durch weitere Aktionen zur Beschaffung von Geldmitteln und Waffen aufzufangen. Am 26. März 1984 verübten vier Mitglieder einen Raubüberfall auf eine Bank in Würzburg und erbeuteten 171 000 DM. Am 5. November 1984 überfielen zwei RAF-Terroristen den Inhaber eines Waffengeschäftes in Maxdorf in der Nähe von Ludwigshafen, knebelten und fesselten ihn und entkamen mit 21 Handfeuerwaffen, drei Gewehren und 3000 Schuß Munition.

Nach den Fehlschlägen der Jahre 1979 und 1981 waren weitere bewaffnete Aktionen in der Planungsphase steckengeblieben. Im

November 1984 konnte die Polizei einen Kurier der RAF festnehmen. Bei ihm fand sich eine Ausarbeitung, die auf die Ermordung des Richters Klaus Knospe zielte, der die Verhandlung gegen Christian Klar, Brigitte Mohnhaupt und Adelheid Schulz in Stuttgart-Stammheim führen sollte.

2. Die »Offensive 84/85«

Dieser Mordplan zeigte endgültig, daß die RAF die Methode ihrer Operationen geändert hatte. Nach der fehlgeschlagenen Entführung von Jürgen Ponto, die mit der Ermordung des Bankiers endete, und nach dem Mord an Hanns Martin Schleyer hat die RAF keine erpresserische Geiselnahme mehr durchgeführt. Repräsentanten der »Repression«, wie der Ermittlungsrichter beim Bundesgerichtshof, Wolfgang Buddenberg, und Generalbundesanwalt Siegfried Buback, waren schon vorher Zielobjekte von Mordaktionen gewesen. Sie galten als »Hinrichtungen«, die der Verunsicherung des kapitalistischen Machtapparates dienen sollten. Das strategische Zwischenziel, die Gefangenen zu befreien, konnte aber nur durch Erpressungsversuche gegenüber dem Staat mit Hilfe von hochrangigen Geiseln aus dem »Militärisch-Industriellen Komplex« erreicht werden. Nach dem Fehlschlag der Operation »Big Raushole«, das heißt der Entführung von Hanns Martin Schleyer, ist dieses Konzept offensichtlich aufgegeben, möglicherweise nur verschoben worden.

Es ist nicht ausgeschlossen, daß die RAF dieses Konzept wieder aufnehmen könnte mit der Entführung von bedeutenden Repräsentanten ausländischer Regierungen, die in der Bundesrepublik vertreten sind. Mit einem Nachgeben der Bundesregierung bei Entführungsaktionen gegen deutsche Politiker oder Geschäftsführer können die Terroristen nicht mehr rechnen. Ein Erpressungsversuch durch Kidnapping eines hochgestellten Ausländers könnte größere Erfolgsaussichten haben. Diese Möglichkeit war im Jahre 1976 schon einmal bei Gesprächen zwischen Vertretern der »Bewegung 2. Juni« und der RAF erörtert worden. Das RAF-Mitglied Volker Speitel, das Anfang Oktober 1977 im Skandina-

vien-Express in Puttgarten verhaftet wurde, hat ausgesagt, daß
von seiten der »Bewegung 2. Juni« damals »in die Debatte geworfen« worden sei, man würde es »unheimlich stark« finden, »wenn
man einen hohen sowjetischen Typ schnappen könnte«. Der
Druck, der durch eine solche Aktion auf die Bundesregierung
entstehen würde, sei so groß, daß man alle Gefangenen damit
rausbekommen könne. Als dieser Vorschlag Andreas Baader,
Gudrun Ensslin und Jan Carl Raspe im Gefängnis von Stuttgart-
Stammheim vermittelt wurde, seien – so Volker Speitel – die
Gefangenen »fast ausgeflippt«. Sie hätten erklärt, daß die Sowjetunion »trotz Entartungserscheinungen nie Gegner sein könne,
sondern daß sie durch ihre historische Linie und ihre Unterstützung der Befreiungsbewegungen in der Dritten Welt eher Verbün-
deter sei«. Heute könnte sich diese Auffassung – nicht zuletzt
wegen der unterschiedlichen Führungsstruktur der RAF – geändert haben.

Bis jetzt allerdings konzentriert sich die RAF nach wie vor auf
die »Bestrafung« von Vertretern des »Militärisch-Industriellen
Komplexes«, das heißt auf Mord. Die Befreiung der Gefangenen
steht nicht mehr im Vordergrund. Ziel der »Offensive 84/85« war
in der Bundesrepublik nur noch die Zusammenlegung der Gefangenen zu »interkommunikationsfähigen Gruppen«. Ziel für
Europa war der »Aufbau einer anti-imperialistischen Front« mit
anderen europäischen Terroreinheiten.

Nach dem Scheitern des Versuchs, im Jahre 1981 erneut eine
»revolutionäre Situation« zu schaffen, das heißt nach dem fehlgeschlagenen Anschlag auf das NATO-Luftwaffen-Hauptquartier in
Ramstein/Pfalz und nach dem versuchten Attentat auf General
Kroesen, war die RAF zunächst auf logistische Operationen
umgestiegen. Im Jahre 1982 versuchte sie erstmals, die Notwendigkeit, den »bewaffneten Kampf« auf einer breiteren Basis wieder aufzunehmen, ideologisch zu begründen. Im Mai 1982 tauchte
nach langer Pause eine neue strategische Schrift der RAF auf mit
dem Titel: »Guerilla, Widerstand und anti-imperialistische
Front«. In dieser Schrift erklärte die RAF, es sei möglich und
notwendig, einen neuen Abschnitt in der revolutionären Strategie
zu entfalten. Guerilla, Militante und politische Kämpfer sollten

als »integrale Komponenten« zusammenkommen. Guerilla sei der bewaffnete Kampf aus der Illegalität. Die Militanten hätten ihre Anschläge vorwiegend aus der Legalität zu führen. Die politischen Kämpfer sollten Widerstand praktizieren. Das gemeinsame Ziel sei der Aufbau einer anti-imperialistischen Front. In dieser Organisation sei die Trennung zwischen den verschiedenen Linien aufgehoben.

Diese Aufruf fand wegen seiner wenig anschaulichen und komplizierten Sprache bei den Gruppen der Neuen Linken, den Anarchisten und den Autonomen keine Zustimmung, sondern zumeist Kritik und Ablehnung. Die RAF schien sich erneut als elitäre Truppe zu erweisen, die ihre Forderungen, den revolutionären Prozeß voranzutreiben, nicht zur Diskussion stellte.

Innerhalb der RAF allerdings entwickelte sich aus diesem Paper eine neue Strategie, die auch die Organisationsstruktur selbst berührte. Bei der Festnahme von sechs Kernmitgliedern der RAF im Juli 1984 in Frankfurt und Karlsruhe zeigte sich, wie weit die entsprechenden Überlegungen schon gediehen waren. Die Beamten des Bundeskriminalamtes fanden in den konspirativen Wohnungen der Terroristen neben zahlreichen anderen Unterlagen ein »Planungs- und Diskussionspapier«. Der Inhalt dieses Papiers war offensichtlich schon mit den inhaftierten RAF-Mitgliedern besprochen worden und hatte aus den Gefängnissen Korrekturen erfahren. Es enthielt eine Analyse der damaligen politischen Lage in der Bundesrepublik, die auch von linken Sympathisanten wohl als realitätsfremd betrachtet worden wäre. Auf der anderen Seite enthielt es Pläne, die genau durchkalkuliert zu sein schienen und die in drei Stufen verwirklicht werden sollten.

Im Herbst 1984 sollten Sprengstoffattentate gegen Schlüsseleinrichtungen des »NATO-Militärapparates« (US-Armee und Bundeswehr) durchgeführt werden. Einzelne Objekte waren als Angriffsziele gekennzeichnet. Die Ergebnisse der Aufklärung (zum Beispiel die NATO-Pipelines im süddeutschen Raum) waren beigefügt. Sie stammten offensichtlich aus dem RAF-Umfeld.

Gleichzeitig sollten die inhaftierten RAF-Mitglieder einen Hungerstreik starten mit der Forderung, in den Haftanstalten zusammengelegt zu werden.

In der dritten Stufe sollten »Repräsentanten der Repression« getötet werden.

Mit einer Zeitverschiebung von sechs Wochen versuchte die RAF dann tatsächlich ihren Drei-Phasen-Plan zu verwirklichen. »Planungstreue« ist eine Eigenschaft, die von der RAF bisher immer wieder angestrebt und durchgeführt wurde. Am 4. Dezember 1984 begannen die Gefangenen ihren Hungerstreik. Dieser Kampagne waren zwischen 1973 und 1981 insgesamt acht andere kollektive Hungerstreikaktionen vorausgegangen. Am 18. Dezember versuchte ein RAF-Kommando einen Bombenanschlag auf die NATO-Schule in Oberammergau. Wenn die Aktion für die RAF zum Erfolg geworden wäre, hätten rund 30 Menschen sterben müssen. Die Operation schlug fehl, weil der Zünder der Bombe wegen der damals herrschenden Kälte nicht detonierte. Am 15. Januar 1985 veröffentlichten die französische »Action Directe« (AD) und die deutsche RAF ein gemeinsames Kommunique »Für die Einheit der Revolutionäre in Westeuropa«, in dem sie die Gründung einer »Einheitsfront zur Bekämpfung des NATO-Imperialismus« ankündigten. Am 25. Januar 1985 ermordeten Terroristen der AD den französischen General René Audran vor seiner Wohnung in Paris. Ein »Kommando Elisabeth van Dyck« erklärte sich für die Tat verantwortlich. Elisabeth van Dyck war eine Aktivistin der RAF, die 1979 in Nürnberg tödlich verletzt wurde, als sie sich ihrer Festnahme zu entziehen versuchte. Am 1. Februar erschossen zwei Terroristen der RAF den deutschen Rüstungsmanager Dr. Ernst Zimmermann in seinem Haus in der Nähe von München. Diese Aktion firmierte unter dem Namen »Kommando Patsy O'Hara«, der Name eines Mitgliedes der IRA, das bei einem Hungerstreik im Jahre 1981 den Tod gefunden hatte.

Der Hungerstreik der inhaftierten Mitglieder der RAF und die Operationen der »Kommando-Ebene« wurden begleitet durch Anschläge und Anschlagsversuche aus dem legalen Umfeld der RAF. Während der Gesamtzeit des Hungerstreiks ereigneten sich 15 Sprengstoff- und 23 Brandanschläge. Die Hälfte davon richtete sich gegen militärische Objekte.

Bei einem Anschlagsversuch gegen die »Rechenzentrum-Bau-

GmbH« in Stuttgart-Vaihingen kam es für die Terroristen zu einer Panne. Johannes Thimme und Claudia Margarete Wannersdorfer, beide zum RAF-Umfeld gehörend, transportierten einen Sprengsatz in einem Kinderwagen zum Tatort. Die Bombe explodierte vorzeitig. Johannes Thimme wurde getötet, Claudia Margarete Wannersdorfer wurde schwer verletzt. Thimme war bereits von 1978 bis 1980 als Mitglied der RAF und 1981/82 wegen Werbens für eine terroristische Vereinigung inhaftiert gewesen.

Nach dem Mord an Dr. Ernst Zimmermann brachen die Gefangenen den Hungerstreik ab. Die RAF veröffentlichte eine »Erklärung zum Abbruch des Hungerstreiks«, die zeigt, daß sich die Terror-Organisation ihrem entscheidenden Ziel – nämlich der Errichtung einer anti-imperialistischen Front in der Bundesrepublik und in Westeuropa – ein erhebliches Stück nähergekommen zu sein glaubte. Die RAF stellte zunächst realistisch fest, daß die anti-imperialistische Front noch nicht das politische, praktische und organisatorische Niveau entfaltet habe, das notwendig sei, »dem offenen Vernichtungsinteresse des Staates die Grenze zu setzen«. Sie hielt aber den »Sprung zur Einheit der westeuropäischen Guerilla und die Realisierung einer neuen Qualität von Angriffsstrukturen« tatsächlich jetzt für möglich.

Sie führte das zurück auf die Konzentrierung auf Aktionen, die dem Gesamtkonzept folgten, und auf die Vermeidung von bloßen Sympathie- und Störaktionen. Diese Vorstellungen hatten sich bereits in Ansätzen in einem »Zellenpapier« gefunden, das im Oktober 1982 an mehrere Häftlinge gerichtet war. Schon damals wurden im Hinblick auf einen etwaigen neuen Hungerstreik »demonstrative« und zugleich appellierende Aktionen« als falsch bezeichnet. In dem Zellen-Zirkular hieß es weiter: »wenn, dann hit-and-run-aktionen, daß sie klar als aktionen der militanten szene zu erkennen sein müssen. und daß sie in ziel und mittel als aktion auf diesem terrain auf die metropolenstrategie bezogen sein müssen.«

Trotz dieser Appelle um Beschränkung und Begrenzung erfolgten am 8. April 1985 (Ostermontag) weitere Anschläge und Anschlagsversuche aus dem RAF-Umfeld.

Eine »illegale militante kämpfende Einheit Johannes Thimme«

zündete einen Sprengsatz bei der »Internationalen Schiffahrts-Studiengesellschaft (ISS)« in Hamburg-Wandsbek. Ein weiterer Sprengsatz in einem im Nachbarhaus gelegenen Büro der ISS konnte rechtzeitig entschärft werden.

Eine »Kämpfende Einheit Ulrike Meinhof« beschädigte mit einem Sprengstoffanschlag die NATO-Pipeline bei Ippingen im Kreis Aalen.

Drei Mitglieder der RAF versuchten, sich in Uniformen der Bundeswehr Zugang zu einem Munitionsdepot in Neukirchen bei Traunstein zu verschaffen. Sie scheiterten an der Aufmerksamkeit des Wachpostens, konnten aber entfliehen.

Am 8. August 1985 verübte die RAF einen schweren Bombenanschlag auf den amerikanischen Luftwaffen-Stützpunkt am Rhein-Main-Flughafen in Frankfurt. Sie brachte eine Autobombe zur Entzündung, tötete zwei Amerikaner und verletzte elf Passanten. Am 7. August hatten zwei Mitglieder der RAF den amerikanischen Soldaten Edward Pimental mit einem Genickschuß ermordet, um seine Identifizierungskarte zu rauben. Mit ihr erschlich sich die RAF den Zugang zu der abgesperrten Air-Force-Base. In dem späteren »Bekennerbrief« sagte die RAF, es habe sich um eine gemeinsame Aktion mit der AD gehandelt. Das Selbstbezichtigungsschreiben war mit »Kommando George Jackson« unterzeichnet. Jackson war Mitglied der amerikanischen Black-Panther-Bewegung und wurde bei eine Gefängnisrevolte getötet. Neben dem Hungerstreik und dem »bewaffneten Kampf«, das heißt den Bombenanschlägen und den Morden, gehören zur »Offensive 84/85« auch öffentliche Solidarisierungsaktionen, die in das Gesamtkonzept der RAF passen.

Während des Hungerstreiks veranstalteten Unterstützerkreise, Angehörige und Rechtsanwälte der Gefangenen rund 60 Diskussionsabende und Solidaritätszusammenkünfte, an denen sich jeweils etwa 200 Personen beteiligten. Eine Veranstaltung in Frankfurt am 11. Januar 1985 hatte 650 Besucher.

Etwa 15 Demonstrationen wurden durchgeführt. In Hamburg beteiligten sich 1000 Personen, in Berlin 1500 und in Göttingen 500. Für eine Demonstration in Karlsruhe am 26. Januar 1988 war etwa zwei Wochen lang bundesweit geworben worden. Sie hatte danach 1750 Teilnehmer, von denen mehrere hundert vermummt waren.

Durch Programme illegaler Radiosender fand die RAF im linken Umfeld vorübergehend eine nicht unerhebliche Publizität.

Am 10. Januar 1985 besetzten Angehörige inhaftierter RAF-Mitglieder und Personen aus dem terroristischen Umfeld das Informationsbüro des Europäischen Parlaments in Bonn.

Noch nach den Morden an General Audran und Dr. Zimmermann besetzten Sympathisanten der RAF die Landesgeschäftsstelle der hessischen Grünen in Frankfurt. Die Grünen duldeten die Aktion. Die Besetzer räumten die Büros erst am 7. Februar 1985.

Auf Erklärungen der RAF selbst folgten weitere Solidarisierungsaktionen, die aber mit der RAF nicht koordiniert waren. Großen Einfluß für derartige Folge-Demonstrationen hatten die »Erläuterungen der RAF zum Hungerstreik«, die von der vor dem Oberlandesgericht in Frankfurt angeklagten Terroristin Gisela Dutzi in der Hauptverhandlung am 6. Dezember 1984 verlesen worden waren.

Am 24. Januar 1985 verfaßte der AStA der Universität Bremen eine »Erklärung zum Hungerstreik der RAF-Gefangenen«. Der Rektor und der akademische Senat protestierten. Der AStA nahm zu den Protesten am 31. Januar Stellung und unterstrich sein Engagement für die RAF-Gefangenen. Erklärung und Erläuterung wurden in der vom AStA herausgegebenen Zeitung »Treibsand« publiziert.

Auch im Ausland kam es zu Solidarisierungen. Am 3. und 4. Januar 1985 blockierten Jugendliche die Botschaft der Bundesrepublik Deutschland in Den Haag. Andere drangen in das deutsche Generalkonsulat in Amsterdam ein und besprühten die Wände mit Farbe. Ein Intercity-Zug Amsterdam – München wurde kurz nach der Ausfahrt aus dem Hauptbahnhof Amsterdam durch Notbremsung zum Stehen gebracht und dann von 30 Personen mit RAF-Parolen beschmiert.

Am 8. Januar 1985 fand in Paris eine Solidaritätsveranstaltung statt, an der sich 40 Personen beteiligten.

Am 15. Januar 1985 wurde in Brüssel ein Sprengstoffanschlag

gegen ein Kommunikationszentrum der NATO, in Barcelona gegen eine Niederlassung von Daimler-Benz verübt.

Am 24. Januar 1985 besetzten Sympathisanten der RAF in Genf die Räume des Internationalen Komitees vom Roten Kreuz.

Eine Zäsur hätten die Morde an General Audran und Dr. Zimmermann bringen müssen. Trotzdem veröffentlichte noch am 4. Februar 1985 eine Gruppe von rund 150 europäischen linken Organisationen und Persönlichkeiten in der alternativen »taz« eine Anzeige, in der sie die Bundesregierung drängten, die Forderung der RAF nach Zusammenlegung der Gefangenen zu erfüllen. Am zahlreichsten unter den Organisationen und Personen, die diese Erklärung gegen die sogenannte »Isolationsfolter« unterzeichnet hatten, sind Namen aus der Schweiz.

3. Die neue Organisation

Die RAF hatte ihr Organisations-System schon in der Planungsphase der »Offensive 84/85« geändert. Im Zentrum der Gruppe sitzen nach wie vor die »Gefangenen der RAF und des antiimperialistischen Widerstandes«. Die RAF rechnete 1985 dazu 32 Gefangene. Früher steuerten diese den bewaffneten Kampf der RAF. Aus den Strafanstalten kamen sogar Einzelanweisungen für bewaffnete Aktionen. Dieser Vorrang der inhaftierten Mitglieder löste sich aber schon im Frühjahr 1984 auf. Das im Juli 1984 in der Bergerstraße in Frankfurt gefundene »Planungs- und Diskussionspapier« zeigte, daß die für Herbst des gleichen Jahres geplante »Offensive 84/85« von den Mitgliedern der Kommando-Ebene entworfen worden war und von den Gefangenen nur noch marginale Korrekturen erfahren hatte. Die Entscheidungen für die späteren Aktionen selbst als auch die Rechtfertigungserklärungen dazu sind ausschließlich von der Kommando-Ebene getroffen bzw. formuliert worden. In den meisten Fällen geschah das allerdings nach Rückkopplung mit den Gefangenen. Fast alle Aktionen der »Illegalen Militanten« sind durchgeführt worden, ohne die politischen Gefangenen vorher davon zu unterrichten.

Der zweite Kreis der RAF, der den politischen Gefangenen

vorgelagert ist, ist die Kommando-Ebene. Sie besteht zur Zeit aus nur 15 Mitgliedern. Die Kommandos operieren aus dem Untergrund. Die Mitkämpfer leben illegal mit falschen Namen und mit falschen Identitätspapieren.

Diesem Kreis vorgelagert ist ein engeres Umfeld von rund 200 Personen. Diese Mitglieder der RAF unterstützen die Kommandos logistisch und führten in Einzelfällen auch selbst bewaffnete Aktionen durch. Diese Aktionen – wie zum Beispiel die Sprengstoffanschläge gegen Einrichtungen der NATO und des Bundesgrenzschutzes – richten sich nur gegen Objekte und nicht gegen Personen. Die für diese Art des bewaffneten Kampfes zuständigen Mitglieder des engeren Umfeldes bezeichnen sich selbst als »Illegale Militante«. Hierzu können rund 30 Personen aus dem engeren Umfeld der insgesamt 200 Mitglieder gerechnet werden.

Der letzte Kreis der RAF kann als weiteres Umfeld oder als »legaler Arm« der RAF bezeichnet werden. Er umfaßt rund 400 Unterstützer und Sympathisanten.

Seit dem Selbstmord von Andreas Baader, Gudrun Ensslin und Jan Carl Raspe sowie nach der Verhaftung von Brigitte Mohnhaupt und Christian Klar haben sich in der Kommando-Ebene keine gleichartigen Führungspersönlichkeiten mehr herausgebildet. Die Kommando-Ebene handelt heute noch mehr als vorher im Kollektiv. Planungen werden in langwierigen Diskussionen entwickelt. Entscheidungen für Operationen werden gemeinsam gefunden. Diese Handlungsprozeduren sind mitursächlich für die langfristige Entwicklung der RAF-Operationen. Nach Erkenntnissen des Bundeskriminalamtes haben die Vorbereitungen für die Ermordung von Prof. Beckurts rund sechs Monate gedauert.

Im heutigen RAF-Kader haben zwei Personen einen verhältnismäßig größeren Einfluß in der Entwicklung und Durchführung des strategischen Konzeptes der RAF als ihre Mitkämpfer. Dies beruht weniger auf ihrer Führungsqualität, sondern eher auf der längeren Erfahrung im bewaffneten Kampf. Es handelt sich um Inge Viett und Henning Beer.

Inge Viett wurde am 12. Januar 1944 in Stemwarde geboren. Von 1950 bis 1959 besuchte sie die Volksschule. Danach fing sie eine Ausbildung in der Hauswirtschaft an. Im Jahre 1960 begann sie eine Ausbildung als Kinderpflegerin. Von 1961 bis 1962 absolvierte sie ein Berufspraktikum in diesem Bereich. Von 1962 bis 1965 besuchte sie eine private Fachschule für Gymnastik und künstlerischen Tanz. Gleichzeitig begann sie eine Ausbildung als Sportlehrerin. Von 1965 bis 1966 besuchte sie die Berufsfachschule für Gymnastiklehrer. Sie hat keinen Abschluß. Im Jahre 1966 arbeitete sie in einem Tanzkabarett in Hamburg. Danach war sie in einer Druckerei in Wiesbaden tätig. 1968 arbeitete sie in einer Bar in Düsseldorf und in einem Schlankheitsinstitut in Essen. Im Jahre 1969 war sie bei der Mosaik Film GmbH in Berlin tätig. Von 1969 bis 1970 arbeitete sie bei den Geyer-Werken in Berlin, danach bei einer Synchronisationsfirma, ebenfalls in Berlin. Im Jahre 1970 war sie Kraftfahrerin bei der Noris-Zahn-AG in Berlin. Im Jahre 1971 arbeitete sie erneut in einer Druckerei, und zwar in Berlin.

In dieser Zeit schloß sie sich den »Schwarzen Zellen«, einem Vorläufer der »Bewegung 2. Juni«, an. Mit der »Bewegung 2. Juni« beteiligte sie sich an einem Sprengstoffanschlag auf den britischen Yachtclub in Berlin, an der Ermordung des Kammergerichtspräsidenten von Drenkmann (10. 11. 1974) und an der Entführung des CDU-Politikers Peter Lorenz (27. 2. 1975) in Berlin.

Im Jahre 1973 wurde sie wegen des Verdachts, sich an mehreren Banküberfällen berteiligt zu haben, festgenommen. Sie brach aus der Untersuchungshaft aus. Im September 1975 wurde sie erneut festgenommen. Am 7. Juli 1976 brach sie – gemeinsam mit der inzwischen tödlich verunglückten Juliane Plambeck sowie Monika Berberich und Gabriele Rollnik, die inzwischen wiederergriffen wurden – erneut aus der Strafvollzugsanstalt in Tegel aus.

Am 27. Mai 1978 befreite sie – gemeinsam mit Gabriele Rollnik und Ingrid Siepmann – den in Berlin-Moabit einsitzenden Terroristen Till Meyer aus der Untersuchungshaft. Meyer war am 6. Juni 1975 in Berlin wegen des Verdachts der Beteiligung an der Entführung von Peter Lorenz festgenommen worden. Im Jahre 1980 schloß sich Inge Viett der RAF an.

Sie steht in dringendem Verdacht, am 4. August 1981 in Paris einen französischen Polizeibeamten angeschossen und lebensgefährlich verletzt zu haben. Der Beamte hatte versucht, Inge Viett, die auf einem Moped fuhr, anzuhalten und ihre Identität festzustellen. Dieses Geschehen und Asservate, die in zwei konspirativen Wohnungen in Paris sichergestellt wurden, stützen die Vermutung, daß sich Inge Viett häufig in Paris aufgehalten hat.

Inge Viett ist 1,63 m groß. Ihr ovales Gesicht wirkt frisch. Die auffällig zahlreichen Gesichtshaare entfernt sie häufig mit einer Pinzette. Sie hat braune Augen und dunkelblondes Haar. Sie trägt zur Tarnung häufig eine Brille. Inge Viett ist starke Raucherin. Sie spricht Englisch. Sie hat eine Vorliebe für schnelle Motorräder. Sie könnte durch ihre kurzen X-Beine und durch relativ große und ungepflegte Hände auffallen. Sie ist bewaffnet und macht rücksichtslos von der Waffe Gebrauch.

Henning Beer wurde am 30. September 1958 in Hamburg geboren. Von 1965 bis 1970 besuchte er die Volksschule, anschließend bis 1973 ein Gymnasium und von 1973 bis 1975 eine Realschule, die er ohne Hauptschulabschluß verließ. Er hat keine Berufsausbildung. Im August 1976 war er vorübergehend als Wagenpfleger bei einer Tankstelle tätig. Seit 1975 muß er dem Umfeld der RAF zugerechnet werden. Im Sommer 1980 wechselte er zur Kommando-Ebene über und ging in den Untergrund.

Im Jahre 1977 wurde Beer zusammen mit Michael Knoll in Ventimiglia in Italien wegen verbotenen Waffenbesitzes festgenommen und verurteilt. Nach der Haftverbüßung wurde er aus Italien abgeschoben. Er steht im Verdacht, sich an der Vorbereitung folgender Straftaten beteiligt zu haben:

- Versuchter Sprengstoffanschlag auf die NATO-Schule in Oberammergau im Dezember 1984;

- Ermordung des Industriellen Dr. Ernst Zimmermann im Februar 1985;

- Anschlag auf die US-Airbase in Frankfurt im August 1985;

- Ermordung des Industriellen Prof. Beckurts und seines Fahrers Ekkehard Groppler im Juli 1986;

- Ermordung des Abteilungsleiters im Auswärtigen Amt, Dr. Gerold von Braunmühl, am 10. Oktober 1986.

Zum harten Kern der RAF gehören weiter Sigrid Sternebek, Andrea Klump, Sabine Elke Callsen, Birgit Elisabeth Hogefeld, Barbara Meyer, Horst Ludwig Meyer, Thomas Simon, Wolfgang Werner Grams und Christoph Eduard Seidler.

Sigrid Sternebek wurde am 19. Juni 1949 in Bad Pyrmont geboren. Nach siebenjährigem Besuch eines Gymnasiums und nach einer Fotografenlehre immatrikulierte sie sich 1972 an der Hochschule für bildende Künste in Hamburg. Sie gehörte schon damals zum RAF-Umfeld. Im Sommer 1977 ging sie in den Untergrund. In konspirativen Wohnungen der RAF und in Erddepots, die 1982 entdeckt wurden, fanden sich zahlreiche Hinweise auf ihre Tätigkeit für die RAF. Sie ist dringend verdächtig, im Sommer 1985 ein Fahrzeug gekauft zu haben, das bei dem Anschlag der RAF am 8. August 1985 auf die US-Airbase in Frankfurt/Main benutzt wurde.

Andrea Klump wurde am 13. Mai 1957 in Wiesbaden geboren. Von 1964 bis 1967 besuchte sie die Volksschule in Östrich, danach bis 1976 das Rheingau-Gymnasium in Geisenheim. Nach dem Abitur studierte sie Völkerkunde an der Universität Frankfurt/Main. 1979 brach sie dieses Studium ab und wechselte zum Fachbereich Soziologie/Politologie über. Dieses Studium brach sie 1981 ab. Seit 1976 muß Andrea Klump dem Umfeld der RAF zugerechnet werden. Im Sommer 1984 ging sie in den Untergrund. Im Zusammenhang mit dem Mord an dem US-Soldaten Edward Pimental am 7. August 1985 liegen Hinweise auf Andrea Klump vor. Andrea Klump ist 1,70 m groß, hat graubraune Augen und spricht hessische Mundart.

Sabine Callsen wurde am 18. März 1961 in Hannover geboren. Von 1967 bis 1971 besuchte sie die Grundschule, danach das Gymnasium. Im Jahre 1980 machte sie ihr Abitur. Von 1981 bis 1983 studierte sie Tibetologie an der Universität Hamburg, anschließend Erziehungswissenschaften. Im Jahre 1982 war sie als Wahlhelferin bei der Bürgerschaftswahl in Hamburg und im Jahre 1983 als Wahlhelferin bei der Bundestagswahl in Hamburg tätig. Sie gehörte seit etwa 1981 zum Kreis der Unterstützter der RAF in Hamburg. Im Herbst 1983 wohnte sie mit dem RAF-Mitglied Barbara Ernst, das im Sommer 1984 festgenommen wurde, in

Frankfurt zusammen. Im September 1984 ging Sabine Callsen in den Untergrund. Sabine Callsen ist 1,75 m groß, hat blaue Augen und ein ovales Gesicht.

Birgit Hogefeld wurde am 23. Juli 1956 in Wiesbaden geboren. Von 1963 bis 1967 besuchte sie die Grundschule, von 1967 bis 1972 eine Realschule und von 1972 bis 1975 ein Gymnasium. Sie hat Abitur. Von 1975 bis 1977 studierte sie Jura an der Universität Frankfurt. Diese Ausbildung brach sie wegen fehlenden Berufsaussichten ab. Von 1981 bis 1983 erteilte sie in Wiesbaden Orgelunterricht. Birgit Hogefeld gehörte schon seit Mitte der siebziger Jahre zu den aktiven Unterstützern der RAF. Anfang 1984 ging sie zusammen mit Wolfgang Grams, mit dem sie zuletzt in Wiesbaden zusammenlebte, in den terroristischen Untergrund. Sie steht in Verdacht, das Fluchtauto beschafft zu haben für einen Raubüberfall auf einen Geldboten am 3. Juni 1985, bei dem die Täter den Geldboten ohne Vorwarnung in den Hals schossen. Birgit Hogefeld ist 1,70 m groß, hat braune Augen und ein breites vorstehendes Kinn.

Barbara Meyer, geb. Metzger, wurde am 2. Juli 1956 in Stuttgart geboren. Von 1963 bis 1967 besuchte sie die Grundschule, von 1967 bis 1973 eine Mädchen-Realschule, die sie ohne Abschluß verließ. Danach war sie bis 1977 als Telefonistin und als Bürokraft tätig. Von 1978 bis 1981 arbeitete sie im Einzelhandel. Im August 1981 meldete sich sich arbeitslos. Sie gehörte schon damals zum Umfeld der RAF. Im Sommer 1984 ging sie mit ihrem Ehemann Horst Meyer in den Untergrund. Ihr Ehemann und sie stehen in Verdacht, den Industriellen Dr. Ernst Zimmermann am 1. Februar 1985 in München ermordet zu haben. Barbara Meyer ist etwa 1,60 m groß, schlank und hat blaue Augen.

Horst Meyer wurde am 18. Feburar 1956 in Schwenningen geboren. Von 1963 bis 1971 besuchte er die Grundschule. Im Jahre 1973 begann er eine Lehre als Starkstromelektriker, die er im Jahre 1977 ohne Abschluß abbrach. Von 1978 bis 1981 war er zusammen mit seiner Ehefrau Barbara Meyer im Einzelhandel tätig. Im August 1981 meldete er sich arbeitslos. Seit März 1981 muß er zum Umfeld der RAF gerechnet werden. Er steht in Verdacht, zusammen mit seiner Ehefrau Dr. Ernst Zimmermann ermordet zu haben. Außerdem ist er verdächtig, an der Ermordung von Prof. Karlheinz Beckurts und dessen Fahrer Groppler beteiligt gewesen zu sein. Horst Meyer ist etwa 1,75 m groß, schlank, hat graubraune Augen und spricht schwäbischen Dialekt. Auffallend sind seine deutlich hervorstehenden Stirnadern und seine schlechten Zähne. Im Jahre 1984 hielt er sich in einer von seiner Frau angemieteten konspirativen Wohnung in Tübingen auf, die auch von anderen Mitgliedern der RAF benutzt wurde.

Thomas Simon wurde am 14. März 1953 in Gengenbach geboren. Von 1960 bis 1965 besuchte er die dortige Volksschule, im Anschluß bis 1971 die Realschule in Offenburg, die er mit dem Abschluß der Mittleren Reife verließ. Von 1971 bis 1974 absolvierte er eine Lehre als Holzbildhauer in Freiburg, die er mit der Gesellenprüfung abschloß. Von 1975 bis 1980 studierte er an der Staatlichen Akademie der bildenden Künste in Stuttgart, Fachrichtung Bildhauerei. Er beendete das Studium ohne Abschluß. Danach war er bis 1984 als Holzbildhauer in Stuttgart beschäftigt. Seit Mai 1979 war er im RAF-Umfeld tätig. Im Jahre 1981 lebte er in einer Wohngemeinschaft in Fellbach mit den RAF-Mitgliedern Barbara und Horst Meyer zusammen. Mit diesen ging er im Sommer 1984 in den Untergrund. Er steht in Verdacht, bei der Vorbereitung des Sprengstoffanschlags auf die NATO-Schule in Oberammergau und der Ermordung von Dr. Ernst Zimmermann sowie des Anschlags auf die US-Airbase in Frankfurt/Main beteiligt gewesen zu sein. Thomas Simon ist etwa 1,80 m groß, hat dunkelblaue Augen und spricht schwäbische Mundart.

Wolfgang Grams wurde am 6. März 1953 in Wiesbaden geboren. Von 1959 bis 1963 besuchte er die Volkschule, danach bis 1972 ein Gymnasium, das er mit dem Abitur abschloß. Von 1972 bis 1973 studierte er Erziehungswissenschaften an der Universität Frankfurt/Main. Danach unterbrach er das Studium, um den Zivildienst abzuleisten. Im Jahre 1974 nahm er das Studium wieder auf, besuchte die Universität aber nur bis 1975. Im Jahre 1978 wurde er von Amts wegen exmatrikuliert. Von 1980 bis 1983 war er aushilfsweise als Taxifahrer in Wiesbaden tätig. Seit 1974 muß er dem Umfeld der RAF zugerechnet werden. In den Jahren 1972 bis 1974 liefen verschiedene Ermittlungsverfahren gegen Grams wegen Körperverletzung, Raubes und Diebstahls. Er beteiligte sich an mehreren Hausbesetzungen. Im Jahre 1978 führte er verschiedene logistische Aufträge für die RAF durch. Sowohl in einem 1982 entdeckten Erddepot der RAF als auch in einer im Sommer 1984 ausgehobenen konspirativen Wohnung fanden sich Hinweise auf eine Zusammenarbeit Grams mit der RAF. Anfang 1984 ging Wolfgang Grams in den Untergrund. Er ist etwa 1,80 m groß, hat graublaue Augen und spricht hessischen Dialekt.

Christoph Seidler wurde am 13. Januar 1958 in Heidelberg geboren. Von 1964 bis 1967 besuchte er die Grundschule, danach bis 1977 ein Gymnasium, das er mit dem Abitur verließ. Danach absolvierte er zunächst ein Praktikum für Krankenpflege; im Jahre 1978 besuchte er eine Krankenpflegeschule. Er war aushilfsweise als Taxifahrer tätig. Von 1979 bis 1985 studierte er politische Wissenschaften und Geschichte an der Universität Frankfurt/Main. Im Jahre 1985 wurde er exmatrikuliert. Im August 1978 beteiligte er sich an mehreren Hausbesetzungen und Aktionen im Zusammenhang mit einem Hungerstreik inhaftierter RAF-Mitglieder. Er besuchte verschiedene RAF-Gefangene in der Strafanstalt. Im Jahre 1981 wurde er zu einer Geldstrafe verurteilt, weil er für die RAF geworben hatte. Im Jahre 1984 ging Seidler in den Untergrund. Er ist etwa 1,80 m groß, schlank und hat graubraune Augen.

Die Herkunft der meisten RAF-Mitglieder aus der Kommando-Ebene und die Tatorte der meisten Anschläge deuten darauf hin, daß sich das Schwergewicht der Operationen der RAF auf den Süden und Südwesten der Bundesrepublik verlagert hat. Das mag damit zusammenhängen, daß sich die Hauptziele der RAF, nämlich Einrichtungen der amerikanischen Streitkräfte, im süddeutschen Raum befinden. Die Herkunft und der Werdegang der Mitglieder der Kommando-Ebene kennzeichnen darüber hinaus die Schwierigkeiten, das strategische Konzept der RAF überzeugend begründen zu können.

4. Propaganda als Ersatz für Allianzen

Theorieverfall kennzeichnete die Selbstdarstellung der RAF schon Ende der siebziger Jahre. Die damals noch maßgebenden inhaftierten Kernmitglieder als auch die draußen operierenden Kommandos mußten erkennen, daß die Vision, in der Bundesrepublik herrschte eine »revolutionäre Situation«, fern jeder Realität war. Selbst die Aussicht, durch Attentate eine Überreaktion des »Systems« herbeizuführen, blieb Illusion. Statt aber den bewaffneten Kampf einzustellen, versuchte die RAF mehr und mehr, die Theorie dem »Primat der Praxis« unterzuordnen. Die vielberufene Rückkoppelung zu Lenins theoretischem Ansatz wurde aufgegeben. Lenin bejahte den Terror als Taktik, lehnte ihn aber als Strategie ab. Terror war für ihn ein Element, das in die Massenbewegung integriert bleiben mußte, nie aber Ersatz für die Massenbewegung sein konnte. Für die RAF wurde der Terror selbst zur Strategie.

Heute ist für die RAF Theorie nur noch Legitimation für bereits stattgefundene Praxis. Theorie, die sich der Legitimationsfunktion nicht fügt, ist aufgegeben worden. Auch die Guerilla-Strategien von Mao Tse-tung, Che Guevara und Régis Debray – zu Beginn wesentliche Fixierungspunkte der RAF – wurden ihres wichtigsten Lehrsatzes entkleidet. Nicht mehr die Unterstützung durch die Bevölkerung war Voraussetzung des bewaffneten Kampfes, sondern nur noch der entschlossene Wille einzelner Kämpfer Bedingung für die Revolution.

Die kritische Linke registrierte diese »elitäre Arroganz« und die »Verachtung der Massen«. Ihre Distanzierung zur RAF wuchs, ihre Kritik an den Operationsmethoden nahm zu.

Schon die Ermordung von Dr. Ernst Zimmermann war bei der Neuen Linken auf Unverständnis gestoßen. Der Genickschuß-Mord an dem amerikanischen Soldaten Edward Pimental am 7. August 1985 führte zu erheblichen Diskussionen auch im legalen Umfeld der RAF. Pimental war nur getötet worden, um sich mit seiner Identifizierungskarte Zugang zu der amerikanischen Airbase in Frankfurt/Main zu verschaffen. Vorübergehend wurde von den Sympathisanten der RAF die Behauptung verbreitet,

dieser Mord sei vom Bundeskriminalamt und vom Verfassungsschutz inszeniert worden, um die RAF zu belasten. Diese Beschul-
digung ließ sich nicht halten. Die Kommando-Ebene der RAF sah
sich gezwungen, zu diesem Attentat in einem besonderen Papier
Stellung zu nehmen. Die betreffende Erklärung trägt den Titel
»An die, die mit uns kämpfen« und ist veröffentlicht in der RAF-
Zeitschrift »zusammen kämpfen. zeitung für die anti-imperialistische front in westeuropa«, Nr. 5, Januar 1986. Darin heißt es:
»wir sagen heute, daß die erschießung des gi ein fehler war, der
die wirkung des angriffs gegen die air-base und so die auseinandersetzungen um die poilitisch-militärische bestimmung der aktion,
wie der offensive überhaupt, blockiert hat. es ist klar: den gi zu
erschießen, war ein schritt zur eskalation, der selbst strategische
qualität hat – weil er bedeutet, den krieg gegen den us-imperialismus zu verschärfen in dem sinne, daß für uns alle angehörigen der
us-streitkräfte an jedem ort und zu jeder zeit militärische angriffsziele sind. diesen schritt mit ›praktischer notwendigkeit‹ zu
begründen, ist politisch unmöglich, weil er nur aus einer umfassenden politischen und strategischen bestimmung kommen kann,
was aber heute nicht der subjektiven entwicklung des widerstandes und der objektiven situation hier entspricht.«
Der Verlust der Resonanz unter den Linken und die verzweifel-
ten Vesuche nach neuen revolutionären Subjekten führte die
RAF zu einer weiteren Verwischung zwischen den politischen
Realitäten und ihrer Welt politischer Vorstellungen. Die Diskussion um eine zukunftsweisende Strategie des bewaffneten
Kampfes sowie über die daraus zu folgernden Methoden revolutionärer Taktik gingen weiter bis zum »Frankfurter Kongreß«,
den Anhänger der RAF und die Autonome Linke am 1. und 2.
Februar 1986 veranstalteten. Sie sind bis heute nicht abgebrochen.
Der »Frankfurter Kongreß« sollte nach den Vorbereitungen
eine Art Heerschau des »revolutionären Potentials« und der
militanten Anhänger des deutschen Terrorismus werden. Er sollte
Anstöße geben zur »Formierung einer westeuropäischen Front im
internationalen Klassenkampf«. Die holländische Untergrund-
zeitschrift »De Knipselkrant« hatte zusammen mit dem früheren
Organ der belgischen CCC, »Ligne Rouge«, ein Sonderheft her-

ausgegeben. Diese Schrift unterstützte die Linie der RAF insofern, als in ihr »der bewaffnete Kampf als strategische und taktische Notwendigkeit des Kampfes für die Revolution« bezeichnet wurde. Gleichwohl endete die Veranstaltung mit einer deutlichen Kritik der Autonomen Linken am Konzept der RAF. Die Mehrheit der rund 1000 Teilnehmer verurteilte in ihren Diskussionsbeiträgen immer wieder den Mord an dem amerikanischen Soldaten und kennzeichnete ihn als Akt »revolutionärer Selbstjustiz«. Insofern wurde die Veranstaltung für die RAF zu einem Mißerfolg.

Noch im April 1987 veröffentlichte eine »autonome Gruppe« aus Frankfurt/Main ein Diskussionspapier mit dem Titel: »Der Versuch, eine autonome, anti-imperialistische Politik – neu – zu bestimmen.« Darin wird wieder die Ermordung des amerikanischen Soldaten Edward Pimental kritisiert und ausgeführt: »Solange die RAF die Beckurts-Ermordung aus demselben politischen und ideologischen Selbstverständnis heraus bestimmt wie die Pimental-Hinrichtung und den Airbase-Anschlag, bleibt sie für mich – als Ausdruck einer politischen Strategie – konterrevolutionär.« Zwar könne eine »Liquidation Ausdruck revolutionären Kampfes sein; wenn sie aber zur Politik an sich wird, verkommt sie zur linken Selbstjustiz.«

Trotz dieses deutlichen Verlustes an Zustimmung hielt die RAF an ihrem strategischen Konzept fest. Dieses ist gleichgeblieben mit den ursprünglichen strategischen Zielen: US-Imperialismus, NATO und die sie unterstützenden Systeme. Die RAF bezeichnet diese neu formulierte Zielorientierung als »MIK-Strategie«. MIK bedeutet »Militärisch-Industrieller Komplex«.

Die RAF geht nach wie vor davon aus, daß die bewaffnete Aktion als »Propaganda der Tat« neue Anhänger mobilisieren könne. In ihren Planungen richtet sie sich weder nach langfristigen politischen Entwicklungen noch nach tagespolitischen Bezügen. Innerhalb des gesamtstrategischen Angriffs gegen den »Militärisch-Industriellen Komplex« wählt sie ihre Ziele selbst, ohne Rücksicht auf eine mögliche politische Klientel.

Dementsprechend hat die RAF auch nach dem Höhepunkt der Kritik von seiten der Neuen Linken weitere Morde durchgeführt. Der »Frankfurter Kongreß« war Anfang Februar 1986. Am 9. Juli

1986 ermordete die RAF das Siemens-Vorstandsmitglied Prof. Dr. Karlheinz Beckurts. Das Selbstbezichtigungsschreiben für diesen Mord ist unterzeichnet mit »Mara Cargol«. Dies ist der Name der Frau von Renato Curcio, dem Gründer der Roten Brigaden in Italien. Als Curcio in Haft war, hatte Frau Cargol vorübergehend die Führung der Roten Brigaden übernommen. Sie wurde am 9. Juni 1975 bei einem Schußwechsel mit der Polizei getötet.

Am 10. Oktober 1986 ermordeten zwei RAF-Mitglieder den Ministerialdirektor im Auswärtigen Amt, Dr. Gerold von Braunmühl. Diese RAF-Gruppe bezeichnete sich als »Kommando Ingrid Schubert«. Ingrid Schubert gehörte zu dem ursprünglichen harten Kern der RAF und verübte am 12. November 1977 in ihrer Zelle in München-Stadelheim Selbstmord.

Das Attentat gegen Gerold von Braunmühl läßt Schwächen im Personenschutz erkennen. Dr. von Braunmühl leitete im Auswärtigen Amt die Abteilung »Europäische politische Zusammenarbeit« (EPZ), die sich mit Koordinierungsfragen der europäischen Politik, vor allem gegenüber dem Nahen Osten, beschäftigt. Bei der Festnahme der sechs Kernmitglieder der RAF im Juli 1984 in Frankfurt und in Karlsruhe waren in der konspirativen Wohnung in der Bergerstraße zahlreiche Papiere gefunden wirden, darunter auch ein von der RAF verfaßtes Schriftstück über die Aufgaben der Abteilung EPZ und mit der Nennung des Namens eines der Vorgänger von Dr. von Braunmühl in der Position des Abteilungsleiters, nämlich der Name Poensgen. Dieser Name war durchgestrichen. Daneben fand sich in der Handschrift der RAF-Terroristin Christa Eckes die Bemerkung »nicht Poensgen, sondern Pfeffer«. Hieraus hätte sich für den Verfassungsschutz an sich auch die Gefährdung von Dr. von Braunmühl als neuer Funktionsträger ergeben müssen. Weder das Auswärtige Amt noch Gerold von Braunmühl wurden gewarnt. Dr. von Braunmühl war im Zeitpunkt des Attentats ohne Personenschutz.

Kernpunkt des Selbstbezichtigungsschreibens der RAF zur Ermordung Dr. von Braunmühls war die Forderung zum Aufbau der »Revolutionären Front in Westeuropa«. Dabei wird zunächst der Eindruck erweckt, als ob diese Front schon Wirklichkeit sei.

Auf der anderen Seite begründen die Verfasser immer wieder die Notwendigkeit, daß die Revolutionäre in Westeuropa zusammenrücken müßten. Der Gegner, die »Bourgeoisie«, habe sich nämlich schon formiert: Die »Europäische Politische Zusammenarbeit« (EPZ) sei das »operative Zentrum gegen den revolutionären Kampf« und die »europäische Säule« der NATO. Die Europäische Gemeinschaft sei »das Instrument zur Durchschaltung der Staatsapparate«. Zwischen der Bundesrepublik, Frankreich, Großbritannien und Italien habe sich eine »Vereinheitlichung« herausgebildet – unter Führung von Frankreich und der Bundesrepublik.

In diesem Zusammenhang paßt die Auswahl des Opfers. Sehr exakt werden die politischen Aufgaben und die Funktionen Gerold von Braunmühls beschrieben. Er war deutscher Vertreter in der EPZ. Diese wiederum ist für die Terroristen der »Hebel« für die Umsetzung der strategischen Pläne der NATO in Westeuropa.

Überraschend sind mehrfache Hinweise auf einen »europäisch-arabischen Dialog«, auf den militärischen Angriff der USA gegen Libyen und die Erwähnung der »Arbeitsgruppe Nahost« in der EPZ. Es scheint sicher zu weitgehend, darin den Versuch zu sehen, daß sich die RAF Libyen oder palästinensischen »Befreiungsgruppen« andienen wolle. Ihrem Selbstverständnis folgend wird sich die RAF nie anderen Interessen unterordnen, selbst wenn sie in ihr eigenes strategisches Konzept passen sollten. Möglicherweise handelt es sich nur um die Vision einer neuen Allianz, zurückzuführen auf frühere Angebote Libyens. Die führende libysche Tageszeitung »Al Sahf al Achadar« hatte am 18. Februar 1985 dazu aufgerufen, »die fortschrittlichen und revolutionären Kräfte in Westeuropa zu adoptieren, vor allem die Baader-Meinhof-Gruppe, die Rote Armee und alle dem faschistischen Regime feindlich gesonnenen Kräfte.«

Insgesamt vermittelt die Schrift die Erkenntnis der RAF, daß das »revolutionäre Potential« in Westeuropa noch weit davon entfernt sei, den Aufbau einer »revolutionären Front in Westeuropa« abgeschlossen zu haben.

Tatsächlich ist es zu einer Zusammenarbeit in Planung und Operation nur zwischen der RAF und der AD gekommen. Gegenüber der RAF leistete die belgische CCC nur in einem Fall logistische Unterstützung.

Die AD verübte ihren ersten Sprengstoffanschlag im Jahr 1979. Die CCC begann mit ihren Bombenaktionen im Oktober 1984. Seit Anfang 1984 hatte sich sowohl bei den deutschen »Revolutionären Zellen« (RZ) als auch aus dem Umfeld der RAF ein wachsendes Interesse an Operationen der AD gezeigt. Die linken Terroristen in der Bundesrepublik bewerteten die AD als die damals einzige funktionsfähige marxistisch-leninistische Terrororganisation in Europa. Bekennerbriefe und andere Publikationen der AD wurden mit Interesse gelesen und intern besprochen. Aus diesem Interesse entstand schließlich die Zusammenarbeit zwischen RAF und AD, die in der Ermordung von René Audran und Ernst Zimmermann sowie in dem Attentat auf die amerikanische Air-Base in Frankfurt gipfelte. Die Ermordung des Generaldirektors der französischen Renault-Werke, Georges Besse, am 17. November 1986 ist ebenfalls in die Operationen der »Anti-Imperialistischen Front in Westeuropa« einzuordnen. Georges Besse war Symbolfigur des »militärisch-industriellen Komplexes«, wie General Audran und Dr. Ernst Zimmermann.

Mit der Verhaftung der führenden Mitglieder des international orientierten Flügels der AD – Jean-Marc Rouillan, Nathalie Menigon, Joelle Aubron, Georges Cipriani – am 21. Februar 1987 in einem Bauernhaus in der Nähe von Orleans ist die »Front« der westeuropäischen Terroristen praktisch zerschlagen worden.

Frankreich hatte jahrelang gegenüber internationalen Terrorgruppen eine größere Kooperationsbereitschaft gezeigt als die Nachbarländer. In mehreren Fällen wurden inhaftierte Terroristen ohne Gerichtsverfahren in ihre Heimatländer abgeschoben. Diese Haltung änderte sich nach den letzten Anschlägen der »Fractions Armées Révolutionnaires Libanaises« (FARL), durch die im September 1986 in Paris zehn Menschen getötet und mehr als hundert verletzt wurden.

Noch im gleichen Monat beschloß das Parlament eine Änderung des Strafverfahrensrechts. Der Oberste Gerichtshof kann jetzt alle Fälle von terroristischen Gewaltverbrechen an sich ziehen. Dabei setzt er sich nicht mehr wie bisher aus drei Berufsrichtern und neun Geschworenen zusammen, sondern nur noch aus sieben Berufsrichtern. Die Polizei kann Verdächtige über die üblichen 48 Stunden hinaus für weitere 48 Stunden festhalten, ohne sie dem Richter vorzuführen und ohne einen Verteidiger zuzulassen. Die Regelung des Kronzeugen wurde eingeführt.

Nach den Attentaten der FARL und der Ermordung von Georges Besse veröffentlichte die französische Polizei erstmals Fahndungsplakate, ein Verfahren, das bis dahin als »faschistoid« abgelehnt worden war.

Mitte Januar wurde der frühere Chef der Rauschgiftbekämpfung, Jacques Franquet, zum Koordinator der französischen Terroristenabwehr ernannt.

Diese Entwicklung gab der französischen Polizei, die ohnehin in dem Ruf steht, härter zu sein als ihre europäischen Kollegen, erneut Auftrieb.

Zur Verhaftung der Führungsriege der AD kam es aber weder durch die neuen Gesetze noch durch das Engagement der Polizei, sondern durch die Aufmerksamkeit von Bürgern, die die Fahndungsfotos von Jean-Marc Rouillan und Nathalie Menigon gesehen hatten und erste Hinweise auf das Versteck der AD geben konnten.

Geholfen hat auch die Tatsache, daß die AD nicht über ein Umfeld von Sympathisanten und Unterstützer verfügt wie die RAF. Die Kommandos der AD waren auf sich allein gestellt und konnten nicht auf die Hilfe von Genossen bei der Beschaffung von Verstecken in Großstädten hoffen. Darunter litt ihre Konspiration, die ohnehin weit weniger sorgfältig geplant und durchgeführt wurde als bei ihren Bündnispartnern in Deutschland.

Die von den AD-Mitgliedern bewohnte Farm war bereits eineinhalb Jahre vor der Verhaftung unter einem Aliasnamen angemietet worden. Die AD hatte in dem Bauernhaus ein sogenanntes »Volksgefängnis« vorbereitet. Offensichtlich sollte mit einer Entführung der Aufbau der »Anti-Imperialistischen Front in Westeuropa« vorwärtsgetrieben werden.

Neben Waffen und Sprengstoff konnte umfangreiches Schriftgut sichergestellt werden. Die Funde deuten auf verhältnismäßig enge Verbindungen zwischen der RAF und der AD hin und bestätigen die Annahme einer engen logistischen und politischen Zusammenarbeit der beiden Organisationen. Einige der Waffen stammen aus der Beute des Raubüberfalls der RAF auf ein Waffengeschäft in Maxdorf bei Ludwigshafen. Ein Teil des Sprengstoffs stammt aus dem von der CCC verübten Einbruch in einen Steinbruch in Eccaussines (Belgien) im Juni 1984. Den gleichen Sprengstoff hatte die RAF bei dem fehlgeschlagenen Anschlag auf die NATO-Schule in Oberammergau im Dezember 1984 benutzt. Gefunden wurde auch ein deutscher Original-Kraftfahrzeugschein für einen Pkw, der auf einem privaten Automarkt in Hessen gekauft worden war.

Am 10. Mai 1987 fand die französische Polizei in einem Bauernhaus in Ville Baslain ein weiteres Versteck der AD. Neben Waffen, Munition, Sprengstoff, Blanko-Ausweisen und Kfz-Scheinen sowie umfangreichem Schriftmaterial – dies auch in deutscher Sprache – fand die Polizei einen Original-Kfz-Schein für ein Fahrzeug, das am 8. August 1985 als Autobombe für den Sprengstoffanschlag auf die amerikanische Air-Base in Frankfurt/Main benutzt worden war.

Die AD wird sich von diesem Schlag in den nächsten Jahren nicht erholen können. Für die RAF ist damit der einzige Alliierte, der an ihrem Konzept einer westeuropäischen Guerilla mitgearbeitet hatte, verloren gegangen. Die belgischen CCC, die ebenfalls zum geplanten Bündnisring der RAF gehörten, waren schon im Dezember 1985 mit der Verhaftung ihres Chefs Pierre Carrette außer Gefecht gesetzt worden. Sie haben seither keinen Anschlag mehr durchführen können.

Mit der Festnahme von Rouillan und Menigon sind auch die Verbindungen der RAF zu den Terroreinheiten im Nahen Osten abgeschnitten. Die AD war die einzige europäische Gruppe, die auf Dauer etablierte Kontakte zu den »Befreiungsbewegungen« in Mittelost hatte. Über die AD war es der RAF auch gelungen, zerstörte Verbindungen zur »Volksfront für die Befreiung Palästinas« (PFLP) von Dr. George Habbash wieder anzuknüpfen. Durch Vermittlung der AD traf sich Ingrid Barabass, die im März 1987 vom Oberlandesgericht in Frankfurt wegen Mitgliedschaft in einer terroristischen Vereinigung zu vier Jahren und zehn Monaten Freiheitsstrafe verurteilt wurde, am 16. Januar 1985 im »Hotel Berlin« in Ost-Berlin mit Bassam Abu Sharif, dem Sprecher der PFLP. Am 19. Januar 1985 erklärte Sharif in einem Interview mit der »taz«, daß die PFLP die Forderung der RAF nach einer Zusammenlegung der Gefangenen unterstütze.

Schon im Jahre 1985 hatte sich die RAF bemüht, auch eine Zusammenarbeit mit den italienischen »Roten Brigaden« zu erreichen. Das machte Schwierigkeiten, weil sich die »Brigate Rosse« seit September 1984 in zwei sogenannte »Positionen« gespalten hatte. Die erste Position nennt sich »Rote Brigaden – für den Aufbau der Kämpfenden Kommunistischen Partei« (B. R. – P. C. C.) und ist – ähnlich wie die RAF – stärker internationalistisch und anti-imperialistisch orientiert. Die zweite Position heißt »Vereinigung kämpfender Kommunisten« (U. C. C.). Sie ist mehr proletarisch und klassenkämpferisch ausgerichtet.

Die RAF veröffentlichte im Mai 1986 in ihrer Untergrundzeitung »zusammen kämpfen« (Nr. 6) konzeptionelle Erklärungen von – zum Teil inhaftierten – Mitgliedern der »Roten Brigaden« ohne Kommentar. Nach den RAF-Morden an Prof. Beckurts und an Dr. von Braunmühl gab es solidarische Äußerungen von Inhaftierten der »Roten Brigaden«. Andere schriftliche Äußerungen zeigten Gegensätze in Ideologie und Konzeption auf.

In einer Erklärung der B. R. – P. C. C. vom 17. Februar 1987 findet sich erstmals eine zusammenfassende Bewertung der »revolutionären Aktivitäten« von RAF und AD. Zunächst wird einschränkend bemerkt, daß in einem »objektiven politischen Sinne« die westeuropäische Front der Guerilla »Teil des Programms der Kommunisten« sein müsse. Weiter heißt es dann aber, daß sich die Aktivitäten der Guerilla in Europa spezifiziert hätten.

Sie seien gleichsam der Generalnenner des Angriffs auf den Imperialismus der USA und auf die NATO. Sie fänden »objektive Konvergenz mit dem Kampf der progressiven Bevölkerung der mittelöstlichen Mittelmeer-Region.« Der Kampf von RAF und AD zur Errichtung einer Front sei eine bedeutende politische Etappe, welche die »Roten Brigaden« anspreche. Dies könne »sachliche Konvergenz auf politischer Basis bedeuten – allgemein gesprochen für die Verstärkung und Konsolidierung der Kämpfenden anti-imperialistischen Front«.

Scharfe Kritik an den Aktionen und an dem Bündnis von RAF und AD kam von anderer Seite. Im März 1986 veröffentlichten inhaftierte Mitglieder und Anhänger der Spanischen Kommunistischen Partei PCE (r) und der durch Festnahmen weitgehend zerschlagenen spanischen Terrorgruppe GRAPO (»Antifaschistisches Kommando Erster Oktober«) aus dem Gefängnis in Soria/ Spanien ein 35 Seiten langes Pamphlet, in dem sie die mangelnde Massenbasis von RAF und AD aufzeigten und ihre Fixierung auf militärische Aktionen. Für die proletarische Revolution sei unentbehrlich, daß eine »reife und disziplinierte proletarische Partei, die eng verbunden ist mit der revolutionären Bewegung der Arbeitermassen und Volksmassen« existiere. Davon aber würden die »Anti-Imperialisten« nichts erzählen. Für sie bestehe das Proletariat objektiv nicht. Bei ihrer subjektivistischen und proudhonistischen Einstellung wundere es nicht, wenn RAF und AD nicht verstehen würden, »daß ein anderer revolutionärer Weg existiert, der sehr verschieden von dem ihren ist, ein proletarischer kommunistischer Weg. Sie sind in ihrer anti-imperialistischen, kleinbürgerlichen Ideologie dermaßen verhaftet, daß alles, was nicht Kugeln auf das Dach der NATO schießt, für sie keinen Sinn ergibt.« Sowohl RAF als auch AD hätten kein proletarisches politisches Programm für eine revolutionäre Aktion im Kampf für den Sozialismus und für die Diktatur des Proletariats. Die beiden Organisationen seien »gekennzeichnet durch ihren Radikalismus, ihre Spontaneität und ihren Opportunismus; sie haben kein anderes politisches Ziel als genau das militärische«. Die RAF habe nach mehr als 15 Jahren »bewaffneten Kampfes gegen den Imperialismus noch nicht einmal skizzenhaft fundamentale Spuren ihrer anti-imperialistischen Strategie angedeutet«. Die RAF bleibe weiter verhaftet in ihren alten Vorstellungen, die ihr Ursprung gewesen seien: »Die Unterstützung nationaler Befreiungsbewegungen der Kolonien und die direkte Konfrontation mit dem Imperialismus, ohne auf einige Klassenfragen einzugehen.« Das äußerste, was sie erreicht hätten, sei die »Union« mit der AD, »für die übrigen eine Gruppe ohne die historische Vergangenheit der RAF, gleichwohl mit den gleichen politischen anarchistischen Voraussetzungen«. Auch die »Roten Brigaden« – so heißt es in dem Papier der Gefangenen von Soria – unterschieden sich radikal von der RAF durch ihr Programm für eine »kämpfende kommunistische Partei«.

Dementsprechend blieb die Erklärung der B.R. – P.C.C. vom 17. Februar 1987 ein Einzelfall. Zu weiteren Unterstützungshandlungen für die RAF in Agitation oder gar Aktion von seiten der »Roten Brigaden« kam es nicht. Die RAF allerdings versuchte immer wieder, die Vision einer gemeinsamen europäischen Front der Guerilla durch die Namensgebung ihrer Mordkommandos nach internationalen »Märtyrern« aufrecht zu erhalten. So benannte sie zum Beispiel die Mordoperation an Prof. Beckurts am 9. Juli 1986 nach der erschossenen Frau des Führers der »Roten Brigaden«, Renato Curcio, Mara Cagol. Eine Zusammenarbeit mit den »Brigate Rosse« hatte aber nicht existiert. Die Benennung der beiden Mörder von Dr. Ernst Zimmermann nach dem Mitglied der IRA, Patsy O'Hara, führte zu Protesten der INLA. Diese Unterorganisation der IRA erklärte, der Name ihres an einem Hungerstreik verstorbenen Mitkämpfers sei von der RAF mißbraucht worden.

Anhaltspunkte für eine angebliche Zusammenarbeit europäischer Terrorgruppen versuchte die RAF auch durch ihre Untergrundzeitung »zusammen kämpfen« zu vermitteln. In ihr veröffentlichte sie mehrfach unkommentiert »Taterklärungen« zu Anschlägen und »Interviews« mit westeuropäischen Terrorgruppen.

5. »zusammen kämpfen«

Die erste Ausgabe dieser Schrift erschien im Dezember 1984. Sie hat das Format einer Schreibmaschinenseite und nennt sich im Untertitel »zeitung für die anti-imperialistische front in westeuropa«. Sie wird an Empfänger verschickt, die den Herausgebern eine gewisse Gewähr dafür zu bieten scheinen, daß sie der Aufforderung auf dem Deckblatt nachkommen: »vervielfältigen – weitergeben!«. Bis heute sind von dieser Zeitung neun numerierte

Ausgaben erschienen, die letzte im Januar 1987. Außerdem publizierte die RAF einige weitere nichtnumerierte Ausgaben zu Spezialthemen.

Die erste Ausgabe begleitete den am 4. Dezember 1984 begonnenen Hungerstreik der RAF-Gefangenen. Am 18. Dezember 1984 scheiterte der Anschlag eines RAF-Kommandos auf die NATO-Schule in Oberammergau. Er zielte direkt auf die Ermordung von Personen, deren Identität der RAF – bei einem Gelingen des Anschlages – nicht bekannt sein konnte. Bald darauf eröffneten Militante eine Serie von Anschlägen, deren Ziele nicht Personen, sondern Institutionen und deren Gebäude und Einrichtungen waren. Diese »Offensive 84/85« sollte das strategische Konzept von 1982 verwirklichen und eine »Front« in der »Metropole Westeuropa« schaffen. Diese Absicht unterstrich ein gemeinsames Kommunique »Für die Freiheit der Revolutionäre in Westeuropa« von RAF und AD aus dem Jahre 1985.

Die danach folgenden Ausgaben von »zusammen kämpfen« sollten in erster Linie den Zusammenhang der Aktionen in den späteren Offensiven herstellen und die Ziele der Angriffe auf den beiden Ebenen von »Guerilla« und von »Militanten« erläutern.

In einem Vorwort der Nr. 3 von »zusammen kämpfen« vom Juli 1985 erklärten die Herausgeber, warum die Zeitung produziert werde. Die RAF erstrebt eine Kommunikation »über die tatsache und bestimmung revolutionärer politik in der metropole westeuropa«. Die Kommunikation will sie organisieren. Sie nennt die geplanten Inhalte: die Aktionen der Guerilla, die Kämpfe in den Gefängnissen, die Aktionen der militanten Gruppen sowie politische Initiativen im Zusammenhang mit Widerstand und einer Analyse für die Praxis. Die inhaltliche Diskussion und die Auseinandersetzung im Zusammenhang mit der revolutionären Front will die RAF verbreitern.

Das Unternehmen wird von Anfang an illegal organisiert, »weil es nur so gehe«. Wer die Zeitung bekommt, soll sie kopieren und die Weitergabe so organisieren, daß der »Staatsschutz« davon so wenig wie möglich mitbekomme. In der bisher letzten

Ausgabe (Nr. 9) erklären die Herausgeber, die Zeitung werde nicht mehr über die Post veschickt, weil die Identifizierung einzelner Stationen verhindert werden solle.

Hauptinhalt der Ausgaben von »zusammen kämpfen« sind die Erklärungen der RAF-Kommandos zu den Morden an Dr. Ernst Zimmermann (1. 2. 1985) und Gerold von Braunmühl (10. 10. 1986). Die gemeinsame Erklärung von RAF und Action Directe zum Anschlag auf die US-Airbase am 8. August 1985, der zwei Menschen tötete, mit der zweiten Erklärung zu dieser Aktion über die Ermordung des amerikanischen Soldaten Edward Pimental kommt hinzu. Auf gleicher Ebene liegt die Erklärung über die Ermordung des französischen Generals René Audran am 25. Januar 1985 durch ein Kommando der AD.

Die zum Teil ausführlichen Erklärungen der Militanten auf der Linie der RAF-Ideologie bilden einen weiteren Schwerpunkt. Einige dieser Gruppen nennen sich »kämpfende Einheit« und verbinden diese Bezeichnungen mit den Namen toter Terroristen aus fernen Ländern. In gleicher Weise suggestiv sollen Erklärungen anderer europäischer und außereuropäischer Terror-Organisationen, die in »zusammen kämpfen« veröffentlicht werden, einen gemeinsamen anti-imperialistischen Kampf bezeugen. So enthält zum Beispiel die Ausgabe Nr. 6 ausschließlich Berichte und Erklärungen der italienischen »Brigate Rosse«.

Ansätze zu einem Eingehen auf eine Dikussion finden sich nur im Zusammenhang mit der Ermordung des amerikanischen Soldaten Pimental. Bis in den Bereich der Unterstützer der RAF war dieser Mord zunächst als »Geheimdienstaktion« eingeschätzt worden, mit der die Tat der RAF angelastet werden sollte. In einem Interview »mit einem Genossen aus der RAF« in Nr. 4 von »zusammen kämpfen« heißt es dazu: »wir haben eine karte (Identifizierungskarte) gebraucht, sonst hätten wir die aktion nicht machen können.« Ein Mord wird zur taktischen Frage erklärt: »grundsätzlich ist das verhältnis zwischen uns und ihnen krieg.«

In der folgenden Ausgabe Nr. 5 sind Papiere von zwei militanten Gruppen abgedruckt. Im ersten wird über die eigene Entwicklung berichtet, vor allem aber über die Entscheidung, »zur politischen vorstellung und zum gemeinsamen angriff, guerilla und militante, zu kommen«. In einem Abschnitt über die Ermordung des amerikanischen Soldaten wird die Begründung »zwischen ihnen und uns ist krieg« voll akzeptiert.

Im Papier der zweiten militanten Gruppe wird nach einer Logik der Annäherung an eine eigene revolutionäre Praxis gesucht. Die Verfasser schränken dabei ein: »dies ist kein vollständiges, ausgefeiltes diskussionspapier«. Der »sprung von der auseinandersetzung und der suche nach der praxis« in die Aktionen der RAF und in die dazu vorgetragenen Begründungen – etwa durch den militärisch-industriellen Komplex in Westeuropa – erscheint den Verfassern zu »abstrakt«. Über die Absurdität der RAF-Strategie, deren Voraussetzungen die Gruppe erst einmal diskutieren will, gewinnen die Verfasser keine Klarheit.

In einem dritten Beitrag der Ausgabe Nr. 5, der die Überschrift trägt »an die, die mit uns kämpfen«, nimmt die Kommando-Ebene der RAF noch einmal zu den Irritationen Stellung, zu denen es nach dem Mord an dem amerikanischen Soldaten kam: »wir sagen heute, daß die erschießung des gi in der konkreten situation im sommer ein fehler war.« Die Tat wird als Schritt zur Eskalation bezeichnet, »der selbst strategische qualität hat«. Sie mit praktischer Notwendigkeit zu begründen, sei politisch unmöglich. Ein solcher Schritt könne nur aus einer umfassenden politischen und strategischen Bestimmung kommen, die aber heute nicht der subjektiven Entwicklung des Widerstandes und der objektiven Situation entspreche. Diese dialektisch apodiktische Rechtfertigung aber wird durch eine erneute Begründung der »Offensive 84/85« ergänzt. Sie wird gesteigert bis zu dem Bekenntnis, daß der subjektive Sprung das Entscheidende sei; von ihm hänge es ab, wie weit die Front kommt. Zynisch und wie aus Ratlosigkeit aggressiv heißt es, beim Philosophieren über Moral komme nur heraus, daß man den Boden unter den Füßen verliere, auf dem man lernen müsse zu laufen: »es geht immer nur um die subjektive aktion.«

»zusammen kämpfen« ist kein Diskussionsforum. Die Zeitung ist nur ein Vehikel, um eine terroristische Strategie zu propagieren. Diese Strategie wird aus einer politischen Ideologie entwikkelt, die selbst frei schwebend ist und sich fixiert auf einen revolutionären Kampf, der für die Handelnden die äußersten Gewaltmittel rechtfertigt. Das Schicksal der Inhaftierten auf der einen Seite und ein verabsolutiertes allgegenwärtiges imperialistisches Phantom auf der anderen Seite stehen im Vordergrund. Beide Faktoren sollen auf allen Ebenen Aktionisten mobilisieren. »zusammen kämpfen« will die Illusion erzeugen, daß Manifestationen, Proteste sowie militanter bewaffneter Kampf eine Front gegen das alles zerstörende Phantom des Imperialismus bilden könnten.

6. Die RAF und die Autonome Linke

Ansprechpartner für »zusammen kämpfen« ist neben dem eigentlichen Umfeld der RAF auch die Autonome Linke. Die Zeitschrift hat die erhoffte Resonanz dort nicht gefunden. Ihre Zielrichtung mag allerdings dazu beigetragen haben, daß von einem begrenzten Bereich der Sicherheitsbehörden und von einem Teil der mit Sicherheitsfragen befaßten Politiker behauptet wird, die RAF rekrutiere ihre »Illegalen Militanten« und die Kader ihrer Kommandos aus den Aktivisten der Autonomen Linken.

Zur Begründung für diese Auffassung wird eine Auflistung von Fällen angeboten, in denen spätere Genossen der RAF vor Beginn ihrer Aktionen, die die Tötung von Menschen einkalkulierten, als Hausbesetzer, bei Demonstrationen gegen Kernkraftanlagen oder bei gewaltsamen Kundgebungen gegen amerikanische Einrichtungen tätig waren.

Eine derartige Aufzeichnung angeblicher Entwicklungsabläufe verkürzt die Ursachenforschung über den derzeitigen deutschen Terrorismus auf einen Punkt, der allenfalls marginale Bedeutung hat. Sie stempelt die politisch motivierten Gewalttäter der autonomen Gruppen zu potentiellen Mördern und verdeckt den deutlichen Gegensatz zwischen den Autonomen und der RAF. Das spielt letztlich den Terroristen in die Hände.

Es ist richtig, daß die erste Generation der RAF ihre Herkunft aus der Studentenbewegung nie geleugnet hat. Sie sammelte sich aber erst, als die APO der sechziger Jahre zerfallen war und als längere Diskussionen über Ziel und Organisation des bewaffneten Kampfes stattgefunden hatten. Das andere Ergebnis dieses Klärungsprozesses war die Entwicklung von dogmatischen Gruppen der Neuen Linken, nämlich der KPD, des KBW (Kommunistischer Bund Westdeutschlands) und der GIM (Gruppe Internationaler Marxisten).

Das damalige Geschehen mit der heutigen Situation zu vergleichen, ist nicht möglich. Die Autonome Linke – in sich ungegliedert und ohne Hierarchie – ist virulent und wird auch in den kommenden Jahren den von ihr als notwendig angesehenen Kampf gegen den »Repressionsapparat« des Staates fortsetzen. Sie unterschiedet sich in Motivation und Aktion durchaus von der RAF.

Die autonomen Gruppen entstammen der Deklination der oben genannten K-Organisationen (KPD, KBW und GIM), die zwischen 1969 und 1973 entstanden waren und von der späteren Ökologiebewegung und den Friedensdemonstrationen überholt wurden.

Die Reste der dogmatischen Neuen Linken sind inzwischen weitgehend isoliert oder auf eine Anhängerzahl geschrumpft, mit der eigenständige Aktionen kaum noch durchgeführt werden können. Eine wachsende Anzahl jugendlicher Anhänger lehnte die straffe Struktur, die konsequente Ideologie und die Disziplinierungsversuche durch den »Demokratischen Zentralismus« der K-Gruppen ab. Sie wandte sich undogmatischen Positionen zu und knüpfte insofern an die anti-autoritäre Phase der APO-Zeit an.

Die meisten Autonomen engagierten sich im Rahmen der Anti-AKW-Bewegung. Bei den öffentlichkeitswirksamen Demonstrationen gegen Kernkraftanlagen in den späten siebziger Jahren zeichneten sich die Autonomen als Träger besonders militanter Widerstandsformen aus. Die Begegnung mit staatlichen Machtmitteln wurde von ihnen als Unterdrückung empfunden. In sporadischen Diskussionen steckten sie Positionen ab, die bis heute motivierend sind: die Verwirklichung selbstgewählter Lebensformen, die Schaffung persönlicher Freiräume und die absolute Selbstbestimmung gegen staatliche, gesellschaftliche oder organisatorische Zwänge.

Ein großer Teil der Autonomen hält friedliche Protestformen letztlich für unwirksam. Die Aktionsformen umfassen massive Störungen von Veranstaltungen politischer Gegner, Ausschreitungen bei Demonstrationen, Sabotageaktionen etwa gegen Firmen, die am Bau von Kernkraftanlagen beteiligt sind, sowie Brand- und Sprengstoffanschläge. Da alle Autonomen dezentralisierte Aktionen bevorzugen, sind die entsprechenden Anschläge schwer vorauszusehen, aufzuklären oder zu verhindern. Das strategische Ziel der Autonomen bleibt immer, durch unmittelbare Aktionen Widerstand zu dokumentieren und den Staat anzugreifen.

Die Autonomen verstehen sich als Basisbewegung, in der »direkte Demokratie« praktiziert wird. Sie sind anarchistisch orientiert. Dies stimmt mit ihrer Organisationsfeindlichkeit überein. Je nach dem taktischen Ziel ihrer Aktivitäten verstehen sie sich als Hausbesetzer, AKW-Gegner oder »Antifaschisten« und bezeichnen sich auch so. Sie arbeiten dabei mit anderen AKW-Gegnern oder »antifaschistischen« Gruppen zusammen, die sich im Gegensatz zu den autonomen Gruppen nur auf ihr spezielles Arbeitsfeld beschränken. Häufig besteht Übereinstimmung auch mit den Angriffszielen und Feindbildern der Gruppen, die dem Umfeld der RAF zuzurechnen sind. Von diesen Gruppen unterscheiden sich die Autonomen aber sowohl durch ihre lockere Struktur, die Unabhängigkeit verbürgt, als auch durch die Ablehnung marxistisch-leninistischer Konzeptionen.

Bisher ist es den Autonomen nicht gelungen, überregionale Strukturen aufzubauen. Dies würde auch ihrem Selbstverständnis widersprechen. Nur bei einigen Anlässen, die von den Autonomen als besonders provozierend empfunden wurden, kam es zu Demonstrationen mit bundesweiter Beteiligung, so etwa bei der öffentlichen Gelöbnisfeier von Rekruten in Bremen am 6. Mai 1980, beim Besuch von Ronald Reagan am 11. Juni 1982 in Berlin, beim Besuch von George Bush am 25. Juni 1983 in Krefeld und bei Protesten gegen das AKW Brokdorf und die Wiederaufarbeitungsanlage in Wackersdorf.

Schriftliche Diskussionen über Zielvorgaben werden nur von wenigen Beteiligten geführt. Sie finden ihren Niederschlag in zumeist kurzlebigen Broschüren oder in Artikeln von Zeitungen, die sich als Plattform zur Verfügung stellen.

Einige Anschlagsmethoden ähneln der Taktik der »Revolutionären Zellen« (RZ). Die Autonomen selbst sind aber keine Terroristen. Ihnen fehlt ein langfristiges politisches Konzept. Ihre Anschläge sind in sich so inkonsequent, daß aus ihnen bisher kein systematischer Kampf für politische Ziele entwickelt werden konnte.

Sie nehmen bei der Wahl ihrer Kampfformen keine Rücksicht auf Aktionspartner. Im Vordergrund ihrer Aktivitäten steht immer die eigene Person. Aus der subjektiv von ihnen erfahrenen »Entfremdung«, die vom jungen Marx beschrieben wurde, versuchen sie in einen Prozeß der »Selbstverwirklichung« überzutreten. Ideologien lehnen sie ab. Sie arbeiten zwar manchmal punktuell mit dem Umfeld der RAF zusammen, wollen sich aber nicht von der RAF für deren Ziele einspannen lassen. Sie sind grundsätzlich kein Rekrutierungsreservoir für das Umfeld der RAF, geschweige denn für die »Illegalen Militanten« oder die Kommandos der RAF.

Die RAF will die Autonomen dennoch als Teil des militanten Spektrums der von ihr proklamierten »Anti-imperialistischen Front in Westeuropa« in ihre Gesamtstrategie einbeziehen. Sie versuchte den entsprechenden Durchbruch mit der von RAF-Anhängern organisierten Konferenz »Über den anti-imperialistischen Widerstand in Europa« vom 31. Januar bis 4. Februar 1986 in Frankfurt. Dieses Vorhaben scheiterte.

Ein anderes Projekt, das schon 1985 begonnen wurde, scheint mehr Erfolg zu versprechen. Es handelt sich um die Hafenstraße in Hamburg. Die vom Abbruch bedrohten Häuser der Bernhard-Nocht-Straße 16 bis 24 und der Hafenstraße 116 bis 126 im Stadtteil St. Pauli waren von etwa 120 bis 150 jungen Männern und Frauen in Besitz genommen worden. Die Eigentümerin der Wohnungen, die der Stadt Hamburg gehörende Wohnungsbaugesellschaft SAGA, schloß Mietverträge mit den Bewohnern. Die »Besetzer« bestanden und bestehen zum größten Teil aus »anpolitisierten« Jugendlichen, einer Art von Lumpenproletariat. Anzahl und Zusammensetzung der Bewohner wechselten ständig.

Im Jahre 1984 begannen in diese Projekte Personen einzuziehen, die der RAF zugerechnet werden müssen. Sie übernahmen schon bald die Führung in den Auseinandersetzungen mit dem eigentlichen Eigentümer der Häuser, der Freien und Hansestadt Hamburg. Ihr Einfluß verstärkte die ohnehin gegebene Militanz, die sich immer wieder in Gewalthandlungen äußerte. Über ihr Umfeld konnte die RAF weitere »Kämpfer« mobilisieren. Der größere Teil der rund 800 Aktivisten, die am 20. Dezember 1986 gegen den Abriß der Häuser demonstrierten, reiste aus dem Ruhrgebiet, dem Rhein-Main-Bereich und aus Süddeutschland an. Es kam zu Krawallen. Großer Sachschaden entstand. Die Hafenstraße war zu einer Bastion der RAF geworden.

Die Altmitglieder der RAF, Simone Borgstede und Anne-Rose Reiche, unterhalten die Verbindung zur Kommando-Ebene. Interessenvertreter und Kontaktpersonen zur Öffentlichkeit sind einige Mitglieder der Grün-Alternativen Liste (GAL), zum Beispiel die Bürgerschaftsabgeordnete Ulla Jelpke.

Noch Anfang der achtziger Jahre hätte die RAF es abgelehnt, sich mit »Autonomen«, »Anarchis« und »Lumpis« unmittelbar in Verbindung zu setzen. Sie hätte sich gesagt, daß mit »diesen jungen Leuten« eigentlich nichts anzufangen sei. Erst in der Utopie, eine breite anti-imperialistische Front schaffen zu können, sah sie Ansatzpunkte zur Mobilisierung für die eigenen Interessen. Die Utopie könnte in Hamburg Wirklichkeit werden durch die Politik des Senats.

Der Erste Bürgermeister der Freien und Hansestadt Hamburg traf sich zu Verhandlungen mit einer Delegation der Hausbesetzer, an der auch die Alt-Terroristin Simone Borgstede teilnahm. Der Senat selbst konzipierte im Oktober 1987 einen Vertrag, durch den sich die »Pächter« verpflichten sollen, »durch Vermieten von Wohnräumen zu Wohnzwecken selbstbestimmtes Wohnen auf gewaltfreier Basis zu fördern«. Ebenfalls im Oktober 1987 fertigte der Senat für die Hausbesetzer einen Satzungsentwurf zur Gründung eines Vereins, um damit erst einen Ansprechpartner und eine Institution für die kommenden Vertragsverhandlungen ins Leben zu rufen. Ziel war offensichtlich, auf gewaltfreiem Wege Ruhe und Ordnung in der Hafenstraße wiederherzustellen. Voraussetzung dafür war, daß sich die Meinungsführer der Hausbesetzer an der Gründung des Vereins beteiligten. Adressat des Satzungsentwurfs war also die RAF. Der Senat versuchte damit, seine Aufgabe, für Sicherheit und Ordnung zu sorgen, auf eine Institution zu übertragen, die von einer kriminellen Vereinigung gesteuert wird.

Die Interessenvertretung der Hafenstraße lehnte das Projekt des Senats zunächst ab. Sie wollte die Vorbedingung, vor Abschluß des Vertrages die Barrikaden an den Objekten abzubauen, nicht erfüllen. Nachdem Bürgermeister von Dohnany sein Verbleiben im Amt mit dem Abschluß des Pachtvertrages verbunden hatte, wurden die Straßensperren und Barrikaden von den Bewohnern der Hafenstraße unter Beteiligung einiger prominenter Vertreter des Hamburger Kulturlebens weggeräumt. Der Pachtvertrag wurde unterschrieben. Dennoch ist es inzwischen im Bereich der Hafenstraße zu weiteren Gewalthandungen und Straftaten gekommen.

Diese Entwicklung kann von der RAF nur als Erfolg bewertet werden. Sie eröffnete die Chance, daß sich auch Gruppen der Autonomen Linken am Aufbau der anti-imperialistischen Front beteiligen. Sie gibt der RAF die Möglichkeit, auch unter den »anpolitisierten« Jugendlichen neue »Genossen« für ihren bewaffneten Kampf gewinnen zu können.

7. Die RAF und die Friedensbewegung

Die Friedensbewegung in der Bundesrepublik Deutschland hat den Sympathisanten der RAF und RZ Elan und Kraft genommen. Die Breitenwirkung, welche die Friedensbewegung inzwischen erzielt hat, macht deutlich, daß die Chancen progressiver Politik größer sind, wenn ihre Verwirklichung gewaltfrei angegangen wird. Der Wunsch, das gesellschaftliche System zu verändern, manifestiert sich heute auch bei der extremen Linken in Reformvorhaben und nicht in Revolution. Er kanalisiert sich in Institutionen und Organisationen, die inzwischen zum Teil schon in die Parlamente eingezogen sind. Das ideologische und aktivistische Kräftepotential, das bis vor wenigen Jahren noch frei war als Umfeld und zum Flankenschutz terroristischer Organisationen, ist inzwischen aufgegangen und assimiliert worden durch die Friedensbewegung und die verschiedenen Organisatonen der Grünen und Alternativen.

Das alternative Spektrum ist, insgesamt gesehen, immer noch mehr eine »Bewegung« als eine »Partei«. Seine Organisationsstrukturen stellen sich bisher nur als Hülle dar, in der sich divergierende Interessen mit wechselnden Zielrichtungen zu einer neuen politischen Kraft gebündelt haben.

Andere Bewegungen, die von zum Teil ähnlichen Motivationen getragen waren, sich aber nicht zu einer Partie kristallisieren konnten, sind gescheitert. Die erste Bewegung dieser Art war die »Volksbefragung gegen die Remilitarisierung« der Jahre 1951/52. Sie mußte ohne Erfolg bleiben, weil sie von Kommunisten initiiert und von Vehikeln der damaligen KPD organisiert und getragen war.

Die zweite Bewegung entwickelte sich, als die NATO-Konferenz im Dezember 1957 beschloß, die europäischen Mitgliedstaaten mit Atomwaffen-Depots auszurüsten. Auch sie war von Kommunisten beeinflußt. Die Führungsgremien vom »Deutschen Gewerkschaftsbund« (DGB) und von der SPD versuchten zögernd, die Aktion »Kampf dem Atomtod« auf eine allgemeine Volksbefragung hinzulenken. An den einzelnen Kundgebungen beteiligten sich bis zu 150 000 Menschen. Das Bundesverfassungsgericht verbot am 30. Juli 1958 auch diese Volksbefragung.

Die dritte Bewegung hatte ihre Wurzeln im Protestpotential der studentischen Jugend der sechziger Jahre. Ihren explosiven Höhepunkt erreichte sie mit den Aktionen der APO in den Jahren 1967/68. Im Gegensatz zu den beiden vorherigen Bewegungen handelte es sich bei ihr um den Protest einer neuen Generation, die in das Wirtschaftswunder hineingewachsen war, es aber nicht mitgestaltet hatte.

Erste organisatorische Impulse kamen von der aus den Ostermärschen hervorgegangenen und kommunistisch beeinflußten

»Kampagne für Abrüstung« (KFA). Zur Avantgarde wurde der »Sozialistische Deutsche Studentenbund« (SDS).

Die APO zerfiel, als die Truppen des Warschauer Paktes im August 1968 in die ČSSR einmarschierten und nachdem die Anti-Notstands-Kampagne im Herbst 1968 gescheitert war.

Die Regierung Brandt/Scheel versuchte, den reformfähigen Teil der Bewegung aufzufangen und für sich zu gewinnen. Vor allem die SPD konnte eine große Anzahl von Jungwählern mobilisieren. Von 1969 bis 1973 traten 100 000 Studenten und Jungakademiker der Partei bei. Die Kader-Organisationen der Neuen Linken verkümmerten zu Sekten.

Der Anfangsglanz des »Historischen Bündnisses« zwischen SPD und FDP verblaßte bald. Die Reformvorhaben der neuen Koalition stießen auf ökonomische Grenzen. Der Erwartungsüberhang, den die Regierung im Hinblick auf die Möglichkeiten der Ost- und Entspannungspolitik erzeugt hatte, wurde sichtbar. Helmut Schmidt löste Willy Brandt als Kanzler ab. Die Aufbruchstimmung der Jahre, in denen man »mehr Demokratie wagen« (Brandt) wollte, machte einer Phase der Ernüchterung und Desorientierung Platz.

Gleichzeitig hatten sich Bürgerinitiativen gebildet, die sich der Bewältigung unterschiedlichster Probleme widmeten, zu deren Lösung die etablierten Parteien nicht fähig oder willens schienen. Aus ihnen entstand, sich zum Teil damit überlappend, eine breite Ökologiebewegung. Parallel dazu entwickelte sich, zunächst als Subkultur, die Alternativbewegung sowie die Frauenbewegung.

In diese politische Mischung trat die Friedensbewegung mit zunächst formierender Kraft. Auch sie war in ihrer Entwicklungsphase bis hin zum ersten Jahrestag des »Krefelder Appells« am 21. November 1981 maßgeblich von Kommunisten beeinflußt. Mit der Oppositionsrolle der SPD seit Oktober 1982 und nach dem Einzug der Grünen in den Bundestag hat sich die nichtkommunistische Basis der Friedensbewegung aber entscheidend verbreitert. Die Gesamtbewegung dürfte nach wie vor über rund 1,5 Millionen Anhänger verfügen. Sie hat einen Sympathisantensaum, über den inzwischen fast fugenlos ökologische Denkweisen und Umweltschutzprogramme in die einzelnen Stämme – wie zum Beispiel die Alternativ- und Frauenbewegung – hineingeflossen sind. Umgekehrt haben die sich als Partei verstehenden Grünen ihre programmatischen Schwerpunkte von der Ökologie- und Anti-Kernkraft-Thematik auf Fragen der Abrüstung und des Friedens verschoben. Mit dem Blick auf Friedens-, Alternativ- und Frauenbewegung können sich die Grünen deshalb zu Recht als parlamentarischer Arm einer breiten außerparlamentarischen Opposition verstehen.

Eine zu breite Toleranz gegenüber Minderheiten in den eigenen Reihen (symptomatisch ist die lange Diskussion über die Straffreiheit bei Unzucht mit Minderjährigen) hat zu Wahlverlusten beigetragen. Die Fixierung auf ökologische Randprobleme hat der Glaubwürdigkeit Abbruch getan. Die Äußerung der Vorstandssprecherin der Grünen Jutta Ditfurth, daß der Staat den Terror brauche, um von seiner eigenen Gewalt abzulenken (6. Oktober 1987), sind mehr geprägt vom Haß auf das »System« als von Sympathie für den Terrorismus.

Inzwischen deutlicher gewordene gesellschaftspolitische und wirtschaftspolitische Tendenzen und darauf folgende neue Einsichten der Wähler werden den Grünen helfen, bis weit in die neunziger Jahre das politische Spektrum der Bundesrepublik mitzubestimmen. Die Politik der SPD gegenüber den Grünen in Hessen etwa zeigte nicht nur Sachzwänge für die Sozialdemokraten, sondern auch die Notwendigkeit für die Grünen, größere Kompromißfähigkeit zu zeigen.

Wählbarkeit und Bündnisfähigkeit der Grünen werden sich erhöhen, wenn sich die Partei – wie in Einzelfällen schon geschehen – weiterhin von kommunistischen Beeinflussungsversuchen abgrenzen kann. Die Abwendung von künstlichen Organisationssystemen (die Fragwürdigkeit des Rotationsprinzips ist schon häufig angesprochen worden) wird stabilisierende Wirkungen haben. Die zurückhaltende Sympathie liberaler Zeitungen ist von einem nicht zu unterschätzenden Propagandawert. Die Alternativpresse, die eine Auflage von mehr als 500 000 Exemplaren im Monat hat, bringt organisatorische Einflüsse. Die linksradikale »taz« mit rund 40 000 Exemplaren täglich ist zu einer Plattform und zu einem Diskussionsforum für alle Basisbewegungen geworden. Weit über deren Anhängerzahl hinaus hat sich eine neue Mittelklasse gebildet, die die gleichen Besorgnisse hat und zu den gleichen Zielen tendiert wie die neuen sozialen Bewegungen, für welche die Grünen als Repräsentant stehen.

Dieses arbeitet auf Bündnisse zwischen SPD und Grünen hin. In der dazugehörenden politischen Landschaft hat sich ein Klima entwickelt und ist nach wie vor existent, das demjenigen der ersten Jahre der Koalition Brandt/Scheel ähnelt. Es ist zwar weniger schwärmerisch als damals, eine Art »Aufbruchstimmung« ist aber dennoch virulent.

Die Zukunftserwartungen, die damit verbunden sind, dämpfen die Vorstellungen, daß nur der »bewaffnete Kampf« zu einer Änderung des gesellschaftlichen System führen oder daß nur die Schaffung neuer »revolutionärer Subjekte« zu einer Änderung der Lage beitragen könnten. Solange diese Erwartungen nicht enttäuscht werden, sind die Chancen, neue Kämpfer für den deutschen Terrorismus »außerhalb des legalen Umfeldes« rekrutieren zu können, gering. Eine Spaltung der Grünen könnte Mitglieder der Basis wieder zum Terrorismus führen.

VIII. Die Rolle der Sympathisanten

1. Beifall bei Beginn der Aktionen

Die linke und die liberale Intelligenz hatten die Protestbewegung in der Bundesrepublik Deutschland, die sich Mitte der sechziger Jahre entwickelt hatte, von Anfang an begleitet. Als die RAF im Frühjahr 1971 ihren »bewaffneten Kampf« begann, erklärten zahlreiche liberale und linke Intellektuelle dieses Konzept als notwendige Konsequenz aus der gescheiterten Protestbewegung, die angeblich vom »Establishment« mit Gewalt unterdrückt worden war. Sie verkannten, daß die RAF in Theorie und Strategie den Schritt von der Demonstration zu Gewaltaktionen bereits vollzogen hatte.

Die ersten Aktionen der RAF dienten dazu, die logistischen Grundlagen für künftige Operationen zu beschaffen. Von den Sympathisanten wurden diese Aktionen begrüßt. Auch ein Teil der politisch nichtengagierten Bevölkerung zögerte, die Operationen als kriminelle Handlungen zu verurteilen. Man bewunderte die offensichtlich sorgsame Vorbereitung sowie die Präzision und die Bravour in der Ausführung der Überfälle. Die Terroristen wurden als eine neue Art von Robin-Hood-Tätern angesehen.

Aus dieser Mentalität entwickelten sich Unterstützungshandlungen von Menschen, die nicht zur RAF gehörten und denen ihre damalige Beteiligung heute in den meisten Fällen unverständlich ist.

Im November 1970 stellte Professor Peter Brückner in Hannover Ulrike Meinhof und zwei weiteren Mitgliedern der RAF eine Wohnung zur Verfügung. Vom 24. Dezember 1970 bis zum 8. Januar 1971 überließ ein Lehrer an einem Gymnasium in Stuttgart seine Wohnung anderen Mitgliedern der RAF. Im Januar 1971 nahm ein anderer Lehrer in Stuttgart Pakete von Mitgliedern der RAF an, um sie später an andere Angehörige der RAF weiterzugeben. Im Februar 1971 mietete ein Arzt aus Heidelberg in Hamburg eine konspirative Wohnung für die RAF an. Mitte März 1971 stellte ein weiterer Lehrer aus Stuttgart seinen Pkw der RAF zur Verfügung. Ende März 1971 mietet ein Arzt in Hamburg eine Wohnung für Gudrun Ensslin an. Im September 1971 mietete ein Schauspieler des Staatstheaters Stuttgart einen Pkw und stellte ihn der RAF zur Verfügung. Im Januar 1972 mietete ein Psychologe aus Esslingen in Frankfurt eine konspirative Wohnung für die RAF an. Die Wohnung wurde bis zum Juni 1972 benutzt.

Diese Unterstützungshandlungen sind nur Beispiele für zahlreiche weitere Hilfeleistungen, die unbeteiligte Bürger den Terroristen in der Anfangphase ihrer Operationen gaben. Ihre Unterstützung wurde erleichtert durch ein in vielen Fällen ideologisch fixiertes Engagement für politische Probleme und die subjektive Empfindung, in einem Staat zu leben, der nicht frei von Repression sei. Die Aktivisten der RAF nutzten diese Art von »Solidarität« zumeist bedenkenlos und oft auch unter Verschleierung der eigenen Identität und ihrer tatsächlichen Vorhaben. Die Sympathisanten bewiesen in vielen Fällen Unsicherheit über den eigenen Standpunkt und mangelnden Wirklichkeitssinn. Sie gaben unbedenklich Unterstützung für kriminelle Handlungen, deren Qualität sie durch ihr eigenes ideologisch geprägtes Bewußtsein nicht begreifen konnten.

Dieses ideologische Sympathisantentum erschwerte die Aufklärung durch die Sicherheitsbehörden erheblich. Das publizistische Klima, das sich aus solchen Sympathien entwickelte, verzeichnete die Probleme völlig. In manchen Zeitungsartikeln wurde das Verhalten der Sympathisanten mit Vergleichen zur Gestapo-Zeit erklärt, in der Bürger flüchtenden Widerstandskämpfern Unterschlupf vor der sie verfolgenden Polizei gewährt hatten. Die Positionen in den Medien unterschieden sich daran, ob man die RAF als »Baader-Meinhof-Bande« oder als »Baader-Meinhof-Gruppe« bezeichnete.

Der deutsche Nobelpreisträger Heinrich Böll schrieb am 10. Januar 1972 im »Spiegel« einen Essay über die RAF und Ulrike Meinhof unter dem Titel »Soviel Liebe auf einmal. Will Ulrike Gnade oder freies Geleit?!« Der Artikel gipfelte in der polemischen Formulierung, daß »60 Millionen« (die Bevölkerung der Bundesrepublik) Jagd auf eine Handvoll junger Menschen machten.

2. Nach den ersten Morden

Im Jahre 1972 ging die RAF über die Logistik und die Propagierung ihrer Kampfziele hinaus zur offensiven Aktion über. Die Anschläge waren kein wahlloser Terror, sondern gezielte Aktionen, deren Charakter es anderen Organisationen und Gruppen der revolutionären »Neuen Linken« ermöglichen sollte, sich mit der RAF zu solidarisieren. Das RAF-Kommando, das für den Anschlag gegen den Springer-Verlag verantwortlich zeichnete, betonte deshalb, daß vor dem Anschlag eine Warnung an den Verlag gegeben worden sei, damit das Gebäude geräumt werden konnte. Die Anschläge gegen die Polizei und gegen amerikanische Einrichtungen, denen keine Warnung vorausging, nahmen die Tötung von Menschen nicht nur in Kauf, sondern kalkulierten sie ein. Sie zielten zugleich auf die Solidarisierung anderer Fraktionen der revolutionären Bewegung.

Die Solidarisierung blieb aus. Das beruhte auch auf den Fehlern in der theoretischen Selbstdarstellung der RAF. Diese Mängel, die schon damals sichtbar waren, haben sich bis heute fortgesetzt und weiterentwickelt. Die RAF hat ihre zunehmende Schwäche in den Rechtfertigungsversuchen für ihre Aktionen später durch gesteigerte Brutalität kompensiert.

Die RAF stand von Anfang an vor dem Dilemma, für die Arbeiterklasse kämpfen zu wollen, während sie selbst kaum Mitglieder hatte, die zur Arbeiterklasse gerechnet werden konnten. Den Mitgliedern der RAF war klar, daß die Führung einer Revolution, wie von ihnen angestrebt, nach Lenin an sich dem bewußten Teil der Arbeiterklasse zustehen müsse. Diese Einsicht ist von den Mitgliedern der RAF bis heute niemals öffentlich diskutiert worden. Nur Horst Mahler zog schon sehr früh die theoretische Konsequenz. Er stellte auf die Teile der Intelligenz ab, die von der Tatsache geprägt seien, »daß ihre Herkunftsschicht in weitaus stärkerem Maße von Deklassierung bedroht oder bereits betroffen sei als früher«. Dieser revolutionären Intelligenz wies Mahler die Funktion einer Avantgarde zu. Nicht die Organisation der Industriearbeiterschaft, sondern die revolutionären Teile der Studentenschaft seien heute Träger des zeitgenössischen Bewußtseins.

Die Aufgabe dieser »studentischen Elite«, für die Interessen der Arbeiterschaft zu kämpfen, war in den Augen vieler Intellektueller verraten worden durch den Anschlag auf den Springer-Verlag. Der Springer-Verlag als solcher wurde zwar als Objekt revolutionärer Anschläge akzeptiert, nicht aber die Arbeiter, die in dem Verlag beschäftigt waren.

Renato Curcio, der führende Kopf der italienischen Terror-Organisation »Brigate Rosse«, erkannte die von diesem Ausgangspunkt herrührenden Schwierigkeiten der deutschen Gruppen. In einem Brief aus dem Gefängnis von Dezember 1974 erläuterte er, daß die RAF den Fehler gemacht habe, die Auseinandersetzungen zu früh und auf zu vielen Ebenen begonnen zu haben. Außerdem habe die RAF die »realen Interessen der Bewegung« verkannt. In einem weiteren Brief aus dem Gefängnis von März 1975 kritisierte Curcio, daß die RAF den Aufbau ihrer Organisation außerhalb der »Bewegung« begonnen habe und daß sich für die RAF offensichtlich die »Arbeiterfrage« nicht stelle.

Im Jahre 1979 erklärte Horst Mahler in einem Gespräch mit Stefan Aust, daß der Bombenanschlag auf das Springer-Hochhaus in Hamburg einen Wendepunkt in der Entwicklung der RAF darstelle: »Das Deutlichste war der Anschlag auf das Springer-Haus in Hamburg, wo ja Arbeiter und Angestellte verletzt wurden und von der Größenordnung dieses Angriffs sehr viel Schlimmeres hätte noch passieren können. Da wurde völlig klar, daß die Praxis sich völlig loslöste von dem, was wir mal gemeinsam uns unter Praxis vorgestellt haben. Denn jetzt wendeten sich diese militärischen oder militanten Aktionen ja gegen den Teil des Volkes, für den man vorgab, diesen Kampf zu führen, nämlich für Arbeiter und Angestellte, für die Lohnabhängigen – oder wie man das nennen will.«

Dementsprechend konnten sich immer weniger Wortführer des

Sympathisantentums, die im Grunde genommen eine gewaltsame Veränderung des gesellschaftpolitischen Systems in der Bundesrepublik tolerieren wollten, mit den Methoden der RAF identifizieren. Nur wenige allerdings zogen die Konsequenz, ihren Irrtum öffentlich zu bekennen. Statt dessen verlagerten sie ihre Agitation von einer Verteidigung der Ziele der RAF auf eine Kritik an den Fahndungsmethoden der Sicherheitsbehörden und an der Handhabung der Strafverfolgung sowie den Methoden des Strafvollzugs.

3. Die Sprache als operatives Mittel

Die drei Kampfschriften, die Horst Mahler und Ulrike Meinhof zwischen April 1971 und November 1972 für die RAF veröffentlichten und die die ersten Gewaltanschläge der Baader-Meinhof-Bande begleiteten und begründeten, sind bis heute maßgebender Rahmen des strategischen Konzepts der RAF. Sie sind in einer Sprache verfaßt, die im wesentlichen nur von akademisch gebildeten Lesern verstanden werden kann. Vertreter der Arbeiterklasse konnten von dieser Sprache nicht motiviert werden. Insofern dienten die Kampfschriften vor allem der Rechtfertigung gegenüber einem Auditorium, das aus Intellektuellen bestand.

Nach dem Selbstmord der führenden Mitglieder der RAF im Gefängnis Stuttgart-Stammheim im Jahre 1977 wurde deutlich, daß die RAF unter einem zunehmenden Defizit an Theorie litt. Versuche, eine neue Theoriediskussion zu beginnen, blieben in Fragmenten stecken. Diese Ansätze, die sich vor allem in den Kommuniques nach Gewaltaktionen niederschlugen, waren nur noch der Versuch, die erfolgten Anschläge zu rechtfertigen. Das wurde kaschiert mit dem Schlagwort vom »Primat der Praxis«. Zukunftsweisende Ideen blieben aus.

Von Anfang an aber hat es die RAF verstanden, bestimmte Geschehnisse und Entwicklungen mit ihren Schlagworten zu besetzen und dadurch die öffentliche Meinung vorübergehend zu beeinflussen.

Die Namen der von der RAF erschossenen Polizisten gerieten

bald in Vergessenheit. Die Namen der getöteten RAF-Mitglieder blieben im Bewußtsein der Bevölkerung und vor allem der Sympathisanten, weil nach ihnen – als »Märtyrer« – die Operationen künftiger Kommandos benannt wurden.

Während der Hungerstreikaktionen wurden die Strafgefangenen der RAF von den Gefängnisbeamten und zugezogenen Ärzten künstlich ernährt. Statt des von der Regierung verwendeten Begriffs der »künstlichen Ernährung« gelang es der RAF, den Begriff »Zwangsernährung« in die öffentliche Diskussion einzuführen. Dadurch sollten die staatlichen Institutionen als Instrumente einer Politik dargestellt werden, die unter Mißachtung der Menschenrechte und unter Gewaltanwendung die RAF-Gefangenen einer folterähnlichen Behandlung unterzogen.

Auf der gleichen Linie lag die Kampagne gegen die sogenannte »Isolationsfolter«, die sich gegen die Einzelhaft der RAF-Gefangenen wandte. Sie wurde initiiert von den inhaftierten Mitgliedern der RAF und organisiert von den Verteidigern. Kernbegriffe dieser Aktion waren seit 1973 »sensorische Deprivation«, »Vernichtungshaft« und »geplanter Mord«. Die Gefangenen wurden dadurch als Märtyrer emporgehoben und das rechtsstaatliche Handeln des Staates als »Vernichtungsstrategie« gegenüber den inhaftierten Terroristen gebrandmarkt.

Tatsächlich bestand kein Anlaß zu Zweifeln an der Haftpraxis. Die inhaftierten RAF-Mitglieder hatten die Möglichkeit, zahlreiche Zeitschriften, Zeitungen und Bücher zu beziehen, Rundfunk zu empfangen, Schallplatten zu hören und Sport zu treiben. Sie konnten studenlang mit anderen Insassen der Haftanstalten zusammentreffen. Es war ihnen erlaubt, nahezu unbegrenzt mit ihren Verteidigern zu sprechen und Besuche zu empfangen. Das führte in vielen Fällen zu dem Vorwurf anderer Strafgefangener, daß den RAF-Mitgliedern in den Gefängnissen eine bevorzugte Behandlung zuteil werde.

Neben dem agitatorischen Zweck der Kampagne war das Ziel auch, die Mitglieder der RAF in einer Strafanstalt zusammenzuführen. Die Selbstisolierung der Terroristen gegenüber normalen Strafgefangenen durch ihre eigene extreme Asozialität führt zu einem starken Gruppenzusammenhalt. Ohne diesen Zusammenhalt fühlt sich der Terrorist verloren. Er ist geradezu zwanghaft auf die Gruppe angewiesen. Nur die Gruppe ermöglicht die Selbstbestätigung der eigenen fanatischen Vorstellungen.

Durch die Kampagne gelang es tatsächlich, eine Woge des Mitleids und des Verständnisses für die Situation der Inhaftierten in Gang zu setzen. Diese Sympathiewelle machte an den deutschen Grenzen nicht halt. Mit Unterstützung linker Gruppierungen wurden in den Niederlanden, in Belgien, in Frankreich und in den skandinavischen Ländern »Komitees gegen die Isolationsfolter« gegründet, in denen für eine längere Zeit maßgebliche Psychologen und einige Ärzte mitarbeiteten.

Der am 16. Februar 1979 zu einer langjährigen Freiheitsstrafe verurteilte Rechtsanwalt Klaus Croissant erklärte am 25. Februar 1976 auf einem Kongreß mehrerer Organisationen der »Neuen Linken« in Hamburg, daß die Bundesrepublik der erste Staat sei, der auf dem Terrain der Justiz foltern lasse und der die Folter durch eine Gerichtsentscheidung (betreffend Einzelhaft) für rechtmäßig erklärt habe. Auf einer weiteren Veranstaltung in Hamburg sagte er, daß die Haltung und die Maßnahmen des Staates gegenüber den »Gefangenen der RAF« als »neuer Faschismus« zu qualifizieren seien und daß der dritte Strafsenat des Bundesgerichtshofes »in der Tradition des Dritten Reiches« stehe.

In den ersten Jahren der RAF-Aktionen vertraten die meisten Rechtsanwälte, die von den inhaftierten Terroristen mit der Wahrnehmung ihrer Verteidigung beauftragt waren, die gleichen gesellschaftspolitischen Ziele wie die Terroristen selbst. Beginnend mit 1972 organisierten die RAF-Gefangenen über ein Kommunikationsnetz, das von den Anwälten eingerichtet und aufrechterhalten wurde, mehrere Hungerstreikaktionen. Auf Befehl der Führungsgruppe, die im Gefängnis Stuttgart-Stammheim auf ihren Prozeß wartete, sollten die Gefangenen »ihren Körper als Waffe« gegenüber dem Staat einsetzen. Zeitweise befanden sich bis zu 50 Personen im Hungerstreik. Hungerstreikaktionen haben sich bis in das Jahr 1985 fortgesetzt.

Durch diese Aktionen sollte politischer Druck erzeugt werden, um den Forderungen der Terroristen nach Zusammenlegung zum

Erfolg zu verhelfen und ein günstiges Klima für weitere Anschläge zu schaffen. Die Hungerstreikaktionen wurden von öffentlichen Kampagnen des »legalen Umfeldes« der Terroristen begleitet, um die Öffentlichkeit zu mobilisieren und einen evtl. durch Hungerstreik herbeigeführten Selbstmord als Mord erklären zu können. Holger Meins, der im November 1974 an den Folgen eines Hungerstreiks starb, hatte vorher schriftlich festgelegt:

»So wie ich das sehe, ist ein Hungerstreik erstens sehr gefährlich, weil unter Umständen tödlich, und zweitens wenn, dann ist das der letzte, weil es dann kein Aufhören mehr gibt . . . Für den Fall, daß ich in Haft vom Leben in den Tod komme, war's Mord – gleich was die Schweine behaupten werden . . .«

Irmgard Möller erklärte vor dem Untersuchungsausschuß nach dem Selbstmord der führenden RAF-Mitglieder Baader, Raspe und Ensslin auf die Frage, wie sie den Tod nach einem Hungerstreik beurteile: »Das ist Mord.«

Aus einer Vielzahl von Verlautbarungen der Terroristen, aus Zellenzirkularen, »Bekennerbriefen« und Zellenkassibern geht hervor, daß der Hungerstreik und auch der mögliche Selbstmord planmäßig als Waffe im Kampf gegen den Staat und die derzeitige Gesellschaftsordung eingesetzt werden sollten. Der Selbstmord im Gefängnis sollte in jedem Falle propagandistisch als Mord erklärt werden und damit zum Vorwand werden für weitere Terroranschläge.

Die Hoffnung allerdings, daß die Selbstmorde der in Stammheim inhaftierten RAF-Mitglieder Baader, Raspe und Ensslin nach der Befreiungsaktion in Mogadischu zu einem Fanal für weitere Terroraktionen werden würden, erfüllte sich nicht. In der Bundesrepublik und im benachbarten Ausland kam es zwar zu Bomben- und Sprengstoffanschlägen. Dieses war aber nur ein kurzes Aufflackern von Gewalt und förderte nicht die Sache der RAF.

4. Die Hilfe von Meinungsmachern

Nach den ersten Morden der RAF behandelten die meisten Veröffentlichungen der deutschen Printmedien den Terrorismus in der Bundesrepublik Deutschland mit größerer Zurückhaltung und einer objektiveren Darstellung der Fakten als bisher. Die Propaganda-Aktionen der Rechtsanwälte, die die RAF-Gefangenen mit ihrer Verteidigung beauftragt hatten, veranlaßte allerdings einige herausragende Multiplikatoren zu Stellungnahmen, die der inzwischen eingetretenen Entwicklung nicht mehr entsprachen. Auch hierbei wurde vermieden, die Methoden und Ziele der Terroristen zu entschuldigen; statt dessen wurden der Staat und seine Gegenmaßnahmen diffamiert. Der Hauptvorwurf der entsprechenden Veröffentlichungen war, daß konservative Kräfte die Bekämpfung des Terrorismus dazu benutzen würden, in der Bundesrepublik einen Polizei- und Überwachungsstaat zu errichten.

Anfang 1976 veröffentlichte Heinrich Böll ein Buch mit dem Titel »Die verlorene Ehre der Katharina Blum«. Darin wird die Geschichte einer Frau erzählt, die eine Liebesbeziehung zu einem Mann aufnimmt, ohne zu wissen, daß es sich dabei um einen Terroristen handelt. Die rücksichtslose Berichterstattung eines Zeitungsreporters, die auch vor der Intimsphäre der Frau nicht haltmacht, und einfältige Vernehmungen von Polizeibeamten führen schließlich dazu, daß Katharina Blum den Reporter erschießt. Im Vordergrund der Darstellung stehen dumme Polizisten und ein charakterloser Zeitungsmensch. In einer Vorbemerkung sagt Böll: »Personen und Handlung dieser Erzählung sind frei erfunden. Sollten sich bei der Schilderung gewisser journalistischer Praktiken Ähnlichkeiten mit den Praktiken der ›Bild‹-Zeitung ergeben haben, so sind diese Ähnlichkeiten weder beabsichtigt noch zufällig, sondern unvermeidlich.«

Das Buch wurde verfilmt. Der Film wurde später mehrfach – zuletzt 1986 – im westdeutschen Fernsehen gezeigt. In den Kommentaren der letzten beiden Aufführungen erklärte ein Fernsehsprecher, daß Heinrich Böll heute möglicherweise dieses Buch und diesen Film nicht mehr so geschrieben hätte.

Im Mai 1977 veröffentlichten Heinrich Böll und der Schriftsteller Günter Wallraff ein Buch über »Berichte zur Gesinnungslage«. Heinrich Bölls Beitrag war eine Satire über die Aufklärungsarbeit der Sicherheitsbehörden im terroristischen Umfeld. Günter Wallraff brachte eine »Dokumentation« von Ermittlungen, die gegen ihn wegen des Verdachts der Beteiligung an einer terroristischen Vereinigung geführt worden waren.

Beide Darstellungen versuchten zu belegen, daß die Sicherheitsbehörden die Verdachtsmomente, denen sie nachgingen, selbst geschaffen hätten.

Unmittelbar nach der Ermordung des Generalbundesanwalts Siegfried Buback durch Mitglieder der RAF am 7. April 1977 in Karlsruhe schrieb der kommunistische Schriftsteller Erich Fried ein Gedicht über diesen Tod.

Kernstück des Gedichts ist der Satz:

»Dieses Stück Fleisch glaubte Recht zu tun und tat Unrecht.«

Der Tote wird damit als Sache beschrieben, die an sich ohne Wert ist. Der Irrtum über seinen vermeintlichen Lebenssinn wird ihm noch zugebilligt. Er wird aber andererseits als williger Erfüllungsgehilfe einer Justiz dargestellt, die ihre eigene Rolle nicht erkennen und die Klasseninteressen nicht unterscheiden kann. Deshalb ist Buback in den Augen von Fried nur »ein Teil des Unrechts«. Insgesamt zielte das Gedicht nicht auf den Ermordeten, der in seinem Leben Mörder zu verfolgen hatte, um das Leben von Menschen zu schützen. Ziel dieses Gedichts ist vielmehr, die Verfolgung von Mördern und von Feinden des demokratischen Rechtsstaates als Unrecht zu brandmarken.

Noch deutlicher äußerte sich die Studentenzeitung »Göttinger Nachrichten«. In ihr erschien zwei Wochen nach der Ermordung von Siegfried Buback ein anonymer »Nachruf«, der mit »Mescalero« unterschrieben war. Darin heißt es:

»Meine unmittelbare Reaktion, meine ›Betroffenheit‹ nach dem Abschuß von Buback ist schnell geschildert: Ich konnte und wollte (und will) eine klammheimliche Freude nicht verhehlen.«

Weiter heißt es:

»Ich bedauere es ein wenig, wenn wir dieses Gesicht nun nicht mehr in das kleine rotschwarze Verbrecheralbum aufnehmen können, das wir nach der Revolution herausgeben werden, um der meistgehaßten Verbrecher der alten Welt habhaft zu werden . . .«

Im Juni 1977 gaben 44 Professoren und vier Rechtsanwälte eine »Dokumentation« zur Ermordung von Siegfried Buback heraus. Darin wurde auch der »Mescalero-Nachruf« abgedruckt mit der Begründung, damit nehme man das Recht auf freie politische Meinungsäußerung wahr, um einen »Denkprozeß über die Gewaltverhältnisse in unserer Gesellschaft in Gang« zu setzen. Nirgendwo allerdings haben die 48 Herausgeber erkennen lassen, daß ihre Auffassung von der des anonymen »Mescalero«-Verfassers abweicht. Insofern vermittelt die »Dokumentation« Verständnis für die Aktion der RAF durch eine bewußt unterlassene Analyse und durch eine bewußt vermiedene Diskussion.

Der »Dokumentation« war beigefügt ein Artikel von Rosa Luxemburg aus dem Jahre 1905 über die Ermordung des zaristischen Generalgouverneurs. Durch die so hergestellte Verbindung dieses Attentats mit der Ermordung von Siegfried Buback wurde den Lesern nahegelegt, die Situation in der Bundesrepublik 1977 sei mit der Lage im zaristischen Rußland 1905 zu vergleichen.

Am 5. Juni 1974 ermordete ein Kommando der »Bewegung 2. Juni« im Grunewald in Berlin das Gruppenmitglied Ulrich Schmücker als »Verräter«. Das Kommando rechtfertigte den Mord mit einem längeren Zitat aus der RAF-Kampfschrift »Stadt-Guerilla und Klassenkampf«, in dem dialektisch das Kapitel für die Aktion verantwortlich gemacht wurde. Am 14. April 1975 brachte das Fernsehprogramm »Panorama« vom Norddeutschen Rundfunk eine Sendung von Stefan Aust, in der behauptet wurde, Ulrich Schmücker sei Agent des Verfassungsschutzes gewesen und habe vom Verfassungsschutz keine ausreichende Protektion bekommen.

Die Illustrierte »Stern« veröffentlichte am 2. November 1978 und am 15. März 1979 zwei Artikel, in denen sie behauptete, daß ein Mitglied des Mordkommandos ebenfalls Agent des Verfassungsschutzes gewesen sei; möglicherweise habe also ein »Kontaktmann des Verfassungsschutzes an der Ermordung eines Menschen mitgewirkt«.

In einem weiteren Beitrag von Stefan Aust behauptete »Panorama« am 19. Juni 1979, daß ein geheimer Mitarbeiter des Verfassungsschutzes tatsächlich an dem Mord an Ulrich Schmücker beteiligt gewesen sei. Die Vorbereitungen zu dem Mord seien dem Verfassungsschutz bekannt gewesen. Eine Observationsgruppe des Verfassungsschutzes sei in der Nähe des Tatortes gewesen und habe den Mord nicht verhindert.

Derartige propagandistische Hilfen für die Terroristen konnten sich entwickeln, weil die Verteidiger der Terroristen von 1973 bis 1975 einen eigenen Agitationsapparat aufgebaut hatten. In häufigen Vorträgen vor Gruppen der »Neuen Linken« und an Universitäten attackierten sie immer wieder das System des Strafvollzugs gegenüber den Terroristen. Rechtsanwalt Klaus Croissant, der am 23. Juni 1975 verhaftet und später gegen Kaution wieder freigelassen worden war, setzte sich am 11. Juli 1977 nach Frankreich ab und erhob die gleichen Vorwürfe bei Interviews in französischen Zeitungen und im französischen Fernsehen. Er wurde am 30. September 1977 in Paris festgenommen und am 17. November 1977 an die Bundesrepublik ausgeliefert.

Mit der Verhaftung und späteren Verurteilung von Croissant und weiteren Anwälten stellte sich heraus, daß die Verteidiger außerdem ein Kommunikationssystem aufgebaut hatten, über das Befehle der inhaftierten Kernmitglieder der RAF an die außerhalb der Strafanstalten operierenden Kommandogruppen übermittelt worden waren. Mehrere Strafverteidiger hatten dabei nicht nur als Boten gewirkt, sondern darüber hinaus Waffen in die Strafanstalten geschmuggelt, die für einen geplanten Ausbruch bereitgehalten wurden, sich selbst an terroristischen Aktionen beteiligt und Anschläge organisiert.

Diese Erkenntnisse, die zum Teil in langwierigen Gerichtsverhandlungen gewonnen wurden, verringerten das Engagement von Meinungsmachern, sich für die angeblichen Rechte der Terroristen einzusetzen. Nach der Entführung von Arbeitgeberpräsident

Hanns Martin Schleyer blieben Erklärungen von Publizisten, die bis dahin für die »gerechte Behandlung« der Terroristen eingetreten waren und um Verständnis für ihre Motive geworben hatten, völlig aus. Die RAF hatte bei der Entführung mit unerhörter Brutalität auch unbeteiligte Personen, nämlich den Fahrer und die drei Polizeibeamten, die Hanns Martin Schleyer schützen sollten, ermordet.

Das deutsche Fernsehen und die deutsche Presse folgten der Bitte der Bundesregierung und berichteten während der 40tägigen Dauer der Entführung nur mit äußerster Zurückhaltung über die Geschehnisse; sie veröffentlichten keine der von der Terroristen übermittelten Kommuniques und Forderungen.

5. Die Sympathisanten nach der Ermordung von Hanns Martin Schleyer

Die Bundesregierung hatte den Forderungen der RAF, die sie mit der Entführung von Hanns Martin Schleyer und der Ermordung seiner Begleitpersonen durchsetzen wollten, nicht nachgegeben.

Der SPD-Vorsitzende Willy Brandt hatte sich am 8. September 1977 in einem in den Medien veröffentlichten Appell vor allem an die Sympathisanten der Terroristen gewandt. Er hatte in dem Aufruf ausgeführt, daß die Sympathisanten »in einem unvergleichbar höheren Maße für die Schreckenstaten verantwortlich« seien »als jene Fanatiker, die den Abzugshebel der Maschinenpistolen bedienen«.

Ohne sie wären die Attentäter hilflos. Sie bildeten »die ermunternde Kulisse, vor der die Mörder als Helden agieren können, agieren müssen, weil ohne die psychische und psychologische Ausstattung das Leben im Untergrund und das Morden nicht zu verkraften sind. Sie bieten die Nahrung, die Ausrüstung, den Unterschlupf, ohne die die Terroristen ihren absurden und blutigen Träumen vom Volkskrieg nicht nachhängen könnten«.

Die Deutsche Bischofskonferenz veröffentlichte am 21. September 1977 eine Erklärung, in der es unter anderem hieß:

- »Von manchen Kathedern unserer Hochschulen und Universitäten werden seit Jahren Theorien der Verweigerung und der Gewalt gegen die fortgeschrittenen Industriegesellschaften gelehrt und empfohlen. Liegt der Gedanke fern, daß die Terroristen ihr ideologisches Rüstzeug hier erhielten und falsche und utopische Theorien in die Tat umsetzen wollten? Wir müssen uns fragen, ob nicht bestimmte Konflikt-Theorien, die in den Bildungsbereich Eingang gefunden haben, bei jungen Menschen eine geistige Verführung möglich machten.
- In Massenmedien und selbst im Unterricht gab und gibt es Versuche, unseren Staat, seine Verfassung, seine Gesetze und seine Vertreter herabzusetzen und lächerlich zu machen . . . Nicht selten wurde der Begriff von Recht, Ordnung und Institutionen zum Inbegriff des Reaktionären und Vorgestrigen abgestempelt.«

Um 0.05 Uhr am 18. Oktober 1977 stürmte die Spezialeinheit GSG 9 des Bundesgrenzschutzes die in Mogadischu gelandete Lufthansa-Maschine »Landshut«, die von einem palästinensischen Kommando in Mallorca entführt worden war, um die Forderungen der RAF zu unterstützen. In den frühen Morgenstunden des gleichen Tages nahmen sich Andreas Baader, Jan Carl Raspe und Gudrun Ensslin in der Strafanstalt Stuttgart-Stammheim das Leben. Am 19. Oktober 1977 ermordeten die Entführer Hanns Martin Schleyer.

Die RAF stellte schon in ihrem Kommunique zur Ermordung von Hanns Martin Schleyer fest, daß es sich bei dem Tod der Insassen von Stammheim um ein »Massaker« handele. Der alten Terminologie folgend bezeichnete die RAF den Selbstmord ihrer führenden Mitglieder damit als Mord, begangen durch den Staat. Daraus folgten Diskussionen vor allen Dingen in Gruppierungen der »Neuen Linken«. Die Obduktion der Leichen, die unter Beteiligung von nichtdeutschen Wissenschaftlern durchgeführt wurde, und die abschließende Untersuchung durch ein unabhängiges Gremium bestätigten aber, daß Baader, Raspe und Ensslin sich selbst das Leben genommen hatten.

Die Tatsache, daß die Bundesregierung sich von den Terroristen nicht hatte erpressen lassen und die erfolgreiche Befreiungs-aktion der Geiseln in der Lufthansa-Maschine wurden vom »legalen Umfeld« und den Sympathisanten allgemein als Niederlage der RAF angesehen. Die RAF brauchte 18 Monate, um neue Aktionen vorzubereiten. Diese Operationen hatten zunächst keinen Erfolg.

Die Fehlschläge führten zu der Frage, ob die RAF nicht auch ihre Effektivität in der Praxis verloren habe. In der Theorie waren seit Mitte der siebziger Jahre ohnehin deutliche Defizite sichtbar geworden. Die RAF hatte keine neuen strategischen Schriften mehr publizieren können. Agitatorische Hilfe für die RAF beschränkte sich deshalb bis Ende 1984 auf Äußerungen aus dem »legalen Umfeld«. Nur wenige publizistisch tätige Persönlichkeiten, die selbst keine Verbindung zur RAF hatten, nutzten das Problem des Terrorismus, um die Fahndungsmaßnahmen des Staates und damit staatliche Institutionen allgemein anzugreifen. Andere versuchten, über Darstellungen der RAF-Entwicklung die eigene Verbundenheit zur Protestbewegung der sechziger Jahre in eine Zukunft herüberzuretten, in der »revolutionäre Bewegungen« wieder möglich sein könnten.

Stefan Aust – Autor von zwei Fernsehsendungen, die sich gegen den Verfassungsschutz richteten – veröffentlichte ein Buch über den »Baader-Meinhof-Komplex«. Darin führte er aus, daß der Plan einer Handvoll junger Leute, »den staatlichen Herrschaftsapparat an einzelnen Punkten zu destruieren«, an der »Allgegenwart des Systems« gescheitert sei. Der erweiterte Sicherheitsapparat mit seinen Computersystemen und die neuen vom Parlament erlassenen Gesetze hätten zur Niederlage der RAF geführt. Die Frage, ob Baader, Raspe und Ensslin Selbstmord begonnen hätten oder ermordet worden seien, läßt der Autor bewußt offen. Seine Zuordnung zu Gruppierungen des Studentenprotestes bleibt nicht verborgen.

Der Schriftsteller Günter Wallraff, der in den siebziger Jahren Verbindungen zu RAF-Mitgliedern hatte, war am 28. Juni 1979 vom Bundesminister des Innern darüber unterrichtet worden, daß sein Telefon zwischen dem 22. März 1974 und dem 24. Mai 1974 abgehört worden sei. Er nutzte diese nach dem Gesetz vorge-

schriebene Mitteilung zu einem Buch mit dem Titel »Aktenein-
sicht«. Darin führte er unter anderem aus, daß der derzeitige
Bundesinnenminister Dr. Zimmermann nach der Ermordung von
Gerold von Braunmühl sich so verhalten habe, als ob er nun
glaube, »endlich freie Bahn« zu haben »für das, was er an ein-
schneidenden Maßnahmen alles noch in der Schublade hatte«. Für
Dr. Zimmermann sei die Ermordung von Braunmühls eine Mög-
lichkeit, »den Überwachungsstaat« weiter auszubauen und den
Datenschutz abzubauen. Er – Wallraff – sei »kein Anhänger einer
Verschwörungstheorie, die in den Terroristen lediglich Agents
Provocateurs ausmacht«. Man wisse aber heute, »daß immer
wieder V-Leute (Geheimagenten) der Polizei und des Verfas-
sungsschutzes nicht nur informelle Voraussetzungen für geplante
Attentate geschaffen, sondern auch selbst mit Hand angelegt oder
Waffen und Sprengstoff besorgt« hätten. Es bleibe also nur die
Forderung: »Schafft diesen Staatsschutz ab.«

Die Verkehrung von Wertmaßstäben, die bei linken Intellektuellen und den sie stützenden politischen Kräften bis zu Beginn der
achtziger Jahre andauerte, wurde auch deutlich am Fall des
Schriftstellers Peter-Paul Zahl. Der Schriftsteller war am 12. März
1976 als Mitglied einer terroristischen Vereinigung wegen versuchten Mordes in zwei Fällen zu einer langjährigen Gefängnis-
strafe verurteilt worden. Am 26. Januar 1980 wurde ihm der
Literaturpreis der Stadt Bremen verliehen. In dem von Peter-Paul
Zahl verfaßten Roman, der zum Anlaß für die Preisverleihung
genommen wurde, wird die herrschende Gesellschaftsordnung
abgelehnt und bekämpft.

Demgegenüber kennzeichnet sich die Rede Erich Frieds anläßlich seiner Auszeichnung mit dem Georg-Büchner-Preis am 17.
Oktober 1987 in Darmstadt wohl eher als die weinerliche Wut
eines alt gewordenen Kommunisten, der 70 Jahre nach der Okto-
berrevolution noch immer nicht den Sozialismus verwirklicht
sieht. Fried hatte dem Rechtssystem der Bundesrepublik, die sich
»zur Freiheit bekennt, aber gewaltlose Demonstranten mißhan-
delt und einsperrt«, »Revolutionäre« wie Büchner, Baader, Ensslin, Raspe und Meinhof gegenübergestellt.

6. Die Sympathisanten und die neue Offensive der RAF

Nachdem weder die Entführungsaktion Schleyer Erfolg gehabt noch die Operationen der Jahre 1979 und 1981 zu den erhofften Ergebnissen geführt hatten, versuchte die RAF, ein neues taktisch-strategisches Konzept zu entwickeln, den »Aufbau einer anti-imperialistischen Front in Westeuropa«.

Auch diese Projekte scheiterten. Die Ermordung des amerikanischen Soldaten Pimental führte zu erheblichen Diskussionen auch im »legalen Umfeld« der RAF. Die Kommando-Ebene sah sich gezwungen, dazu in einem besonderen Papier Stellung zu nehmen. Die RAF übte darin Selbstkritik. Trotz der so gekennzeichneten Schwierigkeiten, ihre Aktionen dem Umfeld zu »vermitteln«, das heißt zu rechtfertigen, führte die RAF danach weitere Mordanschläge durch. Am 9. Juli 1986 ermordete sie das Vorstandsmitglied der Siemens AG, Prof. Dr. Karlheinz Beckurts. Am 10. Oktober 1986 tötete sie den Ministerialdirektor im Auswärtigen Amt, Gerold von Braunmühl.

Publizisten, die keine Verbindung zur RAF hatten, verurteilten die Terroranschläge oder hielten sich in der Berichterstattung zurück. Propagandistische Hilfe bekam die RAF nur noch aus ihrem eigenen Umfeld. Trotzdem kam es nach dem Mord an Dr. Zimmermann noch zu propagandistischen Unterstützungshandlungen. Am 24. Januar 1985 verfaßte der »Allgemeine Studenten-Ausschuß (AStA) der Universität Bremen eine »Erklärung zum Hungerstreik der RAF-Gefangenen«. Der Rektor und der akademische Senat protestierten. Der AStA nahm zu diesen Protesten Stellung und unterstrich sein Engagement für die RAF-Gefangenen.

Am 13. Juni 1986 organisierten der »Kommunistische Bund« und der »Allgemeine Studenten-Ausschuß« der Technischen Universität Berlin eine »Informations-Veranstaltung« zu dem Thema: »Was war Stammheim wirklich?« Die Zusammenkunft wurde vom Rektor der Universität verboten. Sie fand dann in der Berliner Fachhochschule für Wirtschaft statt. Auf der Veranstaltung sprachen Christiane Ensslin, Thomas Herzog und Dirk Schneider, alles Angehörige von verurteilten Terroristen.

Die Referenten behaupteten, daß Andreas Baader, Jan Carl Raspe und Gudrun Ensslin sich nicht selbst getötet hätten, sondern ermordet worden seien. Schon auf dem Flugblatt, mit dem zu der Veranstaltung eingeladen worden war, war bildlich die Ermordung der Terroristen durch den Staat unterstellt worden. Im September 1968 veröffentlichte die Leiterin eines Evangelischen Tagungs- und Studienzentrums in der Schweiz einen Nachruf zum Tode von Ulrike Meinhof. Ulrike Meinhof hatte sich am 9. Mai 1976 in ihrer Zelle in Stuttgart-Stammheim erhängt. In dem Nachruf schilderte die Studienleiterin den Lebensweg von Ulrike Meinhof und widmete sich dabei besonders dem »sozialen Engagement« der Toten. Sie bedauerte zwar, daß in dem »Kampf« der RAF »Menschenleben vernichtet werden mußten«. Sie führte dann aber aus: »Aber euer Martyrium war klar, noch erahnt in den Verzerrungen der Berichterstattung, abzulesen an den überdimensionalen Sicherheitsvorkehrungen, an der allgemeinen Hysterie, an den Einschränkungen der bürgerlichen Freiheit, an der selbstgewissen Entfaltung von Staat, die wir damals beobachteten.« Die Autorin fügte ihrer Eloge ein Gedicht an, das mit den Worten begann:

»Schwester du
brennend auferstanden
in meiner Seele
wie nenne ich dich
du
die den Himmel blauer haben wollte . . .«

Der sich als revolutionär verstehende Teil der »Neuen Linken« hat die Verklärung der toten Terroristen nie nachvollzogen. Er hatte die RAF-Aktionen der letzten Jahre zunehmend kritisiert, weil durch sie »revolutionäre Politik« unkenntlich gemacht worden sei. Dieser Teil der radikalen Linken wollte sich aber auch nicht den »Distanzierungsritualen« anschließen, die von Seiten der Grünen oder »Alten Linken« praktiziert wurden.

Im April 1987 veröffentlichte eine »autonome Gruppe« aus Frankfurt/Main ein Diskussionspapier mit dem Titel: »Der Versuch, eine autonome, antiimperialistische Politik – neu – zu bestimmen«. Darin wird wieder die Ermordung des amerikanischen Soldaten Edward Pimental kritisiert und ausgeführt: »Solange die RAF die Beckurts-Ermordung aus demselben politischen und ideologischen Selbstverständnis heraus bestimmt wie die Pimental-Hinrichtung und den Airbase-Anschlag, bleibt sie für mich – als Ausdruck einer politischen Strategie – konterrevolutionär.« Zwar könne eine »Liquidation Ausdruck revolutionären Kampfes sein; wenn sie aber zur Politik an sich wird, verkommt sie zur linken Selbstjustiz«.

Auf der anderen Seite warnt das Papier vor den »Legalisten«, die eine »friedliche Veränderung« des Systems für möglich halten und die entsprechende Politik damit begründen würden, daß die RAF gescheitert sei und 15 Jahre militanter RAF-Strategie keinen Erfolg gebracht habe. Bei aller Kritik an der RAF müsse man aber festhalten, daß eine antiimperialistische Strategie notwendig sei und daß der bewaffnete Kampf sinnvoll sein könne: »Das Scheitern der heutigen RAF-Politik heißt für uns nicht, den bewaffneten Kampf zu entwaffnen, sondern ihn neu zu entwickeln.« Das könne mit Aussicht auf besseren Erfolg aber nur geschehen, wenn die eigene Strategie »an den Entwicklungsprozessen von Massenbewegungen« orientiert werde.

7. Künftige Aktionen

Linke und liberale Intellektuelle haben die RAF in der Anfangsphase verbal unterstützt. Sie hatten die gleichen Ziele wie die RAF, nämlich das herrschende Gesellschaftssystem mit Gewalt zerstören zu wollen. Sie wollten allerdings selbst keine Gewalt anwenden, hatten aber lange Zeit Verständnis auch für die Gewalthandlungen der RAF. Nur in dieser Zeit kann man von einer echten Lobby für den deutschen Terrorismus sprechen.

Im Laufe der Jahre ist diese propagandistische Unterstützung auf eine bloße Agitation geschrumpft, die vom »legalen Arm« der RAF ausging und nur noch das unmittelbare Umfeld der RAF ansprechen konnte.

Die RAF ist heute in der »Neuen Linken« weitgehend isoliert.

Sie ist nicht mehr in der Lage, die noch vorhandenen Fragmente ihrer Strategie zu vermitteln und ihre Operationen über ihr unmittelbares Umfeld hinaus zu rechtfertigen. Das bedeutet nicht, daß die RAF zu keinen weiteren Aktionen mehr fähig ist. Wegen ihres zahlenmäßig kleinen Kaders wird sie auch für die weitere Zukunft in der Lage sein, neue Kämpfer zu rekrutieren. Auf sich selbst zurückgeworfen werden ihre Aktionen wahrscheinlich kurzschlüssiger als bisher, das heißt auch schwerer kalkulierbar, und brutaler werden. Die Bundesrepublik Deutschland wird auch für die nächsten Jahre mit Terroranschlägen der RAF leben müssen.

In den autonomen Gruppen der »Neuen Linken« ist ein Restpotential geblieben, das nach wie vor den »revolutionären Kampf« für notwendig und möglich hält. Da nach ihrem Selbstverständnis die Anwendung von Gewalt aber an Massenbewegungen gebunden bleiben soll, geht von ihnen für die nahe Zukunft keine unmittelbare Gefahr für die öffentliche Sicherheit aus.

IX. Die Abwehr

1. Gegenmaßnahmen der Bundesrepublik Deutschland

Die Sicherheitsbehörden der Bundesrepublik sind bei allen Handlungen zur Legalität verpflichtet. Sie müssen kriminelle Handlungen aufklären und die kriminellen Täter der ordentlichen Justiz zuführen. Die Fahndung nach einer kriminellen Gruppe zumeist intelligenter Mitglieder, die strikt konspirativ arbeitet, sich die Unterstützung ideologischer Sympathisanten verschaffen kann, in einer offenen Gesellschaft frei beweglich operiert, sich der Fazilitäten modernern Kommunikation bedient und entschlossen ist, jeden exekutiven Zugriff durch Anwendung des äußersten Mittels, nämlich der tödlichen Waffe, zu vereiteln, war und ist außerordentlich schwer durchzuführen. Das selbstverständliche moderne Legalitätsdenken hat diese Schwierigkeiten für die Sicherheitsorgane noch erhöht, weil es zur Verhältnismäßigkeit der eingesetzten Mittel zwingt.

Die Verhaftung fast aller RAF-Mitglieder der Kommando-Ebene hat bewiesen, daß auch eine solche Gruppe mit rechtsstaatlichen Mitteln aufgeklärt und ausgeschaltet werden kann. Allerdings sind die einzusetzenden Mittel aufwendig und vielfach auch sichtbar, woraus sich wiederum psychologische Probleme ergeben können. Die Polizei war bei Fahndungen, die auch weiträumig wurden, gezwungen, den Bürgern bewaffnet entgegenzutreten. Schon die Fahndungsaktionen von 1972 haben aber gezeigt, daß eine Mehrheit der Bürger dafür Verständnis hat.

Der Erfolg der Sicherheitsbehörden im Kampf gegen den Terrorismus hängt zu einem großen Teil von der Unterstützung und von den Informationen ab, die Polizei und Verfassungsschutz vom Bürger bekommen. Während der Aufbauphase der RAF, als diese sich nur mit logistischen Operationen beschäftigte, fehlte es an Informationen. Erst als der Staat mit Autobahnkontrollen und anderen bundesweiten Fahndungsmaßnahmen seine Entschlossenheit demonstrierte, dem Terrorismus zu begegnen, häuften sich Hinweise, Meldungen und Erkenntnisse aus der Bevölkerung. Nach der ersten Eskalation der Gewalt im Jahre 1975 (Entführung von Peter Lorenz, Besetzung der deutschen Botschaft in Stockholm) ließ die Bereitschaft der Bürger, die Sicherheitsbehörden zu unterstützten, wieder nach. Zwischen 1975 und 1977 weigerten sich zahlreiche Apotheker, Drogisten, Geschäftsinhaber und Wirte, Fahndungsplakate des Bundeskriminalamts in ihren Geschäftsräumen aufzuhängen. Die Polizei konnte in dieser Zeit nur noch ein Viertel der entsprechenden Poster gegenüber 1974 unterbringen. Dieses Beispiel zeigt, daß der demokratische Verfassungsstaat auch dann erschüttert werden kann, wenn der Bürger vermeintlich glaubt, daß es gefährlicher sei, etwas für den Staat zu tun als gegen ihn.

Bei der Aufklärung und Verfolgung terroristischer Gewaltverbrechen reichen die äußeren Fandungsmittel nicht aus. Sie müssen sich vielmehr auf Informationen stützen, die mit nachrichtendienstlichen Mitteln gewonnen werden, damit sie selektiv und zielgerichtet eingesetzt werden können. Die nachrichtendienstliche Arbeit in Terrororganisationen findet ihre Grenze häufig an der Gefahr, daß Quellen der Nachrichtendienste zum Agent Provocateur oder zumindest selbst in kriminelle Handlungen verwickelt werden können. Agenten der Nachrichtendienste, die in einer Terrorgruppe arbeiten, riskieren darüber hinaus ihren Tod, wenn sie enttarnt werden.

Diese Gefahrenmomente führten einzelne Verfassungsschutzbehörden jahrelang zu einer Zurückhaltung auf dem Gebiet der Terrorismusbekämpfung, die an Nichtstun grenzte. Wer nichts tut, macht keine Fehler. Die meisten Festnahmen waren möglich durch Informationen, die aus der Bevölkerung kamen. Nur in wenigen Fällen gelangen Festnahmen aufgrund von Informationen der Nachrichtendienste, so zum Beispiel am 4. Februar 1974 in Hamburg, als eine RAF-Gruppe versuchte, ein geheimes Kommunikationszentrum für die Organisation aufzubauen. In Hamburg und Frankfurt wurden insgesamt vier konspirative Wohnungen durchsucht. Dabei wurden vier Personen in Hamburg und drei Personen in Frankfurt verhaftet. Außerdem wurden zwei weitere Mitglieder der Gruppe unmittelbar darauf in Amsterdam festgenommen.

Der Aktion der Polizei waren sechs Monate lang ausgiebige Observationen und Ermittlungen des Verfassungsschutzes vorausgegangen, bei denen auch technische Mittel eingesetzt wurden. Die Beobachtung hatte umfassenden Aufschluß über das trainiert konspirative Verhalten bei allen Bewegungen und allen Kontakten einschließlich der Kontakte über das Telefon ergeben. Die bei den Kontakten benutzten Codes konnten zum Teil noch während der Beobachtung entschlüsselt werden. Mitglieder dieser Gruppe hatten Reisen nach Paris und in den Libanon unternommen.

Die Polizei mußte mehrfach erleben, daß sie mit ihren gleichsam klassischen Fahndungs- und Festnahmemethoden keinen Erfolg hatte. Ergebnisse waren verletzte und erschossene Beamte. So mußten endlich bei der Festnahme von Andreas Baader, Jan-Carl Raspe und Holger Meins in Frankfurt gepanzerte Fahrzeuge eingesetzt werden. Spätere Einsatzstudien zeigten, daß sehr oft das aufwendigere Mittel verhältnisgerechter war.

Die festgenommen Aktivisten schweigen über ihre Handlungen und über die Handlungen anderer Mitglieder der Gruppe. Bisher gab es nur wenige Ausnahmen. Damit ist durch Festnahmen die weitere Aufklärung in der Regel nicht erleichtert. Zugleich ist durch dieses Verhalten die Beweisführung für Strafverfahren erschwert. Sie muß sich vielfach auf Beweismittel stützten, die durch kriminaltechnische Mittel gesichert werden konnten. Hier hat das Bundeskriminalamt zur Überführung der Straftäter einen wesentlichen Beitrag geleistet.

Selbstverständlich ist, daß offen sichtbare Aktionen der RAF und die Fahndung nach ihren Urhebern eine besondere Publizität finden. Diese Publizität aber hat letztlich die Sicherheitsbehörden unterstützt, weil ohne sie Hinweise aus der Bevölkerung unterblieben wären. Hinweise dieser Art haben in vielen Fällen die Aufklärung erheblich vorangebracht.

Um die Sicherheitskräfte in die Lage zu setzen, der neuen

Herausforderung Herr zu werden, verabschiedeten die Parlamente in Bund und Ländern verschiedene Gesetze. Das Bundeskriminalamt wurde 1973 durch das BKA-Gesetz zur Informations- und Kommunikationszentrale der deutschen Kriminalpolizei bei der Terrorbekämpfung ausgebaut. Es erhielt die originäre Zuständigkeit für die unmittelbare Ermittlung bei terroristischen Gewalttaten. Darüber hinaus wurde es mit den modernsten Mitteln der elektronischen Datenverarbeitung ausgestattet. Das sogenannte »polizeiliche Informationssystem« (INPOL) wurde geschaffen. Alle Landeskriminalämter, Grenzschutz-Direktionen, das Zollkriminal-Institut und eine Vielzahl von Polizeidienststellen wurden mit dem Bundeskriminalamt zu einem Datenverbund zusammengeschlossen. Im Jahre 1975 wurde beim Bundeskriminalamt die Abteilung »Terrorismus (TE)« errichtet. Im Jahre 1977 wurde eine Bund-Länder-Kommission »Terrorismus-Zielfahndung (TF)« gegründet. Der Bundesgrenzschutz wurde zu einer starken Polizeireserve des Bundes ausgebaut, die GSG 9 wurde als Spezialeinheit zur Unterstützung der Polizei bei der Bekämpfung der Gewaltkriminalität eingerichtet.

Dem Bundesamt für Verfassungsschutz wurde durch die Novelle zum Verfassungsschutzgesetz im Jahre 1972 die Zuständigkeit zur Beobachtung terroristischer Bestrebungen zugewiesen. Die Bundesländer folgten mit entsprechenden Gesetzen. Das Nachrichtendienstliche Informationssystem (NADIS) wurde aufgebaut.

Andere Gesetze befaßten sich mit der Ergänzung des Strafrechts, des Strafverfahrensrechts und des Gerichtsverfassungsrechts. Die Entführung von Luftfahrzeugen oder Attentate auf Flugzeuge wurden durch das 11. Strafrechtsänderungsgesetz im Jahre 1971 mit Freiheitsstrafe nicht unter fünf Jahren bedroht. Der Tatbestand einer erpresserischen Entführung wurde auf den Schutz Erwachsener erweitert. Der Tatbestand gegen Geiselnahme wurde eingeführt (12. Strafrechtsänderungsgesetz, 1971). Die verfassungsfeindliche Befürwortung schwerer Gewalttaten und die Anleitung dazu wurde unter Strafe gestellt. Damit wurde ein wichtiger Bereich im Vorfeld der eigentlichen Gewaltanwendung abgedeckt. Durch das Gesetz zur Ergänzung des 1. Gesetzes zur Reform des Strafverfahrensrechts wurde im Jahre 1974 die Möglichkeit geschaffen, Rechtsanwälte von der Strafverteidigung auszuschließen, wenn sie dringend verdächtig waren, an der Tat des Beschuldigten beteiligt zu sein oder den Verkehr mit ihren inhaftierten Mandanten zu Straftaten zu mißbrauchen oder dazu, die Sicherheit der Vollzugsanstalt erheblich zu gefährden. Die Verteidigung mehrerer Beschuldigter durch nur einen Verteidiger wurde nicht mehr möglich, damit nicht ein Beschuldigter auf Kosten eines anderen in eine ungünstigere Position geraten konnte. Die Zugehörigkeit zu einer Terrorgruppe wurde mit schwererer Strafe als früher bedroht und die Anzeigepflicht auch auf Straftaten von terroristischen Vereinigungen erstreckt. Durch das Gesetz zur Änderung des StGB, der StPO aus dem Jahre 1976 wurde für die Terroristen das Haftrecht verschärft und eine Überwachung des schriftlichen Verteidigerverkehrs ermöglicht. Während der Entführung von Hanns Martin Schleyer im Jahre 1977 wurde das »Kontaktsperregesetz« erlassen. Dieses Gesetz entstand aus der Erkenntnis, daß die zeitweilige, völlige Unterbrechung aller Kontakte mit inhaftierten Terroristen die Chancen zur Rettung einer Geisel wesentlich erhöhen würden. Durch das Gesetz zur Änderung der Strafprozeßordnung im Jahre 1978 wurde die Durchsuchung aller Wohnungen eines Gebäudes und die Einrichtung von Kontrollstellen bei der Fahndung nach terroristischen Gewalttätern ermöglicht. Außerdem wurde es für zulässig erklärt, einen Verteidiger in einem Verfahren gegen Terroristen dann auszuschließen, wenn Tatsachen dafür sprechen, daß der Verteidiger mit seinem Mandanten neue Straftaten vorbereitet. Schließlich wurde die bis dahin schon rechtlich zulässige Trennscheibe bei Gesprächen zwischen dem Verteidiger und dem Beschuldigten zwingend vorgeschrieben. Damit soll die Übergabe von Gegenständen verhindert werden.

Diese Vielzahl von Gesetzen führte in einigen westeuropäischen Ländern zu der Behauptung, daß in der Bundesrepublik rechtsstaatliche Garantien eingegrenzt oder gar abgebaut würden. Dieser Vorwurf ist unbegründet. Ein Vergleich mit unseren Nachbarstaaten zeigt, daß dort ähnliche Vorschriften gelten.

- In Belgien kann der Richter während der ersten drei Tage nach der Verhaftung eine Isolierung des Beschuldigten anordnen.
- In Dänemark kann der Besuchsverkehr und die schriftliche Kommunikation zwischen dem Wahlverteidiger und dem Inhaftierten »in dem notwendigen Umfang« bei allen Straftaten eingeschränkt werden. Die Überwachung der Gespräche zwischen Verteidiger und Beschuldigtem durch die Gerichtspolizei ist zulässig.
- In Großbritannien finden Verteidigergespräche grundsätzlich unter Sichtkontrolle statt. Beschuldigte, die eines terroristischen Gewaltverbrechens verdächtig sind, können mit ihrem Verteidiger nur durch ein dickes Drahtglas sprechen. Der Leiter der Haftanstalt darf die Post der Verteidiger öffnen und kontrollieren. Er braucht dazu eine richterliche Entscheidung. Ein Rechtsmittel gegen diese Maßnahme ist nicht möglich.
- In Italien ist die Sichtkontrolle der Gespräche zwischen Verteidiger und inhaftiertem Mandanten zulässig. Andere Personen als der Verteidiger haben keinen Anspruch auf Besuchserlaubnis.
- In den Niederlanden können den Verteidigern Besuche in den Haftanstalten bis zu sechs Tagen ganz untersagt werden.
- In Österreich dürfen der Schriftverkehr zwischen Verteidiger und Beschuldigtem und das Verteidigergespräch bis zu drei Monaten überwacht werden.
- In Schweden und in der Schweiz unterliegen der schriftliche und der mündliche Verteidigerverkehr ebenfalls der Kontrolle, wenn das Untersuchungsergebnis dies erfordert.

Die Möglichkeit, einen Rechtsanwalt bei Verdacht der Mittäterschaft oder der Konspiration von der Verteidigung auszuschließen, besteht in Belgien, Dänemark, Frankreich, Italien, den Niederlanden, Schweden und der Schweiz. In Dänemark und in Schweden wird vom Gericht sogar über die »persönliche Eignung« eines Verteidigers befunden. Wenn das Gericht einen Rechtsanwalt für »ungeeignet« hält, so kann es ihn ohne weiteres von der Verteidigung ausschließen.

2. Begriffsbestimmungen und Ursachenforschung

Inzwischen sind fast alle demokratischen Nachbarländer der Bundesrepublik von terroristischen Aktionen überzogen worden. Immer mehr Wissenschaftler und Politiker beschäftigen sich mit der Frage, wie man die zivilisierte Welt von dieser – so Christopher Dobson und Ronald Payne aus London – Krankheit des »fin de siècle« heilen könne. Der Ruf nach internationaler Zusammenarbeit verstärkte sich. Die Zusammenarbeit würde erleichtert, wenn die Betroffenen zu einer gemeinsamen Begriffsbestimmung dessen finden könnten, was unter Terrorismus zu verstehen ist. Dies stößt auf Schwierigkeiten. Das gilt nicht nur deshalb, weil – je nach der politischen Orientierung – der Terrorist der einen Seite als Freiheitskämpfer von der anderen Seite bewertet wird. Diskussionen in den Vereinten Nationen haben zur Meinungsbildung nur wenig beitragen können. Entsprechende Resolutionen fanden entweder keine Mehrheit oder endeten in unverbindlichen Formulierungen. Das erklärt sich daraus, daß der Weg zahlreicher Mitgliedstaaten der UNO aus kolonialer Vorherrschaft von Terrorakten begleitet war. Von den 157 Mitgliedstaaten der UNO sind nur 29 Demokratien im westlichen Sinne. Für die kommunistischen Staaten ist Terrorismus sowieso »bewaffneter Kampf«, wenn er zum revolutionären Erfolg führt, »kleinbürgerlicher Putschismus«, wenn er fehlschlägt.

»Eine präzise Definition des Terrorismus, die sämtliche Spielarten in allen Ländern zu allen Zeiten umfaßt, ist entweder völlig vage oder gänzlich falsch«, sagte Walter Laqueur bereits 1978. Für die vorliegende Untersuchung bedarf es allerdings nur einer Erläuterung dessen, was zur Zeit an terroristischen Gewaltakten in Westeuropa geschieht. Nach Paul Wilkinson ist dies der »systematische Einsatz von Mord und Zerstörung und die Drohung mit Mord und Zerstörung, um Individuen, Gruppen, Gemeinschaften oder Regierungen den politischen Zielen der Terroristen gefügig zu machen«. Die Internationale Konferenz über Terrorismus in Jerusalem im Jahre 1979, an der sich zahlreiche Wissenschaftler und Praktiker aus Ländern der freien Welt beteiligten, fand zu der Formulierung: »Terrorismus ist die vorsätzliche und systematische Ermordung, Verstümmelung und Bedrohung von Unschuldigen, um Furcht zur Erreichung politischer Ziele zu erzeugen«.

Diesen Definitionen folgend postulieren einige Wissenschaftler und ein Teil der Medien, daß es genüge, die Ursachen der terroristischen Aktivitäten zu erkennen und zu beseitigen, um des Problems Herr zu werden.

Im Rahmen solcher Untersuchungen gibt es drei falsche Vorstellungen, die von einigen Meinungsführern und Entscheidungsträgern vertreten werden.

Die erste Illusion ist es, davon auszugehen, daß der Terrorist der einen Seite der Freiheitskämpfer der anderen Seite sei. Manche Beobachter erklären und entschuldigen Terroraktionen gegen demokratische Gesellschaftssysteme nur deshalb, weil sie – wie die Terroristen – einzelne Entwicklungen im demokratischen Gesamtverband für falsch halten. Sie behaupten implizite, daß das Ziel die Mittel rechtfertige. Sie exkulpieren die Tat mit dem Motiv. Sie vergessen dabei, daß in einem demokratischen Staat immer gewaltfreie Möglichkeiten vorhanden sind, Meinungen von Minderheiten Ausdruck zu geben und auf friedlichem Wege notfalls auch radikale Änderungen anzustreben.

Die zweite Illusion ist es anzunehmen, daß in demokratischen Gesellschaften das Problem des Terrorismus dadurch endgültig gelöst werden könne, indem man durch Diskussion und Resolution eine Annäherung der unterschiedlichen Positionen erreichen werde. Hier liegt der Ausgangspunkt für die bisherigen Versuche der spanischen Regierung, durch Verhandlungen mit der autonomen baskischen Region über mehr Selbstverwaltung der Gewalt der ETA den Boden zu entziehen. Ähnlich verhält es sich mit dem Bemühen des französischen Staates, den gemäßigten korsischen Nationalisten größere Selbständigkeit zuzubilligen. Die betreffenden Bemühungen haben aber nur begrenzte Erfolge erzielen können. Es bleibt ein Irrtum, davon auszugehen, daß separatistische oder nationalistische »Befreiungsbewegungen« von moderaten Pragmatikern geführt sind. Im Baskenland werden nach wie vor Menschen ermordet; in Korsika explodieren weiterhin Bomben.

Die dritte Illusion hat resignativen Charakter. Einige Politiker und einige Pragmatiker vertreten den Standpunkt, daß man im Grunde genommen nichts tun könne, um das Leben von Unschuldigen zu beschützen; Terroristen würden das derzeit gültige Gesellschaftssystem solange gefährden, bis man ihnen mit Gegenterror – auf Kosten demokratischer Freiheiten – begegne. Für einen derartigen Defätismus gibt es keine historischen Belege. Jeder liberale Staat hat grundsätzlich die Kraft und die Reserven, auch einen langfristigen terroristischen Angriff zu überleben und ihn niederzuschlagen. Eine Überreaktion spielt nicht nur den Terroristen in die Hände, sondern gefährdet das, was mit dieser Reaktion verteidigt werden soll. Gegenterror hat in Argentinien und in Uruguay Demokratien zerstört.

Ursachenforschung ist nur ein Hilfsmittel in der Bekämpfung des Terrorismus. Sie erleichtert, Schwachstellen der einzelnen Terror-Organisationen zu erkennen und Gegenmaßnahmen entsprechend einzusetzen.

3. Internationale Vereinbarungen

Die Mitgliedstaaten der UNO waren – wie bereits ausgeführt – bisher nicht in der Lage, sich auf eine gemeinsame Definition dessen zu einigen, was unter Terrorismus zu verstehen ist.

Nach dem Massaker der Olympischen Spiele in München 1972 und nach der Ermordung dreier Geiseln in der saudiarabischen Botschaft in Khartum am 2. März 1973 brachten die USA in den Vereinten Nationen den Entwurf einer Konvention ein, die die Ausbreitung terroristischer Gewalt »von Ländern, die in einen Bürgerkrieg oder in einen internationalen Konflikt verwickelt sind, in andere Länder, die nicht an diesen Konflikten teilhaben«, verhindern sollte. Die Konvention wollte den Grundsatz der Haager Konvention »aut dedere, aut punire«, das heißt entweder ausliefern oder bestrafen, auf terroristische Gewaltakte wie Kidnapping, Mord und schwere Körperverletzung gegenüber Zivilpersonen außerhalb des »Ziellandes« ausdehnen. Die Anklage und Bestrafung von internen Gewaltakten sollte der Jurisdiktion der jeweiligen Staaten überlassen bleiben.

Die Generalversammlung verwies den Entwurf an ein Ad-hoc-»Komitee über Terrorismus«, dem insgesamt 35 Mitgliedstaaten angehörten. Davon waren 14 blockfreie Länder. Auf Druck dieser Staaten definierte das Ad-hoc-Komitee den Terrorismus als »Gewaltakte oder andere repressive Akte durch kolonialistische, rassistische und fremde Regime gegenüber Völkern, die für ihre Befreiung kämpfen«.

Ähnlich ideologische Vorbehalte beeinträchtigten die Initiative der Bundesregierung, eine Konvention gegen Geiselnahme durchzubringen. Der Entwurf, auf den sich die Generalversammlung der UN schließlich einigte, war so vage und widersprüchlich, daß das Ergebnis von einigen Kritikern als Versuch bewertet wurde, geltende Bestimmungen der Haager Landkriegsordnung aufzuheben.

Mit der Ausarbeitung von Regeln für Sanktionen gegenüber Geiselnahmen und Flugzeugentführungen beschäftigten sich die Staaten der freien Welt verhältnismäßig früh. Die Konvention von Tokio legte Richtlinien fest, welche die Vertragsstaaten verpflichten sollten, »jede Anstrengung zu unternehmen, um das betreffende Flugzeug wieder unter die Kontrolle des gesetzmäßigen Piloten zu bringen und entweder den Weiterflug oder die Rückkehr der entführten Maschine zusammen mit der Mannschaft, den Passagieren und der Fracht zu gewährleisten«. Diese Abmachung wurde im Septenmber 1963 unterzeichnet, trat aber erst nach einem Ablauf von weiteren sechs Jahren in Kraft. Im Jahre 1975 hatten erst 77 Staaten die Konvention ratifiziert.

Die Konvention vom Haag im Dezember 1970 versuchte festzulegen, daß verhaftete Geiselnehmer entweder an ihr Heimatland ausgeliefert oder nach den Gesetzen des Landes verurteilt werden sollten, in dem die Flugzeugentführung stattgefunden hatte. Auch diese Vereinbarung enthält aber so viele Vorbehalte, daß es den Ländern, in denen die Entführung geschieht, nach wie vor rechtlich möglich ist, den Entführern Asyl zu gewähren.

Die Konvention von Montreal von September 1971 versuchte, die Vereinbarungen von Tokio und vom Haag auf Sabotageakte und Bombenanschläge gegen Flughäfen und gelandete Flugzeuge auszudehnen. Auch diese Abmachung, die im Januar in Kraft trat, blieb verhältnismäßig wirkungslos. Sie konnte zum Beispiel nicht verhindern, daß die schiitischen Entführer der TWA-Maschine im Juni 1985 die wirren Verhältnisse auf dem Flughafen in Beirut ausnutzten. Die Geiselnehmer wurden nicht ausgeliefert.

Der nachhaltigste Versuch, einen internationalen Rechtsrahmen zur Unterdrückung des Terrorismus wenigstens für den europäischen Raum festzulegen, wurde vom Europarat unternommen. Am 27. Januar 1977 beschloß dieses Gremium in Straßburg »The European Convention on the Supression of Terrorism«. Darin war vor allen Dingen die Verpflichtung der Vertragsstaaten festgelegt, terroristische Gewaltverbrecher entweder an die ersuchenden Staaten auszuliefern oder nach eigenem Recht abzuurteilen. Auch diese Konvention enthielt in Artikel 13 die Einschränkung, daß die betroffenen Länder notfalls Entführern und Terroristen unter bestimmten Vorbehalten Asyl gewähren können. Diese Bestimmung nahm Rücksicht auf die von Frankreich jahrelang kultivierte Position, auch Gewalttätern politische Zuflucht gewähren zu sollen, wenn ihre Taten von politischen Motiven getragen waren. Trotz dieser Ausnahmeregelung hat Frankreich den Vertrag erst am 29. Juni 1987 ratifiziert.

In ihrer Gipfelkonferenz in Venedig am 9. Juni 1987 bekräftigten die Staats- und Regierungschefs der sieben großen Demokratien noch einmal die auf früheren Konferenzen geschlossenen Vereinbarungen über die Behandlung terroristischer Gewaltverbrechen. Sie unterstrichen vor allem die Verpflichtung, Terroristen entweder vor Gericht zu stellen oder auszuliefern.

4. Schwächen der Abwehr durch mangelnde Zusammenarbeit

Die amerikanische Regierung hatte nach der Amtsübernahme Ronald Reagans den Kampf gegen den internationalen Terrorismus zu einem Schwerpunkt gemacht. Sie forderte immer wieder, daß man Erpressungsmanövern nicht nachgeben und daß man keine Verhandlungen mit Terrororganisationen oder den sie unterstützenden Staaten führen dürfe. Die Regierungen der westeuropäischen Länder schienen sich mehr und mehr dem von den USA postulierten Standpunkt anzunähern. Diese Entwicklung wurde zurückgeworfen, als Ende 1986 bekannt wurde, daß die amerikanische Administration Waffen an den Iran geliefert hatte, um unter anderem die Freilassung amerikanischer Geiseln, die in der Hand schiitischer Terroristen im Libanon waren, zu ermöglichen. Die Verbündeten waren von dieser Maßnahme nicht informiert worden.

Die langjährige französische Konzessionsbereitschaft gegenüber dem internationalen Terrorismus hat dazu beigetragen, daß Frankreich im Jahre 1985 das bevorzugte Zielland für Operationen terroristischer Gruppen aus Nahost wurde.

Das Ersuchen der Bundesregierung, den RAF-Anwalt Klaus Croissant, der sich nach Paris abgesetzt hatte, festzunehmen und an die Bundesrepublik auszuliefern, wurde monatelang zögerlich behandelt. Bis 1985 fanden mehr als 200 italienische Rotbrigadisten Zuflucht in Frankreich. Bis dahin waren rund 100 Anfragen der italienischen Regierung, bestimmte Mitglieder der Roten Brigade zu verhaften und auszuliefern, nicht beantwortet worden. Am 15. Juni 1984 stimmte die französische Regierung zwar zu, künftig Mitgliedern der baskischen ETA, die sich nach Frankreich abgesetzt hatten, keinen Flüchtlingsstatus mehr zu geben. Die französische Politik änderte sich tatsächlich aber erst, als König Juan Carlos den französischen Staatspräsidenten während seines ersten Frankreich-Besuches auf die Notwendigkeit einer engeren Zusammenarbeit aufmerksam machte. Danach wiesen die französischen Behörden mehrere führende Mitglieder der ETA in Drittländer aus und in wenigen Fällen an Spanien.

Jahrelang hatte Frankreich auch den Profitinteressen seiner Industrie den Vorrang gegenüber den Notwendigkeiten einer internationalen Terrorismusbekämpfung gegeben. Abu Daoud, Organisator der Geiselnahme von israelischen Sportlern während der Olympischen Spiele in München 1972, wurde nach seiner Verhaftung in Paris im Jahre 1977 wieder auf freien Fuß gesetzt und in den Nahen Osten abgeschoben, obwohl Auslieferungsersuchen sowohl der Bundesrepublik als auch Israels vorlagen. Der Botschafter eines arabischen Landes hatte interveniert. Kurze

Zeit später konnte Frankreich ein Kontingent seiner Mirage-Jäger in den Mittleren Osten exportieren.

Als mit der Verhaftung von Xavier Laberguerie, dem Sohn eines französischen Senators, die offene Zusammenarbeit der spanischen ETA mit der französischen Terrororganisation Iparratarrak (baskisch für »Die aus dem Norden«) deutlich wurde, entschloß sich die französische Regierung zu härteren Maßnahmen. Beginnend mit dem 30. September 1987 starteten Franzosen und Spanier eine koordinierte Polizeioperation. Die spanische Polizei nahm in verschiedenen Orten des Baskenlandes fünf Mitglieder der ETA fest und hob mehrere Verstecke aus, in denen u. a. 14 Granatwerfer mit ausreichender Munition, 22 Handgranaten, zahllose Schnellfeuergewehre und Pistolen sowie 83 Kilo eines Sprengstoffes gefunden wurden, der Napalm in seinen Auswirkungen noch übertrifft. Die französische Polizei verhaftete insgesamt 93 ETA-Mitglieder, die sich in Südfrankreich versteckt hatten, und lieferte 55 davon unmittelbar nach der Festnahme an Spanien aus. Die Möglichkeiten der ETA, Südfrankreich als Operationsbasis für Anschläge in Spanien zu nutzen, sind damit weitgehend zerschlagen worden.

5. Befreiungsaktionen und Vergeltungsschläge

Die europäischen Staaten hatten bis dahin gegenüber dem internationalen Terrorismus keine Einigkeit im Handeln demonstrieren können. Gemeinsame Reaktionen gegenüber internationalen Terroranschlägen beschränkten sich auf Absichtserklärungen. Erfolge im Kampf gegen den Terrorismus gingen von Einzelaktionen betroffener Länder aus, gelegentlich unterstützt durch logistische Hilfestellung befreundeter Staaten.

In mehreren Fällen wurde sogar mangelnde Solidarität sichtbar. Als fanatische Studenten und Mullahs im Jahre 1979 die amerikanische Botschaft in Teheran besetzten und die gesamte diplomatische Mission für mehr als ein Jahr als Geiseln festhielten, versagten sich einige Bündnispartner der USA dem Wunsch der amerikanischen Regierung nach Handelssanktionen. Nicht ein einziger Alliierter der USA entschloß sich, die diplomatischen Beziehungen zum Iran einzuschränken.

Als offenkundig wurde, daß die libysche Regierung in zahlreichen Fällen den internationalen Terrorismus unterstützt und als sich die Morde an libyschen Oppositionellen durch Killer-Kommandos Ghadaffis in Europa häuften, blieben Gegenmaßnahmen auf wirtschaftlichem und diplomatischem Gebiet aus. Auch als ein Angehöriger des libyschen »Volksbüros« in London am 17. April 1984 eine britische Polizistin erschoß, folgten keine gemeinsamen Gegenmaßnahmen. Nach dem Terroranschlag in der Berliner Diskothek »La Belle« am 5. April 1986 konnten sich die europäischen Außenminister auf einer Sondersitzung im Haag nur auf eine Resolution einigen, die den Anschlag verurteilte. Diese schwache Haltung erleichterte den USA den Vergeltungsschlag gegen Ziele in Tripolis und Bengasi am 15. April 1986.

In Fällen von Geiselnahmen hat sich bisher grundsätzlich nur eine Haltung bewährt: Den terroristischen Forderungen nicht nachzugeben und die Bereitschaft zu zeigen, notfalls Gegengewalt anzuwenden. Die Israelis befreiten 1976 in einer Luftlandeoperation, die mehr als 3000 km überbrücken mußte, die nach Entebbe in Uganda ausgeflogenen Geiseln und töteten die Geiselnehmer. Die deutsche GSG 9 befreite 1977 die in Mogadischu festgehaltenen Geiseln der Lufthansa-Maschine »Landshut«. Holländische Spezialeinheiten stürmten 1979 erfolgreich einen von Süd-Molukken gestoppten Eisenbahnzug. Die britische SAS befreite 1980 die in ihrer Botschaft in London festgehaltenen iranischen Diplomaten. Nach diesen erfolgreichen Kommandounternehmen fanden gegen die betreffenden Länder mehrere Jahre lang keine terroristischen Geiselnahmen mehr statt.

Sowjetische Diplomaten und sowjetische Einrichtungen blieben bisher – bis auf eine Ausnahme – von Angriffen des internationalen Terrorismus verschont. Am 30. September 1985 entführte die sunnitische »Islamic Liberation Organization« von Khaled Ibn Walid vier sowjetische Diplomaten in Beirut. Die Terroristen drohten, die Diplomaten zu töten, falls die sunnitischen Viertel in Tripoli weiter von syrischen Truppen bombardiert würden. Sie ermordeten wenige Tage danach den ersten sowjetischen Diplo-

maten, um ihrer Forderung Nachdruck zu geben. Die Sowjetunion evakuierte daraufhin die Familien ihrer Diplomaten aus
Beirut. Der syrische Präsident Assad traf sich zu Verhandlungen
mit dem Chef der sunnitischen Miliz in Tripoli, Scheich Sha'aban.
Die Unterredungen führten zu keinem Erfolg. Daraufhin kid-
nappten Mitarbeiter des KGB einen engen Verwandten von
Scheich Sha'aban, schnitten ihm ein Ohr ab und schickten dies zu
seiner Familie. Am 30. Oktober 1985 kamen die überlebenden
drei sowjetischen Diplomaten frei.

6. Zusammenarbeit auf den Sektoren der Polizei und der Nachrichtendienste

Die hoheitlichen Befugnisse, die den Eingreifermächtigungen
der Polizeien zugrunde liegen, haben die Zusammenarbeit der
Polizeieinheiten im europäischen Raum verständlicherweise
begrenzt. Keine Polizei eines europäischen Landes kann unmittelbar im Nachbarland tätig werden. Gleichwohl hat sich in den
letzten 15 Jahren aus zahlreichen Einzelfällen, in denen Kooperation notwendig wurde, ein System der Zusammenarbeit ergeben,
das Früchte getragen hat. Das führte schon während der Schleyer-
Entführung dazu, daß sich die französischen und italienischen
Polizeibehörden einverstanden erklärten, in Paris bzw. in Rom
einen mit der Datenbank des Bundeskriminalamtes in Wiesbaden
verbundenen Terminal zu stationieren. Über den dadurch ermög-
lichten Informationsaustausch gelang es auch, in Paris einen deutschen Terroristen festnehmen zu lassen. Hinzu kam die Praxis,
durch Memoranden und Vorträge von Fall zu Fall generell Informationen zu übermitteln. Hinweise auf Einzelerkenntnisse über
in Fahndungsvorhaben gesuchte Terroristen sind selbstverständlich.

Schwierigkeiten in der Zusammenarbeit haben sich allerdings
auch immer wieder ergeben durch die Vielfalt von Zuständigkeiten zur Terrorismusbekämpfung in den einzelnen Ländern.

In der Bundesrepublik sind die anfänglichen Auseinandersetzungen über die entsprechenden Kompetenzen zwischen dem

Bundeskriminalamt und den Verfassungsschutzbehörden inzwischen behoben worden. Das Bundesamt und die Landesämter für Verfassungsschutz speichern alle ihnen zugehenden Erkenntnisse einschließlich von Verdachtsmomenten oder auch nur Hinweisen auf die Möglichkeit von Tatbeteiligungen oder Unterstützungshandlungen. Im Datenspeicher des Bundeskriminalamtes finden sich im wesentlichen nur Fakten, die einer Beweisprüfung standhalten. Die Zusammenarbeit zwischen dem Bundeskriminalamt und den Behörden des Verfassungsschutzes ist vertrauensvoll und verhältnismäßig eng.

Der Bundesnachrichtendienst (BND) hat keine Zuständigkeiten im Inland. Seine Zugänge zu Terror-Organisationen im Ausland gehen – soweit ersichtlich – nicht über die Möglichkeit hinaus, durch Quellen allgemeine Tendenzen »abzuschöpfen«.

Der Militärische Abschirmdienst (MAD) ist nur für den Sektor Bundeswehr zuständig. Dort eventuell anfallende Randinformationen aus dem Bereich Terrorismus gibt er an den Verfassungsschutz weiter.

Die GSG 9 des Bundesgrenzschutzes hat keinen eigenen Nachrichtendienst. Sie wird als Spezialpolizei zur Terrorismusbekämpfung eingesetzt.

In Frankreich leidet die Abwehr des Terrorismus nach wie vor an einer zu großen Aufsplitterung von Zuständigkeiten rivalisierender Behörden. Die französische Polizei und die Gendarmerie Nationale gehen an ihre Aufgaben heran, als ob sie in gegenseitiger Konkurrenz stehen würden. Die Gendarmerie ist dem Verteidigungsminister unterstellt, während die Polizei dem Innenminister untersteht. Die Polizei wiederum ist in mehrere Organisationen aufgespalten, die alle bestimmte Zuständigkeiten in der Terrorismusbekämpfung für sich beanspruchen. Die Police Judiciaire, die in etwa unserer Kriminalpolizei entspricht, arbeitet eng zusammen mit der sogenannten »6. Sektion«, die für Ermittlungen im Bereich des Waffenschmuggels zuständig ist. Die Renseignement généraux (RG) beansprucht für sich die Zuständigkeit, Informationen auch aus dem Bereich des Terrorismus zu sammeln und auszuwerten. Die Direction de la surveillance du territoire (DST) ist für die Gegenspionage und für die Aufklärung subversiver und extremistischer Organisationen zuständig. Hinzu kommen noch zwei Auslandsnachrichtendienste, nämlich die Direction générale de sécurité extérieure (DGSE) und die Direction de la protection et de la sécurité de la défense (DPSD). Ein französischer Senator, der von der Regierung den Auftrag hatte, Struktur und Arbeitsweise der Nachrichtendienste zu untersuchen, stellte dazu fest: »Es ist bemerkenswert, daß die DST, wenn sie Informationen über ausländische Terrorismus oder über die Unterstützung für ausländische Terroristen braucht, eher zu befreundeten ausländischen Nachrichtendiensten geht als zu ihren Kollegen von der DGSE«.

In der Zusammenarbeit mit den Polizeien der Nachbarländer führte das häufig zu merkwürdigen Ergebnissen. Nach der Ermordung von General Audran zum Beispiel kam es zu einer Besprechung der französischen Polizei mit Beamten des Bundeskriminalamtes in Wiesbaden. Auf deutscher Seite nahmen nur Mitarbeiter des BKA und ein Vertreter des BfV teil. Die französische Delegation setzte sich aus Mitarbeitern von sechs verschiedenen Diensten zusammen.

Von diesen Gegebenheiten ausgehend ist es aussichtslos, eine gemeinsame europäische Eingreifpolizei in der Art von GSG 9 oder der britischen SAS gründen zu wollen. Aber auch abgesehen von der beschriebenen Komkpetenzrangelei ist eine europäische Spezialpolizei kaum praktikabel. Nicht nur Frankreich, sondern auch die anderen europäischen Staaten werden einem solchen Vorhaben nicht zustimmen. Der britische Innenminister Douglas Hurd hat im Anschluß an die zum 25. September 1986 nach London einberufene Sonderkonferenz der Innen- und Justizminister der Europäischen Gemeinschaft erklärt, an eine europäische Polizeieinheit werde nicht gedacht.

Schon auf den ersten Blick ergeben sich kaum überwindbare Schwierigkeiten. Das betrifft nicht nur die Frage des Oberbefehls, das heißt nach dem Kommandeur dieser Truppe, sondern auch nach dem Sitz der Organisation. Entscheidend ist darüber hinaus das Problem, nach welchem Recht diese Sonderpolizei in den jeweiligen Einsatzländern vorgehen sollte. Im übrigen hat die bisherige Erfahrung gezeigt, daß Mängel in der Abwehr des

Terrorismus nicht in erster Linie auf dem Fehlen oder der mangelnden Effektivität einer Eingreiftruppe beruhten, sondern vorwiegend auf unzureichende oder falsche Informationen zurückzuführen waren.

Im nachrichtendienstlichen Bereich hat sich die Zusammenarbeit zwischen den europäischen Ländern bisher günstiger entwikkelt und mehr Erfolge verzeichnen können als die Kooperation zwischen den Polizeien. Gerade hier aber sind noch Verbesserungen möglich.

Seit Jahrzehnten treffen sich Vertreter der geheimen Nachrichtendienste der NATO-Länder in regelmäßigen Abständen in Brüssel, um dort im Rahmen eines Special Committee bei SHAPE (Supreme Headquarters Allied Powers Europa) auch Erkenntnisse über den Terrorismus auszutauschen und zu beraten. Im Jahre 1975 riefen die Regierungen der europäischen Länder eine weitere Institution in Leben, die den Informationsaustausch sowohl der Polizei als auch der geheimen Nachrichtendienste koordinieren und kanalisieren soll. Es handelt sich um TREVI, ein Kunstwort, das sich aus den Anfangsbuchstaben von Terrorism, Radicalism, Extremism, Violence und Information/Intelligence zusammensetzt. Im Auftrag der jeweiligen Innenminister oder – je nach Land – Justizminister beteiligen sich an TREVI sowohl Vertreter der Polizeien als auch der Nachrichtendienste. Die Sitzungen finden alle sechs Monate statt. Besprochen werden die jeweils neuesten Erkenntnisse über Terroristen, Terror-Organisationen, internationale Verbindungen der Terroristen und Arbeitsweisen der terroristischen Gewaltverbrecher. Die vorgetragenen Memoranden und die den Teilnehmern übergebenen Berichte enthalten bisher allerdings nur generelle Beschreibungen und keine Einzelheiten, die etwa zur Festnahme von gesuchten Terroristen beitragen könnten, geschweige denn Hinweise auf die Zugänge, aus denen die Informationen stammen. Derartige Details bleiben dem bilateralen Informationsaustausch vorbehalten.

Immerhin arbeiten die Innen- und Justizminister der Europäischen Gemeinschaft an einem Vorhaben, durch das die vielfachen Zuständigkeiten in den einzelnen Mitgliedstaaten jeweils unter einem einheitlichen Oberkommando zusammengefaßt werden sollen. Für die bilateralen und multilateralen Bemühungen zur Abwehr terroristischer Gewaltaktionen soll jedes Land künftig nur einen Ansprechpartner präsentieren können. Von diesem Beamten und seinem Stab sollen dann Verbindungsoffiziere zu den entsprechenden Stäben der anderen Länder entsandt werden, um sowohl die bilateralen Abwehrmaßnahmen als auch die Aufgaben von TREVI besser koordinieren zu können.

Die Nachrichtendienste der europäischen Länder sollten allerdings bei diesem Vorhaben nicht stehenbleiben. Die Aufklärung von nationalen und internationalen Terror-Organisationen sowie die nachfolgende Fahndung nach terroristischen Gewaltverbrechern könnte erleichtert werden, wenn alle europäischen Länder über eine gemeinsame Datenbank mit der Möglichkeit des jeweils unmittelbaren Zugangs verfügen würden. In diese Datenbank müßten – mit den entsprechenden Verknüpfungsmöglichkeiten – alle Erkenntnisse über die Organisationen, die Mitglieder, die Arbeitsweisen und die internationalen Verbindungen der Terroristen eingespeichert werden. Aus Gründen des Quellenschutzes und zur Vermeidung von Mißbrauch müßte allerdings Vorsorge getroffen werden, daß über die endgültige Verfügbarkeit der Informationen nur die Behörde entscheiden darf, welche die Erkenntnisse eingespeichert hat. Dieses könnte nach dem Prinzip der bloßen Hinweiskartei geschehen wie beim System NADIS des Verfassungsschutzes. Mit der ersten Anfrage würde die abrufende Stelle also nur erfahren, ob eine Person oder Organisation gespeichert ist und bei welcher Behörde. Die Übermittlung der Gesamterkenntnisse würde von der Genehmigung der Stelle abhängen, welche die Informationen in die Datenbank eingegeben hatte.

Die Zusammenfassung aller Informationen über Terrorismus, die bei den europäischen Nachrichtendiensten vorliegen, in eine gemeinsame Datenbank könnte die Aufklärung terroristischer Gewaltverbrechen entscheidend verbessern und den polizeilichen Zugriff beschleunigen. Die Internationalisierung des Terrorismus sollte auch in diesem Bereich zu einer verbesserten internationalen Zusammenarbeit in der Abwehr führen.

X. Die verlorene Revolution

Terroraktionen wie die Anschläge der Roten Armee Fraktion, der »Bewegung 2. Juni« und der Revolutionären Zellen hatten in Deutschland kein Vorbild. Unsere gesellschaftspolitischen Vorstellungen waren in erster Linie einer funktionierenden Ordnung verhaftet, auch wenn diese manchmal nur formaler Art war. Die ersten Morde der RAF trafen die Bevölkerung wie ein Schock. Widerstand formierte sich zögernd. Das numerische Potential der Terroristen und die allgemeine Bereitschaft zu politischen Gewaltverbrechen wurden – und werden zum Teil noch heute – überschätzt.

Dazu haben die Medien beigetragen. Die irrationalen Aktionen der Terroristen wurden mit Untersuchungen kommentiert, ob die Täter nicht doch schwerwiegende Gründe für ihr Vorgehen haben müßten. Einige Kommentatoren haben das Wesen des Terrorismus bis heute nicht verstanden. Das mag zum Teil auf ihrem Demokratieverständnis beruhen.

Bis heute üben sich vor allem Fernsehberichterstatter darin, Gewaltdemonstrationen wie in Grohnde oder in Wackersdorf als eine Art von Sportereignis zu beschreiben, bei dem zwei ebenbürtige Mannschaften um Wettkampfpunkte streiten. Den Gewalthandlungen wird die gleiche Qualität zuerkannt wie den Sicherheitsmaßnahmen der Polizei. Den Gewalttätern wird sogar vielfach der Mitleids-Bonus für den »Schwächeren« zugebilligt. Der Prozentsatz der Bilder über Schlagstockeinsätze der Polizei und verletzte Demonstranten überwiegt bei weitem die Dokumentation über verletzte Polizeibeamte. Der hierdurch hervorgerufene »Under-Dog-Effekt« zu Gunsten der Demonstranten motiviert künftige Gewalttäter.

Die detaillierte Berichterstattung über Sprengstoffanschläge und Mordaktionen der RAF gerade im Fernsehen verdeckte in vielen Fällen den verbrecherischen Charakter der Operationen und erhob sie zum Politikum. Sie verstärkte die Überlegung, daß eine Vielzahl jüngerer Menschen das Empfinden haben könne, in einem Unrechtssystem zu leben, das mit Gewalt zu ändern legitim sein müsse.

Tatsächlich haben die deutschen Terroristen nie in einem Umfeld operieren können, das dem Prinzip Maos entsprach, wie Fische in einem Meer von Sympathisanten und Unterstützern zu schwimmen. Selbst die Kanalisierung verborgener Sympathien in eine Kritik an staatlichen Maßnahmen und an den Methoden der Strafverfolgung und des Strafvollzugs konnte diesen Mangel nicht ausgleichen. Die Bevölkerung nahm – unabhängig von größeren Teilen der veröffentlichten Meinung – Stellung gegen die Terroristen. Das war wichtig für die Reaktion der Sicherheitsorgane. Der demokratische Staat kann der Meinung des Volkes nie zu sehr vorauseilen. Als der Staat sich entschlossen zeigte, der Entwicklung des Terrorismus mit Entschiedenheit zu begegnen, kamen auch die ersten Hinweise aus der Bevölkerung auf die Aktivisten.

Inzwischen haben die Regierungen in Bund und Ländern eine Aufklärungsarbeit geleistet, deren Anspruch auf objektive Berichterstattung und wissenschaftliche Qualität das Phänomen des Terrorismus in der Bundesrepublik weiter eingrenzte.

Mit Ausnahme von Sigrid Sternebek und Inge Viett hat die derzeitige Kommando-Ebene der RAF, die man als »Dritte Generation« bezeichnen könnte, die Studentenunruhen der sechziger Jahre nicht erlebt. Sie kann die damaligen politischen Diskussionen nicht mehr nachvollziehen. Sie ist auf die Utopie eines weltweiten Kampfes gegen den amerikanischen Imperialismus fixiert und auf einen Aktionismus orientiert, der kaum noch vermittelt werden kann. Der Versuch, durch den Aufbau einer »anti-imperialistischen Front in Westeuropa« auf die internationale Ebene auszuweichen, ist mit der Verhaftung der Führungsmitglieder der belgischen »Kämpfenden Kommunistischen Zellen« und der französischen »Action Directe« zerschlagen worden. Die Autonomen Linken in der Bundesrepublik versagen sich weitgehend dem Bemühen der RAF, sich als »revolutionäres Subjekt« in deren Operationen einordnen zu lassen.

Auch der weitergreifende Resonanzboden für terroristische

Gewaltaktionen ist inzwischen verschwunden. In das Bewußtsein auch der Linken ist mehr und mehr die Überzeugung eingedrungen, daß Terrorismus letztlich nur verständlich ist in Ländern, in denen keine Oppositionsparteien und keine freien Gewerkschaften zugelassen sind und in denen keine demokratischen Wahlen stattfinden.

In der Bundesrepublik hat sich in den letzten vier Jahren ein Wandel vollzogen, dessen Fortdauer noch nicht abgeschätzt werden kann, dessen Auswirkungen aber sichtbar sind. Dieser Wandel kennzeichnet sich vordergründig durch bisher beständiges wirtschaftliches Wachstum und einen nicht zuletzt dadurch geprägten allgemeinen Optimismus in der Lebenshaltung. Die Konsumfreude der Bürger ist gestiegen. Wehrpflicht und ein gut organisiertes System der Berufsausbildung in Industrie und Handwerk haben die Anzahl der arbeitslosen Jugendlichen in der Bundesrepublik auf den niedrigsten Prozentsatz aller europäischen Länder gedrückt. Die Leistungsbereitschaft von Jugendlichen in Ausbildung, Beruf und Studium ist gewachsen. Arbeit wird nicht mehr nur als notwendig angesehen, um einen bestimmten Lebensstandard zu erreichen und zu bewahren, sondern kann auch wieder an sich Spaß machen. Die Einsicht, daß die eigene Beteiligung am Arbeitsprozeß auch zur eigenen Alterssicherung beiträgt, nimmt zu. Aussteigertum ist aus der Mode gekommen. Verweigerung ist nicht mehr gefragt. Der Generationskonflikt ist zurückgeschraubt auf Probleme, die mit dem normalen Reifungsprozeß junger Menschen zu tun haben. Auch die lange Zeit resignierenden Besitzenden finden wieder zurück zu gesellschaftspolitischem Engagement.

Eheschließung und die Gründung einer Familie beginnen wieder, Lebensziel zu werden. Die Anteilnahme am religiösen Leben hat zugenommen. Die Amtsvertreter der beiden Kirchen beschäftigen sich weniger als früher mit Politik und widmen sich wieder mehr der Seelsorge. Vor allem in der Jugend verbreitet sich das Interesse an kulturellen Ereignissen und Entwicklungen. Die Beschäftigung mit philosophischen Themen wächst.

Den Untersuchungen der »Arbeitsgruppe Hochschulforschung« der Universität Konstanz zufolge waren in den Jahren

1968 bis 1978 noch 18 Prozent der Studenten der Meinung, daß in jeder demokratischen Gesellschaft bestimmte Konflikte mit Gewalt ausgetragen werden müßten. Im Jahre 1983 waren nur noch acht Prozent dieser Ansicht. Nach der gleichen Analyse wollen nur noch verhältnismäßig wenig Studenten nach ihrem Abschlußexamen in den Staatsdienst. Die überwiegende Mehrheit strebt eine Dauertätigkeit in der Privatwirtschaft oder in einem freien Beruf an.

Die ökologischen und pazifistischen Anstöße, die von den Grün-Alternativen ausgingen, sind zum Teil von den klassischen politischen Parteien aufgenommen worden. Die große Beteiligung von Sozialdemokraten und parteipolitisch ungebundenen Bürgern an pazifistischen Demonstrationen hat verhindert, daß die Friedensbewegung in die Hände von Kommunisten überging. Die Erstarkung des realpolitischen Flügels der neuen Partei könnte ermöglichen, daß seine Umweltschutz-Vorstellungen, die ohnehin schon in das allgemeine Bewußtsein eingedrungen sind, in politisch-administrative Maßnahmen umgesetzt werden.

Die Vorstellung, daß ein Gemeinwesen Eliten braucht, wird nach wie vor nur mit Zurückhaltung akzeptiert. Leitbilder wurden schon immer angenommen. Ende der sechziger und Anfang der siebziger Jahre orientierte sich eine Vielzahl von Jugendlichen an Rudi Dutschke. Zehn Jahre später hatte sich Petra Kelly zu einer ähnlich motivierenden Figur entwickelt. Heute sind Boris Becker und Steffi Graf die Idole zahlreicher junger Menschen. Das bedeutet, daß für die Jugend von heute Herausforderung, Disziplin, Wettbewerb und Erfolg erneut zu Kategorien geworden sind, die als Stufen zur Verwirklichung des eigenen Lebensplanes nachgeahmt werden können.

In einer solchen Atmosphäre kann Gewalt als Methode politischer Auseinandersetzung auf die Dauer nur geringe Chancen haben.

Die Operationen der RAF und der RZ bleiben allerdings ein Sonderproblem. Die RAF operiert jetzt weitgehend außerhalb ihres ursprünglichen Sympathisantenfeldes. Ihre Mitglieder sind auch gegenüber den linken Extremisten zu Außenseitern, zu Desperados geworden. Die Opfer, die sie getötet oder verletzt haben und die sie noch töten werden, symbolisieren inzwischen nicht mehr den Erfolg der RAF, sondern allenfalls die Probleme der Sicherheitsbehörden, die Täter zu finden und festzunehmen. Die Mörder von Dr. Zimmermann konnten noch nicht verhaftet werden. Die Urheber des Anschlags gegen Prof. Beckurts sind unbekannt. An dem Fluchtauto der Mörder von Dr. von Baumühl fanden sich keine Spuren.

Die RAF wird trotzdem weiterkämpfen. Ihre Organisation ist noch intakt. Sie wird ihren Kampf fortsetzen auch ohne Aussicht auf Erfolg. Sie muß inzwischen wissen, daß ihr Versuch, eine revolutionäre Situation in der Bundesrepublik herbeizubomben, gescheitert ist. Der Staat reagierte mit Festigkeit und mit Flexibilität. Überreaktionen blieben aus. Aus Fehlverhalten der Polizeibehörden und anderer staatlicher Organe konnten keine neuen Kampfgefährten mobilisiert werden. Neue »revolutionäre Subjekte« sind nicht verfügbar. Die »Revolution« blieb in einer »Rebellion« stecken. Die RAF hat die von ihr propagierte Revolution verloren. Ihre Mitglieder sind auf dem Wege, auf die Stufe ordinärer Krimineller zurückzusinken.

Damit gehen auch Gesprächsangebote der Grünen und der Brüder des ermordeten Diplomaten von Baumühl an die Terroristen ins Leere. Eine Kommunikation, die die Möglichkeit zum Kompromiß voraussetzt, ist mit der RAF nicht machbar. Sie selbst hat durch ihre blindgläubige Selbstherrlichkeit schon alle Chancen zu Bündnissen mit der extremen Linken zerschlagen. Warum sollte sie jetzt eine Plattform betreten, die ihr vom »Klassenfeind« angeboten wird? Die von ihr gesteuerten Verhandlungen mit dem Hamburger Senat zur »Befriedung« der Hafenstraße waren nur ein Vehikel, um eine demokratische Regierung als Institution vorzuführen, die letztlich der Gewalt nachzugeben bereit ist. Die RAF kann sich aus ihrer selbstgewählten Isolierung nicht mehr befreien.

Auch künftige gewaltsame Demonstrationen gegen Objekte, die mit Politik verbunden sind, sind keine Schiene, auf der der RAF neue Kämpfer zugeführt werden könnten. Gewalthandlungen, die sich aus Manifestationen gegen politische Zielvorhaben entwickeln, welche von den Demonstranten subjektiv als Unrecht empfunden werden, bedürfen einer besonderen Bewertung. Die Überzeugung, daß die Großindustrie ihre Profitorientierung vielfach vor die Interessen des Gemeinwohls stellt, beschränkt sich inzwischen nicht nur auf Jugendliche, die zur Gewaltanwendung bereit sind. Die Überlegung von grünen Politikern, lebenswichtige Fragen für die Gesellschaft, wie etwa den weiteren Ausbau der Kernenergie, nicht mehr von Parlamentsmehrheiten abhängig zu machen, sondern durch ein Referendum entscheiden zu lassen, ist in die allgemeine Diskussion eingetreten. Derartige Vorstellungen widersprechen zwar unseren Prinzipien der repräsentativen Demokratie. Sie zeigen aber, daß die entsprechenden Entwicklungen noch längst nicht durchgängig akzeptiert sind. Die Jugend steht mit den daraus resultierenden Befürchtungen nicht allein.

Die staatlichen Institutionen haben auf Mißbräuche marktwirtschaftlicher Freiräume häufig nur unzureichend reagiert. Die Regierung hat nur in seltenen Fällen vermocht, ihre politischen Beschlüsse vor allem im Ökologiebereich zufriedenstellend zu belegen. Die Enthüllungen in der Affäre Pfeiffer/Barschel haben die Zweifel an der Integrität demokratischer Politiker verstärkt. Trotz vierzig Jahre Demokratie – der längsten Zeit, die diese Staats- und Gesellschaftsform in Deutschland je hatte – ist es bisher offensichtlich nicht gelungen, die dazu notwendige Fähigkeit, auch Kompromisse schließen zu müssen, in ausreichendem Umfang zu vermitteln. Dies ist ohne Zweifel eine Frage der Erziehung, die bei Schule, Studium und Berfsausbildung nicht haltmachen sollte.

Ausschreitungen, die sich aus derartigen Zweifeln ergeben oder die sich aus Protesten gegen als falsch empfundene politische Entscheidungen entwickeln, mit neuen oder verschärften Gesetzen bekämpfen zu wollen, stößt auf Probleme. Wenn die Anzahl der Täter so groß ist, daß man nicht alle, sondern nur wenige Delinquenten der Strafverfolgung zuführen kann, bleibt ein Gefühl der Ungerechtigkeit. Die gleiche Empfindung entsteht, wenn der Durchschnittsbürger die Motive der Straftäter akzeptiert und wenn sich die Straftat selbst nicht als Körperverletzung, sondern »nur« als Sachbeschädigung oder Hausfriedensbruch darstellt. Gesetze, deren Anwendung nicht durchgesetzt werden kann, sind nutzlos und wirken kontraproduktiv. Nutzlose Gesetze entkräftigen die notwendigen.

Das gleiche gilt für die Frage, das »Vermummungsverbot« von der Position einer Ordnungswidrigkeit auf die Ebene eines Straftatbestandes zu heben. Die Polizei kann der damit gegebenen Verpflichtung, dem Legalitätsprinzip zu folgen und die vermummten Demonstranten festzunehmen, kaum nachkommen. Neben dem Problem, die vermummten Gewalttäter aus der Masse der Demonstranten zu zernieren, wäre sie dauernd zur Prüfung gezwungen, wie weit eine Verkleidung oder ein Witterungsschutz den Tatbestand der »Vermummung« erfüllen würde. Es ist sicherlich nicht zu verkennen, daß die durch Vermummung gewährte Anonymität aggressives Handeln des einzelnen fördert. Die Feststellung der Personalien – notfalls nach vorübergehender Festnahme – ist aber auch bei Ordnungswidrigkeiten möglich. Mehrfache Personenüberprüfungen dämpfen in der Regel das Engagement, sich künftig ähnlich bei Demonstrationen zu beteiligen. Auch hier ist das aufwendigere Mittel verhältnisgerechter.

Fehlerhaft ist es in jedem Fall, gewalttätige Demonstranten mit Terroristen in einen Topf zu werfen und mit dem gleichen Straftatbestand erfassen zu wollen. Das arbeitet den Terroristen in die Hand und könnte einen Teil der politisch motivierten Gewalttäter aus der Autonomen Linken in die Arme von RAF und RZ treiben. Es wird nicht zur Lösung des Problems der Gewalt als Bedrohung für den inneren Frieden beitragen.

Die Ermordung von Polizeikommissar Klaus Eichendörfer sowie Polizeiobermeister Torsten Schwalm und die Verletzung von neun weiteren Polizeibeamten bei einer Demonstration gegen die Startbahn West in Frankfurt am 2. November 1987 ist ein Einzelfall geblieben. Zu diesen Morden ist es wahrscheinlich gekommen, weil der Hauptverdächtige, Andreas Eichler, über eine längere Zeit Verbindungen zum Umfeld der RAF hatte und sich aus diesen Kontakten in seinem fanatischen Engagement gestärkt fühlte. Die Tat selbst kann aber nicht der RAF zugerechnet werden. Sie wurde auch von der Autonomen Linken verurteilt. Sie wird möglicherweise zur Überprüfung künftiger Demonstrationskonzepte zwingen und kann dazu beitragen, daß die Autonome Linke ihre Gewalthandlungen jetzt auf Objekte begrenzt und Direktangriffe gegen die Polizei vermeidet.

Den Terrorismus der RAF, der jetzt auch aus dem Sympathiebonus der extremen Linken ausgegrenzt ist, muß man mit allen zur Verfügung stehenden gesetzlichen Mitteln bekämpfen – notfalls ergänzt durch eine in ihrer Gültigkeitsdauer begrenzte Vorschrift, die den sogenannten Kronzeugen Strafmilderung zusichert. In Italien haben rund 600 Mitglieder der Roten Brigaden von dieser Möglichkeit Gebrauch gemacht. Das hat wesentlich dazu beigetragen, die Organisation der »Brigate Rosse« zu zerschlagen und ihre künftigen Operationen zu begrenzen. Frankreich hat im September 1986 ähnliche Rechtsvorschriften erlassen.

Eine Amnestie für Terroristen, die nach ihren eigenen Äußerungen weiter ihrem revolutionären Kampf verhaftet bleiben und erklärtermaßen auch in Zukunft Gewaltverbrechen begehen wollen, würde von der deutschen Bevölkerung nicht verstanden werden. Von den Möglichkeiten des § 57 des Strafgesetzbuches (Straferlaß oder Aussetzung der Reststrafe auf Bewährung) ist schon früher Gebrauch gemacht worden. Norbert Kröcher, Horst Mahler, Heinz Dellwo, Gerold Klöpper, Till Meyer, Siegfried Haag und Manfred Distelrat mußten nur zwei Drittel ihrer Strafen verbüßen. Der Bomben-Konstrukteur aus den Anfangsjahren der RAF, Dierk-Ferdinand Hoff aus Frankfurt, brauchte nur die Hälfte abzusitzen. Karl-Heinz Ruhland, der als erster mit seinen Aussagen einen wesentlichen Beitrag zur Aufklärung terroristischer Gewaltverbrechen leistete, und Volker Speitel stellten Gnadengesuche. Im November 1987 wurden Christoph Wackernagel und Gerd Schneider vorzeitig entlassen. Sie waren 1980 wegen versuchten Mordes zu 15 Jahren Haft verurteilt worden. Geprüft wird zur Zeit, ob auch die ersten Terroristen, die zu lebensländlichen Freiheitsstrafen verurteilt waren, auf freien Fuß kommen können. Es handelt sich um Klaus Jünschke und Manfred Grashof. Beide sind 1977 vom Landgericht in Kaiserslautern wegen »gemeinschaftlichen Mordes an Polizisten« verurteilt worden. Beide haben sich inzwischen vom Terrorismus losgesagt.

Zu einer Hilfe in der Bekämpfung des Terrorismus könnte ein

Angebot des Verfassungsschutzes an die RAF werden. Diese Offerte richtet sich an das unmittelbare Umfeld der RAF bis hin zu den »illegalen Militanten«, zielt aber auch auf die Kader der RAF selbst. Ende Oktober 1987 erschien in dem von Daniel Cohn-Bendit herausgegebenen Sponti-Organ »Pflasterstrand« in Frankfurt ein vom Bundesamt für Verfassungsschutz autorisiertes Interview, in dem es heißt:»Wir sind überzeugt, daß es Angehörige der RAF gibt, die die Sinnlosigkeit der RAF-Politik erkannt haben und sich gerne aus den Verstrickungen lösen würden. Ihnen sollten auch Möglichkeiten des Ausstiegs eröffnet werden, damit sie nicht weiter gezwungen sind, sich an neuen Straftaten zu beteiligen.« Dieses Angebot ist deshalb interessant, weil der Verfassungsschutz – im Gegensatz zu Polizei und Staatsanwaltschaft – nicht an das Legalitätsprinzip gebunden ist und erkannte Terroristen nicht der Strafverfolgung zuzuführen braucht.

Die freiheitliche rechtsstaatliche Ordnung wird von der großen Mehrheit der Bevölkerung bejaht und getragen. Deshalb fehlt der Erwartungshorizont, in dem sich ein Umsturz der Verhältnisse vollziehen könnte. Gerade die Möglichkeit einer straffreien Rückkehr aus der Gewalt kann die Überzeugung festigen, daß der Extremismus in einer selbstbewußten und streitbaren Demokratie keine Chancen hat. Diese innere Überlegenheit hat allerdings nur so lange Bestand, als sie auf dem allgemeinen Konsens beruht, daß die demokratische Verfassung die beste Gewähr dafür bietet, Konflikte sachgerecht und dauerhaft zu lösen. Diese Überzeugung muß sich am Beispiel des politischen Verhaltens immer von neuem bilden.

Register

Margarete Buber-Neumann

Als Gefangene bei Stalin und Hitler
Eine Welt im Dunkel

Unveränderter Nachdruck der Originalausgabe.
478 Seiten, Format 25 × 16 cm, Leinen DM 46,–

Pressestimmen
zu diesem Standardwerk der Zeitgeschichte
und zu der Autorin:

»Bei einigen Menschen ist Tun und Reden identisch; zu diesen
wenigen gehört Margarete Buber-Neumann. Sie wurde in sowjetischen und nationalsozialistischen KZ's dazu befähigt, jegliche
Praxis und Theorie eines totalitären Systems, sei es kommunistisch
oder faschistisch, zu entlarven, und dies lange vor Solschenizyn.«

(Rudolf Krämer-Badoni in »Die Welt«)

»Sie kam 1931 als Delegierte der KPD nach Moskau. Dort wurde
1937 Heinz Neumann, mit dem sie zusammenlebte, verhaftet. Bald
darauf wurde sie selbst für sieben Jahre eingekerkert und nach
Sibirien verbannt. 1940 wurde sie von den Russen an die Nazis
ausgeliefert und bis 1945 im Frauenkonzentrationslager Ravens-
brück festgehalten . . . Diese Frau ist ein Wunder an Willenskraft.
Der Leser fragt sich Seite um Seite, wie ein Mensch die täglichen
Schikanen, die Dunkelhaft, Prügelstrafen und Erniedrigungen
überstehen konnte. ›Als Gefangene bei Stalin und Hitler‹ ist leiden-
schaftslos geschrieben und gerade darum für den Leser glaub-
würdig.«

(»Wirtschaft und Erziehung«)

BusseSeewald Herford